教师科学用声
与
声音形象塑造

杨 颖 刘永京 著

云南人民出版社

图书在版编目（CIP）数据

教师科学用声与声音形象塑造 / 杨颖, 刘永京著
. -- 昆明 : 云南人民出版社, 2024.1
　ISBN 978-7-222-22305-9

Ⅰ.①教… Ⅱ.①杨… ②刘… Ⅲ.①课堂教学—发声法 Ⅳ.①H018.1

中国国家版本馆CIP数据核字(2023)第240122号

责任编辑：陈　晖
责任校对：周　云
责任印制：李寒东

教师科学用声与声音形象塑造

JIAOSHI KEXUE YONGSHENG YU SHENGYIN XINGXIANG SUZAO

杨　颖　刘永京　著

出　版	云南人民出版社
发　行	云南人民出版社
社　址	昆明市环城西路609号
邮　编	650034
网　址	www.ynpph.com.cn
E-mail	ynrms@sina.com
开　本	720mm×1010mm　1/16
印　张	14.75
字　数	220千
版　次	2024年1月第1版第1次印刷
印　刷	云南金伦云印实业股份有限公司
书　号	ISBN 978-7-222-22305-9
定　价	50.00元

云南人民出版社微信公众号

如需购买图书、反馈意见，请与我社联系

总编室：0871-64109126　发行部：0871-64108507　审校部：0871-64164626　印制部：0871-64191534

版权所有　侵权必究　印装差错　负责调换

前 言

早在奴隶社会时期，教师就作为一种职业存在于人类社会中，经历无数的朝代变迁和时代更迭，教师依然是各个国家、社会、民族中的一项重要职业，即使是在人工智能快速发展的今天，教师的言传身教、组织管理、塑造学生思想道德品质、关心学生心理发展、激发学生创造潜力等方面的作用依然是不可替代的。数千年来，世界各地都不乏对教师职业要求的讨论，我国最新的相关标准是2021年教育部印发的《中学教育专业师范生教师职业能力标准（试行）》等五个文件，提出教师应该具备师德践行能力、教学实践能力、综合育人能力和自主发展能力，从知、情、意、行等方面引导教师贯彻党的教育方针；从专业知识、教学设计、课程实施等方面细化了对于教师教学实践的要求；从班级指导、课程育人、活动育人等方面强调"育人为本"的根本任务；从专业提升、交流合作突出终身学习和自主发展。教师的科学用声和健康积极的声音形象不仅是教学设计的一部分、课程实施的重要工具、以情动人的生动方法，更是教师健康工作、幸福生活的重要保障。

根据《2023国民咽喉健康白皮书》的调查数据，87%的受访者在半年内有咽喉发痛的不适症状，13%为重度不适，出现咽喉不适频率为每周1次或以上；44%为中度，月不适频率为2—3次；轻度不适占43%，不适频率为每月1次左右。[①]咽喉不适人群呈现出全年龄、全人群、全职业的特点，过度用嗓是咽喉不适的主要原因。对于教师行业来说，嗓音疾病的发病率远远高于社会平均水平。"10个慢性咽炎，8个就是老师"，我国教师人群中嗓音病的发病率高达45.5%—70.6%，远高于一般人群15%左右的发病率。70%的教师存在声音嘶哑、说话费力、咽喉异物感、发痒发干等情况。[②]很多老师长期受到

---

① 《2023国民咽喉健康白皮书》，《开卷有益：求医问药》2023年7期。
② 杜玉霞：《我国教师嗓音健康状况分析与应对策略》，《潍坊学院学报》2022年第4期。

嗓音疾病的困扰，有的甚至为此不得不转岗、辞职，离开教师行业，还有的病情恶化为声带癌、喉癌等，危及生命，严重损害教师的身体健康和职业发展，也大大降低了教师的生活幸福感。

教师行业"苦嗓音疾病"久矣，但长时间以来，面对嗓音疾病的困扰，多数教师选择在症状严重时依靠药物治疗，有的靠长期喝清咽利嗓的茶汤。教师声音的运用和保养一直是国内外研究的一个热点，不断有新的研究成果见于Elsevier、ScienceDirect、Sage Journals、CNKI和万方等数据库，但此部分内容尚未被纳入教师教育的课程中，也没有形成系统课程。不仅在中国呈现出教师嗓音辅导用书老旧的问题，在嗓音研究更加前沿的英美也十分缺乏与时俱进的相关书籍。教师对于声音的运用、保养的方法还基本处于"看天分""拼耐力"和"中医保养"的原始阶段。

我也是一名教师，从教十余年，在工作和生活中不断体会着教师工作的压力，也不断看到和听到周围的同事、朋友因为错误的用声习惯而导致咽喉不适，甚至失声。教师容易罹患嗓音疾病已经一再被流行病学调查所证实，但让老师发病的原因到底是什么？怎样才能在这个工作中更加有效地保护老师们的嗓子，成了作者一直思考的问题。从2017年起，作者开始调研老师们的授课环境、教授内容、用声问题和对嗓音问题的理解，在大量的观察和访谈中，作者发现了诸多问题。这些问题有教师心态方面的、生活习惯方面的、用声理念和用声习惯方面的，还有身体基础方面的，而很多人对此却毫无意识，或者是意识到问题的时候已经顽疾在身了。嗓音一旦患病几乎难以痊愈，所以防大于治。

从事发声教学十余年，由衷希望能够借助自己的专业能力为解决教师们的嗓音问题贡献一份力量。恰逢2018年云南省开始大力建设线上精品课程，在学校一流课程项目的支持下，作者邀请了播音主持行业和医学领域的业界和学界专家们一起研发了全国第一门关于教师用声的线上课程"教师科学用声与声音形象塑造"，于2019年底在"学堂在线"和"学银在线"两大线上课程平台上线，多年来一直面向全社会免费开放。在全国各地老师们和同学们的支持下，这门课程的各项数据一路攀升，2023年，该课程获得了云南一流本课程的荣誉，并被学校推荐参评国家级一流课程。同时，为了更多地接触一线老师和师范生，了解他们在发声中的问题和学习课程时的难点，作者在大学中还同步开始了同名的线上线下混合课程，也常常应邀去中小学进行讲座。这些实践和与教师们的接触给我提供了大量宝贵的研究案例和数据。因为相关内容创新性较强，市面上无法找到适合的教材；也因为诸多事宜没能在课程中完全呈现，而且近年来国内外对于嗓音的研究也有了一些新的进展，作者决定以著作的形式把这些年对相关领域的调查研究、教学心得写成一本书，以供全国有需要的老师或师范生选用。为拓展整本书的视野和思路，笔者特意邀请了同样多年从事发声教学的云南广播电视台的主持人刘永京老师共同写作此书，最终由杨颖完成了本书的第一、二、三、四章，第五章创新性较强，由刘永京和杨颖共同完成。

这是一本从教师的工作性质、工作内容、工作环境、工作强度出发，系统论述教师科学用声和声音形象塑造的原因、目的、方法和意义的著作，也是目前国内第一本从方法论层面系统解决教师在工作实际中遇到的具体用声问题的实践指导用书，还是国内首个提出教师声音形象概念，并从教师的自身条件、性格、教授学科、教学对象、教学环境等视角综合定位教师声音形象类目，并提出具体打造方法的研究型著作。

这是一本专业书籍，也是一本科普性书籍。说它是一本专业书是因为这本书从教师工作的角度系统论述了教师科学用声与声音形象塑造的目的、方法和意义，这本书的理念综合了国内外对于嗓音练习、运用和治疗的最经典、最新的研究成果，所用的训练方法都是经过中国传统戏曲、现代声乐、播音主持等学科多年实践总结下来的有效方法。说它是一本科普性著作是因为这是一本面向广大教师群体的技能普及读物。根据教育部2023年的数据，我国共有教师1891.78万人，这个数据还在逐年递增。在这个教师以及即将成为教师的庞大群体中，从幼儿园的保育员到大学教授，从实践型教师到研究型教师，从未出校园的师范生到六七十岁的老教师，我国各级各类的教师的学历层次不一、文化素养不一、经验能力不一、教学目标不一……作者试图让他们都能从这本书中得到收获，所以写作时力求深入浅出、讲通讲透，给出的练习方法也尽量容易理解、便于操作、快捷有效。

这本书有两大特点，第一是问题导向性；第二是理念前瞻性。

"找不到自己的自如音域""发声效率低""声带容易疲惫""声音紧张""声音缺乏感情""声音卡顿""声音沙哑、暗淡、尖锐""找不到自己的声音形象定位""嗓音保护不当"等都是教师在教学工作中遇到的实际用声问题，这些问题是由错误的用声观念和声音使用误区造成的，不能单纯地"头疼医头，脚疼医脚"。比如，嗓子容易疲惫不是减少说话能解决的，而是需要增强声带的韧性和强度；声音尖锐也不是简单地降低嗓门的问题，而是需要找到自己的自如音域。基于这些问题找到导致每个具体问题的根源，再让学习者在系统了解人体发声原理的基础上用科学的方法重新建构健康的发声习惯，并且最终"养"出适合讲课的好嗓子是这本书的一大宗旨。

本书在应用和研究方面的前瞻性体现在教师声音形象塑造的部分。长久以来，社会上普遍存在一个不全面的认识——好嗓子是天生的，一个人的独特声纹也是天生的，所以也不会想到去塑造它。当然，先天条件对于音色往往具有决定性的影响，但发声器官先天缺陷的概率很小，绝大多数人生来都是可以发出健康的喉原音的。在此基础上，音色是可以调整的，并且音色并不是一个人声音形象的决定性因素。形象是一个社会性概念，声音的文化属性才是决定一个人声音形象的关键，这也为教师声音形象的塑造提供了理论起点。随着社会经济文化水平的发展，人们不再满足于基础的生存需求，"颜值"可以推高产品售价，也可以提升一个人的社会接受度。并且人类的审美追求从来都不局限于视觉层面，这从全世界对音乐的热爱可见一斑。一个人的声音形象在个人综合印象中占据重要地位，但作为独特个体的每个教师应该追求怎样的声音形象，如何塑造适合自己的声音形象却是一个新的研究领域。笔者对这个问题提出了很多有创见的思考，为嗓音研究打开了一扇新大门，也期待更多学者专家加入这个领域的研究和讨论，以适应人们不断发展的文化心理需求。

这本书的初衷是帮助师范生和老师们提前规避用嗓问题，让大家能够更轻松地面对讲台，增强职业幸福感，如果能够在此过程中引发各位教师或准教师们对于自己职业形象、风格和发展目标的思考，那对作者和读者来说都是一份不可多得的礼物。当然，人类的发声原理是一致的，如果能够搞清楚教师职业用嗓的底层逻辑，那么大多数职业的用声方法和声音形象塑造方法也是触类旁通的，所以也推荐导游、导购、话务员等大量用嗓的职业参考本书中的原理和练习方法，相信亦会有所收获。

杨 颖

2023年12月1日

目 录

绪 论 ··· 1

第一章 教师职业语言中的声音 ··· 3
第一节 教师声音的社会心理影响 ·· 5
第二节 教师用声概况 ··· 9
一、教师用声的环境特点 ·· 9
二、教师用声的特殊性 ·· 11
三、教师用声的常见问题及其原因 ··································· 16
第三节 教师用声的科学性导向 ·· 19
一、教师科学用声的定义 ··· 19
二、教师科学用声的重要性 ·· 20
三、教师科学用声的意义 ··· 21
四、教师用声的要求 ··· 22
五、教师科学用声的原则 ··· 23

第二章 人类发声基础原理 ·· 25
第一节 人类大脑与声音 ··· 26
一、人脑对声音的感知 ·· 27
二、人脑对发声的控制 ·· 29
三、声音对人脑的影响 ·· 30
四、人脑对声音处理的局限性 ··· 31
第二节 呼吸系统和呼吸原理 ··· 33
一、呼吸系统 ··· 34
二、呼吸原理 ··· 34
第三节 制声系统和制声原理 ··· 35
一、制声系统 ··· 35

二、制声原理 ·· 36
　第四节　共鸣器官和共鸣原理 ······································ 38
　　一、共鸣器官 ·· 38
　　二、共鸣原理 ·· 39
　第五节　咬字器官和成字原理 ······································ 40
　　一、咬字器官 ·· 40
　　二、成字原理 ·· 43

第三章　教师科学用声训练 ·· 45
　第一节　科学练声的心理准备 ······································ 46
　　一、相信科学练声的实证效果 ································· 46
　　二、允许用声恐惧的存在 ·· 47
　　三、设定清晰的训练目标 ·· 48
　　四、保持开放、积极的心态 ····································· 49
　　五、专注、耐心与坚持 ··· 49
　　六、记录与反思 ·· 49
　第二节　教师声音的清晰度训练 ··································· 50
　　一、区分语音问题与发声问题 ·································· 50
　　二、利用"吐字归音" ··· 52
　　三、发音位置居中、打开 ·· 53
　　四、增强唇舌肌肉力量 ··· 54
　　五、增强发声的集中度 ··· 59
　　六、运用实声 ·· 62
　第三节　教师声音的稳定性训练 ··································· 62
　　一、增大肺活量 ·· 62
　　二、保持正确的发声姿势 ·· 65
　　三、增强呼吸肌群力量 ··· 65
　　四、运用胸腹联合式呼吸法 ····································· 67
　　五、学会用气 ·· 68
　第四节　教师声音的持久性训练 ··································· 71
　　一、"暖声" ··· 71
　　二、找到并运用自己的基础音高 ······························ 72
　　三、找准发声距离 ··· 73
　　四、放松喉部 ·· 74

五、"以气托声""以情带声" 75
　　六、把握用声时机 76
　　七、积极利用外部条件 78
  第五节　教师声音的表现力训练 80
　　一、声音表现力的内涵 80
　　二、增强声音表现力的方法 83

第四章　教师嗓音的保健 125
  第一节　教师嗓音问题障碍因素 127
　　一、环境因素 128
　　二、生活因素 130
　　三、心理因素 130
　　四、病理性因素 131
　　五、年龄因素 134
  第二节　教师嗓音保护的原则 135
　　一、避免过度使用 135
　　二、以用为养，"防"大于"治" 136
　　三、尊重性别差异 136
　　四、尊重自身特点 138
　　五、正视嗓音疾病 138
　　六、重视身体素质基础 139
  第三节　嗓音保护的方法 139
　　一、科学用声 140
　　二、减少环境刺激 140
　　三、管理生活习惯 140
　　四、注意饮食 141
　　五、调节情绪 143
　　六、喉周按摩 145
　　七、咽音练习 147
　　八、体态管理 149
　　九、注意特殊时期的声音护理 155
　　十、药物治疗 156
　　十一、手术治疗 157

第五章　教师声音形象塑造 ……………………………… 161
第一节　声音、认知与情感 …………………………… 162
　　一、声音与认知 …………………………………… 162
　　二、认知与情感 …………………………………… 164
　　三、认知、情感与声音 …………………………… 165
第二节　声音形象的社会意义 ………………………… 166
　　一、声音与性格 …………………………………… 166
　　二、声音与人格 …………………………………… 171
　　三、声音与情感 …………………………………… 175
　　四、声音与自我 …………………………………… 177
　　五、声音与外貌 …………………………………… 178
　　六、声音与审美 …………………………………… 180
　　七、声音与人际交往 ……………………………… 184
　　八、声音与修养 …………………………………… 188
　　九、声音与距离 …………………………………… 191
第三节　教师声音形象的类型 ………………………… 194
　　一、温柔亲切型 …………………………………… 195
　　二、厚重沉稳型 …………………………………… 195
　　三、抑扬顿挫型 …………………………………… 195
　　四、干脆利落型 …………………………………… 196
　　五、激昂澎湃型 …………………………………… 196
　　六、严肃庄重型 …………………………………… 196
　　七、风趣幽默型 …………………………………… 196
第四节　教师声音形象的定位 ………………………… 197
　　一、定位自身声音形象的原则 …………………… 198
　　二、影响声音形象定位的要素 …………………… 199
第五节　不同教师声音形象的塑造方法 ……………… 209
　　一、教师声音形象塑造的基础要求 ……………… 209
　　二、不同声音形象的类型以及塑造 ……………… 212

参考文献 …………………………………………………… 218

后　　记 …………………………………………………… 224

绪 论

我国教师法规定："教师是履行教育教学职责的专业人员。"无论是哪个阶段的老师，无论是教文科的老师还是教理科的老师，无论是完成教育任务还是教学任务，他的工作都离不开语言、离不开声音。对于学生来说，老师声音的高低强弱、明暗虚实等不同色彩代表着老师对于教学内容的理解和态度，也在很大程度上决定了其教学是否能准确诠释教学内容、抓住学生的注意力、帮助学生理解，从而提升教师的教学教育效果，老师声音的质量会直接影响到其授课质量。从教师的声音保健角度出发，掌握正确的发声方式可以提高发声效率，用更少的气力发出更加饱满、动听的声音，让我们的情随声动、声随情走，提高声音的表现能力，也提高我们授课过程中的表达能力。

在教学实践中，越是低龄段学生，对老师的声音表现力要求越高，越小的孩子注意力平均集中时间越短，老师需要不断改变声音和表达方式来抓住同学们的注意力；而大学生、社会学生，则更容易为老师声音的独特个性所吸引——声音的表现力是构成一个人形象的重要组成部分。所以说，声音是老师们开展工作非常重要的工具。并且不同的学生群体、不同的受众对于教师声音的要求在共性的基础上也呈现出不同的特点。

声音的运用并不是一门玄学，不也完全依赖天赋。人类在与自然相处的过程中早已熟悉并且学会了模仿各种各样的声音，比如养鹰人会模仿鹰的叫声来吸引它们的同类。在社会交际过程中，不同的声音代表着不同的社会属性和人格属性，而教师科学用声与声音形象塑造的过程就更加强调声音的社会属性。这是社会发展到一定的文明阶段对于形象的一种内在洞察和要求，也是人对于美的内在需求，更是教师的工作内容对于从业者的能力要求。它可以通过学习和训练获得，也会因为误用和荒废而忘却、退化，还可以通过长期的使用而内化为习惯、能力，进而让某种优质的声音形象成为你的一部分。

第一章

教师职业语言中的声音

听力与声音是绝大多数人类与生俱来的工具，在人类文明的发展的漫长旅程中，声音承载着丰富的文化遗产。当人类还是胎儿的时候就在关注各种声音，出生的时候更是以一声啼哭宣誓来到这个世界。婴儿在出生时就熟悉了母亲的心跳和呼吸，甚至能够从妈妈的声音来判断其情绪，还能从众多人声中分辨出家人的声音。在学会语言之前，婴儿就开始用自己的声音来表达饥饿、不适和心情，甚至用简单的声音和周围的人交流。在人成长的过程中，在广泛"阅读"周围的声音，识别声音和事物间的联系后，人逐渐学会用语言、歌曲、呼吸，甚至沉默来表达思想和情感——声音与人的灵魂直接联系在一起。

在声音的世界中长大，人类对声音的细微差别和音调、语气的变化有着天然的觉察能力——能够准确识别声音的内在含义是人类进化中的基本部分，或者说，不能准确识别声音的远古人类没有能够成功地延续他们的基因。人类的口语大约有10万年的历史，但在口语出现之前，人类就有了表达性的声音认知和表达系统，在千万年的时间里，喉咙、耳朵和大脑协同进化，发展出越来越复杂的沟通系统用于传递信息、确立社会地位、培养感情、组织活动和解决问题。

在口语出现后，声音与语言结合，开始发挥愈加强大的魔力，人们用它祈祷降雨、安抚神灵、召唤动物、治疗疾病，甚至进入神秘的领域，与先祖进行精神交流。声音作为语言的载体也开始用于保存一个民族的集体记忆，那些口耳相传的家谱、历史、神话、习俗既为部族的后代提供了学习的素材和形式，也是捆绑在一代又一代人身上的义务和责任——用口语形式的史诗延续民族的历史文化。更加引人注目的是，由于这些古老部族的人经常以口语的形式进行记忆，在日复一日的生活和仪式中进行不断地重复和修正，很多没有接受过现代系统教育的人可以背诵数小时的故事、歌曲。事实上，对书面文字的依赖从根本上削弱了我们的记忆和口语表达能力。换句话说，对于口语声音的关注和训练能够有效地提升人的记忆能力和口头表达能力。

总之，声音嵌合在整个人类文明的发展脉络中，无论你是否意识到，它在人类的生活中起着不可替代的作用。在社会传播层面、组织传播层面和人际传播层面，声音和口语对人的精神、身体也起到至关重要的作用，比如朗读是自我教化和学习的重要形式，哭喊可以很好地宣泄情绪，声音可以用作疾病诊断的依据，声音柔弱的男孩常常被认为身体素质欠佳或者性格懦弱……

第一节　教师声音的社会心理影响

声音可以安抚心灵，也可以激发暴躁的情绪。医生和护士常常用坚定的语气和鼓励的话语来安慰病患，母亲也会用平静温柔的声音哄孩子入眠，宗教通过吟唱式的诵经和祷告引导世人向美向善……在社会中，发声者必先学会倾听。抛开倾听和感受谈发声无异于木无本、水无源。声音的世界很奇妙，世界上有7164种官方语言[①]，甚至不同的体态语在不同的社会背景中也会有不同的意义，但人类对声音的感受和理解却有着天然的共识，跨越文化、国别、地域，甚至是物种。很多年轻人喜欢听日韩和欧美的歌曲，尽管对语言的意思不甚理解，却可以轻易感受到歌曲所传达的情绪，以及审美体验，好听的歌会在全世界广为流传——人类对于听感的愉悦是有共识的。

还记得一次带父母出国，到住处时我忙着去办理登记手续，不一会儿就看见完全不懂英文的爸妈与保安在一旁聊得火热，显然保安也完全不懂中文，他们是怎么聊的呢？我好奇地上前一看究竟，发现父亲母亲操着并不标准的普通话，保安说着并不地道英语，大家各说各的，却并不妨碍他们之间的相互理解，因为他们热络的语气、乐开花的表情和前仰后合的姿态早已表明了他们想说的一切——很多时候，怎么说比说什么更加重要！

[①] "How Many Languages are there in the World 2024（SURPRISING！）", May 29, 2024, https://www.theintrepidguide.com/how-many-languages-are-there-in-the-world/.

声音的交流甚至可以跨越物种，马来西亚红树林里生活的渔民会用独特的叫声召唤海鹰和猕猴，人类饲养的宠物甚至能听懂一些简单的语言，更加确切地说，它们是把主人常常发出的某个声音与特定的场景结合起来理解主人的意思。在实验中你会发现，当你用批评式的严厉语气叫你的狗来吃肉骨头时，狗迟疑了，因为相比语言内容，动物在理解交流信息时更依赖语气和语调，并且很多动物能够准确地识别声音背后的情绪和情感。动物，包括人，对声音的运用，首先来源于听觉。

几乎来源于本能，人每发出一个声音都是有依据的，换个角度说，每个声音都反映着相应的身体状况、发声能力、经历学识、情感情绪和当下的所思所想，那些让你不舒服、不喜欢的声音也在某种程度上与你的人生观、世界观、价值观，以及审美取向背道而驰。人们总会避免发出自己不喜欢的声音，也常常会从声音对其主人的性别、人格、外形，甚至装扮进行想象描绘，而这种判断方法在没有数字拟声技术参与的情况下通常也很奏效。因为一个人的装扮非常容易改变，甚至外形也在现代整形技术的加持下变得可塑，但要改变一个人的声音和有声语言确乎不是一件容易的事，因为这涉及太多不易改变的元素，比如发声器官、理解认知和身体素质。从根本意义上来说，改变一个人的声音是一项浩大的工程。

人类的声音总是被他最深的本能和最珍视的身份所包裹，一个人声音的形成并非一日之功，一个人的声音是他/她人生沉淀下来的灵魂之音。同样，当你激发出某种不熟悉的声音时，你也激发了声音之外的某些东西，比如你从未体验过的某种情感，比如你身份之外的某种角色或经历，又比如你某个器官发生了器质性的改变（可能是好的改变，也可能是坏的改变）。正是从这个角度，我们可以体验朗诵之妙。朗诵者通过用更加贴切的声音去还原写作者的所思所想，以实现认知上的共识和灵魂上的共鸣。因此，朗诵好的文学作品总让人们陶醉其中，声音的还原和参与让朗读者比阅读者更加容易与写作者感同身受。

事实上，在一个人的既定自我认知身份之外，声音还有更多的可能性。一个充满善意的好人也会有荣格所说的"阴影"，某些条件或环境会把这些"阴影"带出来，比如睡眠不足、疾病和压力，这通常也能够从声音中寻找到蛛丝马迹。从反面来看，练习发声不仅是一种塑造声音形象的方法，也可以是一种表达和发泄负面情绪的方式。有时候，由于童年的创伤，人们会抑制部分性格表现，也会抑制相应的声音，如童年长期被压制有可能导致人的性格压抑，从而缺乏直抒胸臆的声音表达，比如很少开怀大笑；很多抑郁症患者的声音总是平淡而缺乏生气；而胆怯的人声音总是不够饱满，甚至颤抖；如果一个孩子的细微情感和感受长期被忽略，就可能导致其言语和声线粗犷而缺乏细腻的表现，当然，这样的孩子也难以觉察到他人声音中的细微变化以及背后的意义。

总而言之，细心地倾听和大声地表达有助于人的大脑中形成更多的神经连接，而这些连接也会进一步反映在人的言语和声音中。

教师的声音是共性和个性交织的声音，共性来源于职业要求，个性来源于不同个体生理和社会属性的独特性。教师的科学用声是要在最大限度地尊重个体差异、发挥个性优势的基础上，明确教师的工作场景和要求，以尽量低的损耗和艺术性的声音保障教学教育工作的顺利进行，同时保障教师的嗓音健康。

改变声音是改变用声习惯的过程，从本质上来说，也是释放旧的自我认知，构建新的声音形象和自我形象的过程，这并不是要求你完全放弃过去的身份和形象，更多的时候是一种修正，在过去和未来穿梭的过程中发现和建立更加符合职业身份的自我。皮特·GC. 科艾曼等人的研究发现，教龄在0—4年的教师被投诉嗓音问题的比例最高，为58.7%，随着教学年限的增加，教师接到对声音问题的投诉有下降趋势[①]，这是因为在建立新的发声习惯时，大多数人会经历一段迷茫期和一段不适应期。刚开始的迷茫是因为没有找准适合自己的声音，也因为练习中的声音还不太稳定，声音表现时好时坏，甚至自己难以判断优劣；经过一段时间的学习和练习后一般会确定较为稳定的训练预期，也会明确自己的定位，但你有可能还不太习惯新的发声方式，对自己发出不熟悉的声音感到紧张、不舒服。这些都很正常，都是练声过渡期会经历的心理变化。

---

① Kooijman, Piet GC, et al. "Psychosocial impact of the teacher's voice throughout the career." Journal of Voice 21.3 (2007): 316—324.

也有研究表明，随着年龄的增加，教师的嗓音障碍会增加，在50—59岁期间，报告有嗓音问题的教师从7.2%上升到14.4%。[1]根据Pahn等人的研究，教师嗓音患病率有三个高峰期：从教2年、10年和20年。第一个高峰期可能是由于对教师工作的专业要求适应不足；第二个高峰可能是由于教师的责任感和目标感变得更强，工作更加卖力；第三个高峰可能是由于年龄增长带来的身体机能下降。随着年龄的增长，人的发声能力会下降，声音的强度和表现力都会有所下降，尤其是荷尔蒙的变化对女性喉部系统功能的影响尤为明显，会导致发声基频的降低以及谐波噪音比的降低[2]，这两种变化都会导致音质的下降。所以，老年女性教师相较于老年男性教师的喉部疾病发病率更高。

调查中，研究人员发现，随着教龄的增加，教师收到的声音方面的投诉显著减少了，但这可能并不意味着教师的嗓音问题随着教龄的增加而减少了，更有可能是因为经验丰富的教师有了更多的应对策略，并且对声音问题有了更大的容忍度，或者说习惯了如咽干、咽痒、嗓音嘶哑的问题的伴随。而到了60岁以后，只有那些身体状况最好的教师才能继续工作，所以报告有嗓音问题的比例大幅下降。

声音是认知和性格的外化，现代的量化研究也支持了这一认识——在声音方面被投诉的老师与没有声音方面投诉的老师相比存在显著的社会心理障碍和限制。[3]患有嗓音障碍的人更容易在职业生涯和日常生活中遇到社交、沟通、身体障碍和心理等方面的问题，而这些问题进一步加重其心理压力，形成恶性循环，极不利于教师身心健康。

而练声能够有效预防和减缓这种不利的趋势。

---

[1] Roy, Nelson, et al. "Prevalence of voice disorders in teachers and the general population." (2004).

[2] Abitbol, Jean, Patrick Abitbol, and Béatrice Abitbol. "Sex hormones and the female voice." *Journal of voice* 13.3 (1999): 424—446.

[3] Kooijman, Piet GC, et al. "Psychosocial impact of the teacher's voice throughout the career." *Journal of Voice* 21.3 (2007): 316—324.

第二节 教师用声概况

一、教师用声的环境特点

（一）社会环境特点

中国自古有尊师重道的传统，现代社会中公立院校的教师基本属于事业编制，很多地方的教师收入在本地属于中上水平；私立学校的教师也相对稳定，并且很多私立学校教师的收入会高于普通公立学校。并且教师对于子女的教育有天然的优势，这使得教师在婚姻市场上也被很多人看好。总体来看，教师在中国社会属于较为安稳且有一定社会地位的人群。

但"欲戴皇冠，必承其重"，社会赋予教师的优待和认可建立在对这个职业的高社会期待的基础之上。"春蚕到死丝方尽，蜡炬成灰泪始干。"中国人喜欢用蜡烛来比喻教师，希望教师能够燃烧自己照亮别人，其实每个职业都在燃烧自己的生命，但在社会的期待和认识中，教师必须是无私的，必须是从学生的根本利益出发的。于公，教师为国育才，必须让学生实现能力最大化，并且具有爱国情怀；于私，教师要像父母爱孩子一样爱学生，把学生的成长当作自己的首要任务。事实上，很多老师在与学生的朝夕相处中早已把学生们当成了自己的孩子。"为人师表"的社会要求让教师们要作社会的行为示范和道德标杆，作为人的基本情感，老师们总是把学生的前途命运扛在自己的肩膀。在这样的社会环境之中，教师被鼓励着、被激发着，不能因为自己的不适而在教学工作中有所懈怠，所以有那么多的老师循循善诱、苦口婆心、不厌其烦，甚至声嘶力竭地教导学生、鼓励学生。这也是嗓音疾病在教师行业中如此普遍的重要原因。

（二）行业环境特点

2022年，全国共有各级各类专任教师1880.36万人[①]。但是相较于发达国

[①] 《你知道我国有多少教师吗？》，中国教育在线，2023-09-09，https://baijiahao.baidu.com/s?id=1776572046971635500&wfr=spider&for=pc.

家的师生比，教师总体数量不足，并且结构失衡。小学和高校教师数量明显不足，我国东部和西部、城市和乡村教师队伍的数量和质量也存在显著的不均衡。我国各个学龄段的学校师生比都处于比较低的水平，教师面对的学生多、升学压力大，加之中国家长对孩子成才的期待普遍较高，教师的工作任务重、压力大。

而且对于大多数的教师来说，职业上升的空间和途径很有限，为了能够评职称，很多老师在教学工作之余还要把大量精力花在学历提升和论文发表上，对教师的身体和心理都构成了很大挑战，很多教师一天的工作时间远超10个小时，一些偏远地区和条件差的学校甚至有师资队伍不稳定的情况。

（三）物理环境特点

长久以来，教师教学工作的主要场所就是面授的教室，教师要凭借自己的嗓音盖过在座几十号学生发出的声响，尤其是对于幼儿园和小学教师来说，班级人数多、学生自控力弱，声音此起彼伏的课堂使得老师们上课时经常需要提高调门儿、放大音量。这种情况在多媒体教室逐渐普及后有所改善，教师们可以用麦克风来扩大自己的声音，但讲课毕竟不能只在话筒前不动，而目前多媒体教室的话筒一般只能在非常有限的范围内移动，或者直接是固定的。笔者调研发现，很多老师为了维持课堂的互动和秩序，常常需要四处走动，所以很多时候还是依靠自己的喉咙在讲课。在农村，经济条件的限制让很多教室的基础条件更不如人意，教师工作的负荷会更大。

（四）心理环境特点

随着我国经济社会的不断发展，教师行业对从业者学历的要求在不断提升。如今，能进入教师系统的从业者一般具有本科及以上学历，一些优秀的中小学（尤其是北京、上海、广州等一线城市的优质中小学）甚至有相当比例的具有硕士、博士学位的师资；并且，我国对教师队伍的政治水平、思想水平、道德水平的考核和要求一贯较高，教师是一支总体素质较高的队伍。同时，会选择教师作为职业的人，通常也具有较高的价值追求和自我道德标准，很多人还在工作中不断学习，争取进步和提升的机会。中国的教师队伍也是一支积极进取的优秀队伍，绝大多数教师希望在各方面有更加优秀的表现，当然，也包括自己的声音形象和授课的质量。

二、教师用声的特殊性

声音是人类的基本交流工具，绝大多数人在出生后不久就开始牙牙学语，用声音表达情绪和需求，但进入职业语言领域后，声音的使用就有了不同的场合以及需求。如果从广义上来看，似乎很少有能够完全能脱离有声语言的工作，但有一些职业对声音的依赖性很强，比如教师、主持人、歌手、演员、导游、话务员等等。这些职业的工作目标和场景的不同催生了不同的用声策略和声音形象。对于教师来说，有声语言的内容规定性强、内容量大、情感性强、要求规范性和示范性等构建了教师用声的特殊性。

（一）教授的内容规定性强

同样是用语言工作的职业，因为其使用语言的环境、目的和对象不同，对声音的运用也不尽相同。对于教师来说，话语框架其实有着很强的规定性，从教学的角度讲，教学内容受到教学大纲的规制；从教育的角度讲，对学生心理、品德、言行等各方面的引导需要遵循一定的原则，并且要根据不同学生的性格和实际情况来制定话语策略。总而言之，教师虽然是课堂的掌控者，但教师的语言绝非随心所欲。授课内容的规定性越强，教师的语言、声音、情感三者的贴合度就可能越差。为什么呢？因为内容的规定性越强，对于有声语言表达准确性的要求就会越高，相应地，对于逻辑的缜密程度要求就越严格。人在说不属于自己逻辑和表达方式的语言时，或者语言技能的变化跟不上逻辑的推进时，往往不如自如表达真情实感的语言那么生动，也就是我们所谓的逻辑、情感、声音不协调、不同步，外在表现为声音僵直、表情呆板。这样的语言很难调动学生的情感参与，也就是我们常说的"不够生动"。

很多人认为"不够生动"是老师对于内容的理解不充分，或者对学生的感情不充分，不够热爱课堂。其实不然，大多数教师热爱学生，专业功底扎实，甚至备课也相当认真，但是由于发声能力的欠缺和表达技巧的匮乏，课堂依然不够生动。正确地认识问题是改正问题的第一步。

（二）授课内容量大，用声强度大、时间长

与其他有声语言工作者不同，教师的课程一般以学期为单位，并且一般同时承担多门课程或多个班级的教学工作。一门课程的教学也并非一两次

演讲就能说清，内容翔实、知识点细密、结构性和连贯性强是专业的系统教学相较于其他以语言为主要工具的工作的重要区别。不同于导游的解说和播音员的播讲、话务员的传达，教学工作非常强调教学的中长期效果，这种效果是常常需要量化考核的，这对语言表达、声音的质量都提出了较高的要求。

加之我国学校教育的班级建制普遍大于30人，有的大课班级甚至多达一两百人。教室中充斥的说话声、打闹声令人久听头痛，教师长期在这样的环境中授课，普通说话的音量显然无法满足讲课的需求，老师们不得不放大音量，让嗓子超负荷工作。在这个过程中，用声方式正确的人能在长期的讲课实践中把发声器官锻炼得强韧，但用声方式不正确的人就会感到不适，并且这种不适会加重，直至发展为慢性咽炎、喉炎等疾病。

确实，现在很多学校都普及了多媒体教室，也确实配有话筒、音响。但在研究团队调研走访的中小学、包括大学课堂中，真正使用话筒或者扩音器上课的老师不到10%。原因也显而易见，讲台上的话筒限制了老师们讲课的动作和移动空间，在采访中，很多老师表示，一直坐在讲台前讲课，学生容易走神，而在教室中不断走动、与学生互动能够非常显著地提升学生的参与度；而带扩音器呢？目前，多数随身携带的扩音器音效并不好，电流声和音质的局限性让授课的听感不佳，甚至直接降低语音的清晰度。所以很多老师选择"努把力""使使劲儿"，坚持把课大声讲完。

课堂上要给学生讲课，课堂之外老师还常常要负责学生思想、行为、价值观方面的教育工作。尤其是中小学，学校还要求老师和家长要保持同步，这无疑又给老师增加了沟通、说话的量。所以很多老师下班后在家反而话变少了，因为真的讲不动了。这也是为什么教师工作被定义为中度体力劳动。

数据显示，国内学者研究中小学及幼儿园教师嗓音疾病的总体患病率为33.81%，远远高于普通人群6%的发病率。[①]这是一个令人痛心疾首的数字，因为声带小结、慢性咽炎、慢性喉炎……这些疾病看似不致命，可一旦患上就很难根治，并且还可能因为声音的过度使用和使用不当、治疗不当而

---

① 《"神兽"返校了，教师们需谨防这个病！》，央广网，2020-5-11，https://baijiahao.baidu.com/s?id=1666375118072842390&wfr=spider&for=pc。

使局部反复发炎，引发更加严重的疾病。这不仅损害了老师们的健康和生活质量，也严重影响了工作质量。而这些发声器官疾病在很大程度上是可以避免的。只要用声方式正确，就能够减少发声器官的磨损，更可以提高用声效率，让讲课对教师而言变成一种艺术创作，对学生而言变成一种享受。

（三）要求温和、饱满、持续的感情表达

从情感上说，授课工作不同于宣讲，更不是知识的贩卖。对学生如家长般的情感是支撑教师不断提升工作质量的内在动力，老师和学生间的情感互动更是直接影响到学生学习的效果，因为想必没有人喜欢听没有感情的说教，"背书"或"读课件"的讲课方式更是遭人嫌弃。语言饱含温和而饱满的情感是教师传道授业时的应有之义。而在现实的课堂中，很多老师在授课过程中声音含混、情感淡漠。有的老师的症结在于生活中就是一个比较平和甚至冷静的人，不习惯激情生动地表达；而更多的老师的问题在于，对学生、对专业都很有感情，可是平时就不善于表达，因而内心细腻丰富，但语言却平淡无味；很多老师甚至对学生们抱有一种"望子成龙，望女成凤"的强烈责任感，但语言和声音中都是满满的严厉和压迫感，使得教学教育的效果不能尽如人意。

科学的发声方式要求学习者能够习惯于发"暖声"，也就是听上去带有温和、关切色彩的声音，不同于大多数人日常生活中所习惯的"客观、冷静"的声音色彩，"暖声"强调沟通意识的改变，更给出形成"暖声"的方法，让老师们的情感找到正确、有效的抒发渠道。

（四）授课对象一致性高

教师用声的另一特殊性在于授课对象的一致性。从本质上说，老师授课类似于一种公共传播，是老师与学生们进行信息传输和意见交流的过程。不同之处在于教师所面对的"公众"相对同质化，比如，一门针对幼儿开设的课程一般不会有成年人去听，而一门给大学生开设的课程也不太会有小学生会去听。也就是说，一门课程所针对的受众在年龄层、知识水平、心理等层面上具有可比性，并且在一轮又一轮的授课工作中，教师面对同类型的学生可以反复磨炼自己的对于这门课的讲授水平——熟悉的内容有利于教师更加收放自如地使用自己的声音，这为教师在一门课程中建构更加有针对性的语言表达和声音形象提供了基础和实操性。

(五)授课对象具体而密集

不同于播音员面对着没有观众的播音间说话,也不同于导游面对的不甚了解的游客,教师所面对的学生群体在一定的授课周期内是具体、稳定和密集的。熟悉的对象、面对面的交流、众多眼神的汇聚……让老师们更容易对学生产生稳定、深刻的情感,也会让教师的责任意识更加明确,明确的创作对象和创作目的可以让教师对有声语言的设计有的放矢。

另一方面,学生在教室中的分布并不均匀,很多人都有过这样的感受,坐在前排时听老师的声音如洪钟,坐后排时听到的讲课又如月光般缥缈模糊。如何能够让我讲课的"气场"辐射到教室的每一个方位?这些现实工作环境都对教师声音的清晰度、集中度、穿透力提出了很高的要求。

清晰,包括了两个层面的意思,一方面是指语音的清晰度要高,吐字归音尽量做到字正腔圆、发音规范清楚;另一方面是指用来制作语音的声音是干净、圆润、响亮、悦耳的,而不是沙哑、浑浊或者尖锐的。而在现实工作中,人们往往注意了语音层面的清晰,忽略了声音层面的清晰。比如,从事教师行业都要求取得教师资格证,其中的一项重要标准就是要求普通话水平至少要达到国家二级甲等的水平,可是对声音没有确切的要求。为了健康和讲课效果,老师们应该提升对声音的掌控意识。

(六)语音示范

多数人的普通话语音面貌会受到启蒙老师的巨大影响,除非后期经过专业的语言训练,否则很难摆脱启蒙老师口音的影响。也就是说,教师,尤其是幼儿园和小学老师,对于一个国家通用语言的标准程度有着决定性的影响。因为很多同学在家说方言,到了课堂上才开始真正使用普通话交流,很多人的语音水平就此停留在启蒙老师教授的水平。很多人认为,语音的标准与否和声音无关,声音不好听的人同样可以说一口标准的普通话。是的,从一般意义上理解,语音的标准与否只与形成语音时的发声器官形状有关,好像和声带没什么关系。但科学的发声方式是和语言和发声方式相结合的一套系统操作。教师语言不同于声乐,脱离语音的声音也就失去了其实用价值和意义,对发声器官的科学控制不仅可以使语音标准,更可以同时满足声音美化的需求,一举两得,让老师把标准的语音与美好的声音同时送给学生。

（七）声音审美示范

什么样的声音是美的呢？语音的标准与否可以通过与国家发布的标准语音进行对比而得出结论，但声音的审美却没有一定之规。生活环境和教育背景是影响人审美的两个重要因素，审美取向不仅指视觉审美，人的听觉审美同样受到这些因素的影响。每个人都会受到周围环境和人的潜移默化，对声音的感受也不例外。声音的美有很多种，质朴醇厚、甜美大方、婉转悠扬、清脆跳跃、珠圆玉润、铿锵有力、低沉浑厚……这些声音都能让人类的耳朵感到愉悦，都是可以被接受的声音。声音美的形式是无限的，但每个人评判声音美的判断标准是有迹可循的。在这么多悦耳的声音中，听众觉得哪个声音最美与价值判断、生活环境、教育背景、个性等因素有关。如北京胡同中的老人会随口吟唱京剧，年轻一代会被流行音乐抓住耳朵，隆隆的炮火会拨动老兵的心弦，母亲的声音总能让婴儿感到安稳甜蜜……老师的声音，至少代表了一种知识的权威和理性的光辉，很多时候还与童年的各种记忆捆绑，在日积月累的校园生活中，在学生心中形成难以磨灭的印象。当你听到类似你的老师的声音时，你至少会感到亲切，感到它与你生命的某个部分相连，似乎代表着某种正确、合理，从而赢得你的认可。因此，教师的声音影响着学生们对于声音美的判断，这种声音应该是健康发声方式的产物。

（八）传播手段相对单一，要求语言表现力强

教师的授课对象多、授课空间大、时间长、内容丰富还要求教学效果立竿见影，但授课的方式却相对单一。在视频课程出现之前，大家几乎都是凭着一张嘴面对众多学生言传身教，年复一年，孜孜不倦。哪怕是在慕课如雨后春笋般涌现的今天，教室集中授课依然是系统教学的主要方式。

其实，在优质线上课程普及的将来，教师与学生面对面的互动与交流依然不可或缺，甚至会因为人工智能替代了单纯的知识重复工作，教师的语言被要求具有更强烈的情感性和启发性，因为不断地阐释、辅导、言传身教依然是保证有效学习的不二法门。

事实上，在线上课程逐渐普及的当代，具有语言和声音优势反而更加重要，因为电子媒介会将这样的优势呈几何倍数地放大。具有线上课程制作经验的老师会知道，在电子课程的制作中，知识体系、图片、动画，甚至教师

的视觉形象等元素都可以在后期制作中不断优化，但声音的表现是难以制作和修饰的，线上课程基本会还原教师讲课的声音，这就要求教师的声音要有比较强的表现力。

讲课还不同于普通的对话，也不同于播音员的播报，要能够带动教室中那么多学生的兴趣和注意力，四平八稳地讲大概是不行的。我们得在一节课上设置导入、讲授、强调、提问、总结等不同的环节来不断引导学生的思路，而这些环节的贯彻都需要声音的张弛和节奏来调节。这不仅要求老师的教学设计要明白无误，讲授感情充沛饱满，而且还要求教师能够用声音准确地把情感和逻辑传达出来，这无疑对没有受过表达专业训练的老师提出了一个很难达成的目标。

三、教师用声的常见问题及其原因

人的嗓音状况是身体状况和情绪情感的一种综合体现，而身体和感情都会受到内外部因素的影响，比如气候、海拔、睡眠、情绪、饮食，还有人体的基础健康状况等，这些普适性的因素将在本书的第四章详细讨论，这里将阐述我们在调研中发现的教师在课堂中存在的用声问题。

（一）"扯着嗓子喊"

"扯着嗓子喊"是一种民间说法，也叫"大白嗓"，形容不会用气，一味地给声带施压，发出超出自己音域范围和强度范围的声音，这样的声音听感是刚、直、烈、白。从具体的发声动作来讲，"扯着嗓子喊"时杓状肌用力拉杓状软骨，使两条声带互相靠拢；同时，用力压缩喉室，使喉部压力增加。在"扯着嗓子喊"的时候，喉部一直处于用力紧张并且高压的状态，喉部肌肉非常容易疲劳，声带也会因为喉室的压缩而增加摩擦和碰撞。这样的发声方式不仅让声音失去美感，还会增大教师罹患喉部疾病的概率。令人难过的是，这在课堂中非常常见，是教师嗓音的头号"杀手"。并且很多教师讲课时沉浸于课堂气氛和内容之中，对自己的喉部状态并无意识，这导致长时间的喉部紧张，甚至形成这样错误的讲课习惯。

（二）讲课声音过虚

声音"虚"，指的是在声音的比例中实声太少而气流声太大。声音的虚实本身并没有好坏之分，根据不同场合都有其用武之地。对于我国的大多数课堂来说，因为教室大、人数多，教室需要用以实声为主、虚实结合的声音讲课才能够保证教室中讲课声的穿透力和清晰度。气声多的声音听起来更温柔，但也容易给人有气无力的感觉，久听令人昏昏欲睡。更糟糕的是，在教室讲课的声音太虚会让距离较远的同学难以听清，对于老师语气中重难点的表述更是难以捕捉，影响授课效果。另外，经常用太虚的声音讲课会给人一种软弱无力的感受，不利于教师进行班级管理。再者，太多的气流会带走呼吸道中的水分，不利于声带功能发挥。

（三）讲课声音太"横"

声音"横"，指声音中混合了假声带的声音和大量的气泡音、摩擦音、鼻音。配音演员演绎张飞、李逵这类性格勇猛、气力过剩的角色时常常需要用到"横"声，我们在清嗓子的时候也会发出类似的声音。这种声音的本质是把喉咙往下压，用持续的强气流让真声带和假声带同时振动，并且打开鼻腔通道，让一部分声音从鼻腔出来发出来混合声。声音"横"会给人一种孔武有力、性格豪爽耿直的印象。很多男性，尤其是体育老师、军训教官很喜欢用"横"声来发布命令、感召。适当地使用"横"声也确实能起到不错的震慑、鼓舞的效果，但不建议经常使用，因为它对发声器官的磨损太大，不可持久。并且教师更多的时候应当以理服人、以德服人，声音威慑不是长久之计。

（四）讲课声音太低

声音的高低取决于声带振动的频率，在人耳可以识别的范围以内，声带的振动频率越高，人所听到的音调越高。每个人都有自己的自如音域，有的人天生声音就清亮高亢，有的人天生嗓音就比较低沉。声音的高低本来也没有好坏之分，但对于讲课的声音是否太低是有判断标准的：第一，音量是否能够满足学生的听课需求。人耳对不同频率的声音的敏感度不同，对于低沉的声音，人耳的感知能力相对较差。此外，因为环境噪声的频率一般较低，低沉的声音往往也容易受到环境噪声的干扰，进一步影响学生听感上的清晰度。第二，发声时是否压喉；因为低沉有磁性的声音给人成熟稳重的感觉，一些老师（通常是男性老师）为了彰显自己的个性与魅力，刻意压低喉头讲话而形成不健康的发声方式。

（五）讲课声音对比度过大

声音对比度过大指声音音量忽大忽小，令人产生突兀之感。讲课的声音要一成不变吗？当然不是！声音是变化着的思维和情感编织的乐章，只要说话者的思维和情感是运动变化着的，声音不可能不变化，我们还要鼓励这样的变化，但好的声音是适度的。关键在于何为"度"？"度"在哪？要回答这个问题还得回到讲课的对象和场景上来。衡量声音对比度的标准有两条，第一，声音是否充分表达了教师变化的思想情感；第二，这种声音表现是否能引起授课对象的共鸣。第一条标准告诫讲课者在课堂上应挥洒自如，不可束手束脚，因为真诚、坦率是高效教学的底层要素，并且变化是引发持续关注的有效策略。但这种变化在多大程度上有效果则是因人而异的。每个人对声音感知的"阈值"可能不同，但同质化的教学对象却有共性可循。比如，低龄段的小孩儿通常对声音的感知"阈值"较高，也就是相对不敏感，所以幼儿园的老师总是需要用夸张的表情和声音才能吸引小朋友们的注意，但同样的表现如果是在初中或高中课堂，学生可能会感到不太适应，并且注意力频繁被打断；再如，较为活泼的班级和学生对于声音对比度的接受度就比较高，但安静内敛的班级和学生就更喜欢平和地表达。这样的不同还可能体现在城乡之间、不同的地域之间、不同的学校类型之间，教师应用心去体会教学对象的感受，增强共情能力。

（六）"张弛无度"

"张弛无度"指不能很好地掌握使用嗓子的节奏和强度，导致其使用时间缩短。我们的发声系统就像一副精密的乐器，既不能闲置，也不能不休息维护。好的乐手会知道自己的乐器怎样使用音色最好，什么时候需要休息。教师也应该建立其对于自己发声系统的感知能力。高音、低音、"横"声……都可以用来表情达意，但都需要适可而止；实声、虚声也可以根据情况交替使用。讲课的45分钟并不需要教师"满堂灌"，利用好课堂提问、讨论、思考的时间就可以让嗓子得到一定的放松，从而延长嗓子的使用寿命。

（七）不良的体态和工作习惯

人体是个综合体，发声器官不能独立于身体的其他部分单独运作，也会受到物理环境的影响。调研中笔者发现，很多老师在讲课中会长时间不喝水，有的老师会边写板书边讲课，不良的工作习惯会影响声音的使用，因为声带对湿度非常敏感，哪怕是短暂暴露于干燥环境也会对音高的精确度和振幅变化产生负面影响。干燥对喉部的影响还体现在长期效应上，据说，喉痛的原因中有30%是低湿度环境造成的，肌紧张性发声障碍（MTD）、喉部疾病还会因为干燥而加重，对音位和语气都会产生显著的负面影响。多喝水不仅是身体代谢的需求，也是保护声带的简单有效的办法。写板书产生的粉尘对肺部和喉部也会造成刺激和损伤，导致嗓子干燥、喉咙疼痛、声音嘶哑等症状。长期暴露在粉尘环境中可能会引起声带炎症和其他呼吸道疾病。

不良的体态同样会增加嗓子的负担，含胸驼背、习惯性低头、瘫坐在椅子上……这些姿势会影响气息的供给或者压缩发声器官。良好的体态不仅是美观的需要，也是嗓音保健的需要。

（八）声音形象定位不明

形象意识是个体对增加在他人心目中的总体印象的认识和关注程度。这种意识与个体的自尊心、自我认同和社交行为密切相关。形象意识是一种重要的素质，会影响个体的自我认知和对世界与自我关系的认知。但长久以来，大多数人的形象意识只包括对自己的外貌、言行和能力的关注，以及他人对自己形象的评价和反应的敏感程度，对自己的声音形象的意识还处于混沌和茫然之中。声音形象有哪些类型？自己适合怎样的声音形象？绝大多数老师并没有思考过这些问题。声音形象定位不清晰，使用声音的目标就不清晰，声音的使用策略和方法自然也无从谈起。这个部分将在本书的第五章详细讨论。

第三节　教师用声的科学性导向

一、教师科学用声的定义

教师在教育教学活动中，以尽量低的能耗和磨损发出满足教学需求的高质量声音的发声方法，是符合教师职业用声的特点、符合人的发声规律、最大限度发挥发声器官作用并且能保护发声器官健康的方法。

教师科学用声的方法并非创设了一套新的发声原理，而是在透彻理解人类发声原理的基础上，以教师的工作环境和要求作为出发点而设计的一套声音调校法，以提升授课效果、保障教师发声器官健康。

二、教师科学用声的重要性

重要性是指事物对于个体或社会的实际影响和价值。教师科学用声的重要性是指它的实际作用和效果，它取决于该方法运用的情境、目标。教师科学用声的场景主要是课堂（包括室内、户外、现场教学等），目标就是让学生理解和掌握规定的原理、方法和技能。

（一）教师科学用声是保证授课质量的有效途径

无论是教学过程还是谈话过程，沙哑、尖锐、卡顿、呆板的声音都会影响沟通效果。教师科学用声从三个方面保证授课的声音质量：一是音色；二是声音集中度和清晰度；三是声音的表现力。

音色，是声音的感觉特性，由发声体本身的特征所决定。发音体的材料特性、结构、大小等因素都会引起音色的差异。如敲击金属的声音清脆，而敲击木桩的声音低沉。我们每个人的声音都是独特的，也是一个人的重要特征和标志。

那音色是可以改变的吗？当然！配音演员通过改变自己的发声状态来塑造不同的人物角色；相声和小品演员也善于运用声音来模仿不同的人物、动物，甚至是乐器之声、自然之声。也就是说，人可以通过改变发声器官的形状、大小、气流的通路，甚至是发声器官的质地来改变自己的音色。通过发音方式的调整，不好听的音色也是可以被改变的。

声音的集中度，大家可以抽象地把它理解为声音的聚焦程度。在不加控制的自然状态下，打在我们口腔内部的声波呈散射状，并且还会被我们软趴趴的口腔壁吸收掉不少，导致声音沉闷、传播不远。也就是说，纯自然状态下的口腔没有最大限度地发挥美化和扩大共鸣的功能。科学的发声方式能够极大地改变这种状态，让声波的反射路线更加集中明确，增强声音的穿透力。

声音的表现力包括两个层面的含义，首先是声音的变化能力，或者说张力，和音域有关。人类能发出的最低频率一般在20Hz左右，最高频率在14000Hz左右。一个人的音域和天赋有关，也和后天训练有关，也不是所有人都能到达这样的音域。随着年龄的增长，人的音域会逐渐缩小，但通过训练可以拓宽音域，同时抵御年龄增长带来的发声能力减退。其次是声音的表现力，更指涉声音对变化着的情感和逻辑的表达能力。声音表现力越强，对于思想和情感的呈现度、贴合度也就越高，传播效果就会更好。发"有情之声"是人类语言永远的目标之一，有情感和思想的声音才有感染力，这是再好的音色都无法取代的。当然，这和教师对于表达内容的理解度也有关系。

（二）教师科学用声是保护教师身体健康的有效方法

声音健康是我们身体和心理健康的综合反映。发声器官疾病一定会表现在我们的声音上，气力虚弱也会表现在声音上，甚至一个人的心理状态、认知水平都会表现在声音上。教师一旦患上嗓音障碍，职业生涯和生活质量都会大受影响，并且不得不长期忍受病痛的折磨。科学用声的方法能够有效减少声带摩擦，提高气息的使用效率，降低嗓音疾病的发病率。在保护教师身体健康的同时，让老师们从讲课中得到更多成就感和愉悦感。

（三）教师科学用声是塑造教师职业形象的重要途径

美好的声音不仅能抓住学生的耳朵，让学生在潜移默化中形成对声音美的感知，还能让学生把这种美好的听觉体验和教师本人联系在一起，利用音画效应，把听觉感受和视觉感受联系起来，利用其相互效应增强听课体验，提高内容的吸引力和影响力。也让声音形象、视觉形象和知识体系相互映射，让教师的形象更加立体、生动，并且充满了知识的光辉和审美体验。

三、教师科学用声的意义

意义是事物所具有的内在价值，它与人类的文化、信仰和历史有关。对于教师这项古老的职业来说，科学用声课程体系为教师的职业赋能，也增强了教师教育的具体内涵。具体来说：

（一）帮助教师预防嗓音疾病

嗓音疾病难以根治，所以预防大于治疗。预防嗓音疾病的第一步是充分了解致病因素，规避致病因素就能在很大程度上预防疾病；第二步是掌握正确的练声方法，并建立科学的练声习惯。本书将在第三章详细介绍针对教师设计的科学练声法，并配以相关的慕课教程帮助读者掌握练声技巧；第四章会详细分析教师嗓音疾病的原因、症状和治疗康复方法。

（二）增强教师职业信心

在熟练掌握知识框架的基础上，增强对于自己发声器官的了解和掌控感，以积极的练习为课堂教学做好准备就能在很大程度上提升教师对于讲课过程的掌控感和信心。积极寻求反馈和专业建议更能够让教师及时改进，正向促进教学和身体素质建设同步推进，增强教师职业信心。

（三）提升教师的幸福感

幸福感是一种主观感受，高质量的声音表现可以促进教学和师生关系，增强教学的成就感，同时，还能够维护良好的心理状态、带来积极的情绪和自我肯定，综合提升教师的幸福感。

（四）延长教师的职业生命

一方面，科学用声法能够为教师工作提供有效的支持，促进教师持续地学习和提升，让教师在职业中保持新鲜感和激情，避免职业倦怠和退化；另一方面，健康的嗓音为教师持续工作提供了有力保障。

四、教师用声的要求

以上从教师用声的环境特点、教师工作的特殊性和教师用声的常见问题等方面分析了教师用声。那究竟什么样的声音是符合教师职业要求的呢？

（一）准确规范，清晰流畅

准确既包括字音的准确，也包括声音与内容本质的对应。教师是社会文化规范的示范者和督导者，也是社会知识体系的传承者。教师规范的表达保障了社会沟通标准、知识标准和道德标准的统一，是一个社会稳定运行的基础。

教学逻辑和内容的清晰是基础要求，在此基础上，声音的清晰也很重要。声音的清晰首先是语音准确和饱满；其次是声音明朗响亮。清晰的声音犹如画家手中的色彩饱满细腻的画笔，是绘制美丽图画的工具。

声音的流畅绝不仅仅指声音不会断断续续、卡顿，也包括音调、语气之间转换自然丝滑，还包括有声语言的韵律感。流畅的有声语言也是敏捷连贯的思维情感的外部表现。

（二）明朗有力，稳定持久

教师的工作不同于电台主播，没有高清录播设备的支持；教师和学生的关系也不是导游和游客，松散而不需要传播效果的考核。教师的知识讲授有一定的权威感和强制色彩，这种权威感来自对于教学内容的信心和目标导向的清晰，强制感来自教师对学生强烈的责任感。所以教师的声音有较强的力度要求，这也是强调重点和道德教育时所必需的。

声音的稳定持久包括音调、音量、节奏方面的稳定，也包括声音表现力方面的稳定输出。这需要一定的体力支持和发声器官的肌肉力度支撑。讲课在运动量上类似于慢跑，需要循序渐进地锻炼。

（三）以声传情，控纵有节

教师的工作绝不是单纯的知识传递，如果仅仅只做知识的搬运工，那教师行业在人工智能时代会极易被取代。在人工智能高速发展的今天，情感是人类的最后一道堡垒，也是人与人之间长久关系的维持剂。有生命力的教师绝不会发无情之声，有温度的知识才更容易被学生接受。

教师的教学教育内容丰富、形式多样，要准确表达这些内容，对声音的变化能力提出了很高的要求，并且教师的语言并不像播音员随时有稿件支持，很多时候都是即兴发挥，需要声音在不同层次间自如切换，控纵有节。

五、教师科学用声的原则

虽然教师对于声音的运用有较高的要求，但在实际工作中，教师用声时要有明确的原则意识，原则是用声规则的边界，突破原则就容易导致嗓音障碍或其他方面的问题。

（一）围绕工作需求

人类的总体音域很广，但教师工作需要用到的音域要窄得多，因此教师对于声音训练的主要目标是在自如音域的基础上略微扩展，并不是达到音域的极致。同时，声音的表现要围绕教学教育的需求，教师用声不同于声乐表演，不以展示声音美为目的。

（二）尊重个体差异

每个人的声音特性不同，不可追求千人一面或盲目模仿，更不可追求不适合自己的音色或声音风格。练声方式也可以尽量和自己的生活节奏相契合，并不要求人人一致。

（三）循序渐进，持之以恒

练声的本质是对发声器官肌肉强度和韧性的训练，和体育训练一样必须要讲究方法，并且循序渐进，过度训练和不恰当、不适合的练习方法都会导致声音器官的损伤。另外，一些人练习了几天觉得效果不明显就放弃了，这是大大的误区，因为练声不是一蹴而就、更不能一劳永逸。腹肌会因为长期不练而消失，发声器官的力度也一样。

（四）以用代养

很多人以为，讲课就是对声带的损耗，其实不然。我们的人体器官都有一个特点，就是不用就会衰退，比如长期不动脑筋，大脑就会变得迟钝；长期不运动，四肢就会不灵活、没有力量，甚至肌肉也会萎缩。我们的声带是由声带肌、声带韧带和黏膜所组成的，也具有这样的特点——长期不锻炼就会不灵活甚至衰退。用科学的发声方式讲课，也是对嗓音的保养。

工欲善其事必先利其器，声音是教师传道授业解惑的重要工具，嗓音的锻炼和保健应该尽快纳入师范教育的课程体系，让师范生在走上工作岗位之前就树立正确的用声意识和习惯。

第 二 章

人类发声基础原理

声音和发声能力是在生物演化的长期过程中逐渐发展演化的。不同种类的动物在不同的时期演化出了各自的声音产生机制和声音用途，以适应它们的生存环境和生活方式。比如，水生生物和节肢动物通过简单的振动来明辨方向、交流和捕食；爬行动物通过摩擦或气囊来产生声音用于社交和求偶；鸟类则演化出了复杂的声音产生器官，用于宣誓领地、求偶、警告、社交等；哺乳动物则进化出了更加完备的声音系统以适应不同的环境和需求……声音是动物界中多样性和适应性的重要特征。

人类的发声系统就像一台乐器，主要由三个部分组成：动力系统、制声系统和共鸣系统。与乐器不同，人类的发声系统受到大脑的高度支配，同时，声音也对大脑的感知、记忆、响应等各个方面产生影响。

在物理学中，声音可以分为乐音和噪音，噪音的声波不规则，但声波依然会让听觉器官感到振动，形成声音听觉的一部分。乐音是平滑、规则的周期性振动，让人产生愉悦的听感。人类的发声能力的核心是连续制造乐音，这也是人类有声语言的物理基础。但声音的产生并不是一件简单的事情，它需要有心理层面的交流动机和逻辑，也需要物理层面的发声器官，还需要发声动力系统的支持。

第一节　人类大脑与声音

自然界充斥着各种各样的声音，可是动物对声音的感知能力并不是与生俱来的。大约5亿年前，海洋生物进化出了神经丘，这种在水生动物体表分散存在的管状组织可以让一些水生动物的皮肤经由水"触摸"到声音，通过声音的强度、方向等信息来识别周围的环境。当两栖动物在陆地上定居后，需要进化出接受空气传导声音的能力，动物逐渐发展出鼓膜和耳蜗,具备了陆地生物声音接收的基础①。

一、人脑对声音的感知

有研究表明,狗在切除大脑、只保留脑干和脑基底节的情况下也可以吠叫和咆哮,无独有偶,人类的婴儿在没有大脑半球的情况下也可以发声哭泣。这表明,控制原始发声功能的神经可能位于延髓。但保留延髓的狗叫声已经失去了情感和认知意义,只剩下纯粹的吠叫反射动作——大脑调控着声音中的情感和认知②。因此,对于发声的认知决不能够仅仅停留在发声器官之上,脑部与声音之间的关联更需要学习和进一步研究。

(一)机械波的接收和处理

声音进入大脑的第一步是通过耳朵的处理。人耳是人类捕捉声音的主要器官,包括外耳、中耳和内耳,外耳帮助我们更广泛地收集空气中以机械波形式存在的声音信息,并传递到中耳。声波引起中耳区域的鼓膜振动,振动的鼓膜带动三块听小骨(锤骨、砧骨和镫骨)共振,由于听骨链的作用,声音被增强后传递给内耳。形似蜗牛的耳蜗内部充满了淋巴液,这些液体与听骨链共振,形成波浪。静纤毛结构位于毛细胞顶部,并在耳蜗内形

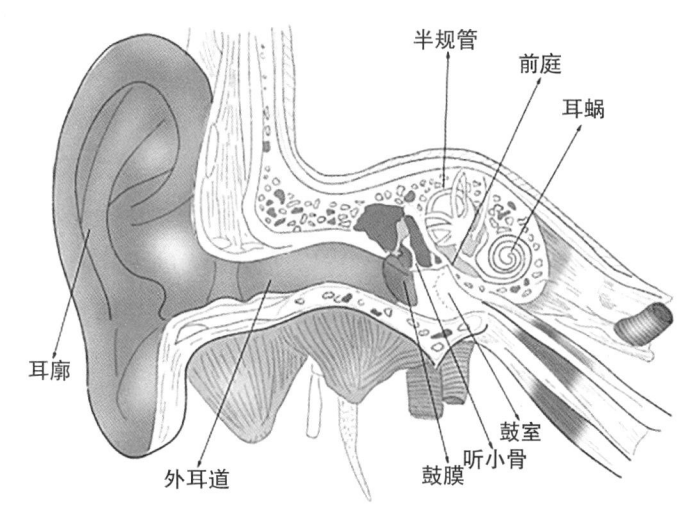

图 2-1 人耳内部结构

---

① [英]迈克·戈德史密斯:《牛津通识课:声音》,刘韵雯译,浙江科学技术出版社,2021年版。

② F. W. Mott, "The Brain and the Voice in Speech and Song", USA EBook-No. 13111, Augest 3, 2004, https://www.gutenberg.org/ebooks/13111.

成毛细胞束。耳蜗内的毛细胞随着淋巴液的波浪摆动，也带动了毛细胞束的移动。当毛细胞摆动时，液体中的离子冲入毛细胞顶部，导致毛细胞底部释放化学物质，这种化学物质会与听觉神经细胞结合并产生电信号，这些信号会沿着听觉神经传入大脑。

（二）电信号的基本处理

声音处理的第二阶段是大脑对接收到的声波进行编码。大脑对声音的解码是一个从客观到主观的过程，听觉神经纤维首先进入脑干，对电信号形式的声音进行基本处理，从听觉神经的输入数据流中提取显著特征，如识别声源位置、过滤背景噪音。听觉信息从脑干传入丘脑，丘脑将听觉信号发送大脑中的主要听觉区域——听觉皮层，通常位于颞叶的上半部，听觉皮层接受来自内耳的声音信号，听觉皮层负责处理声音的基本特征。比如，大脑通过分析有多少神经纤维在同时发射信号，以及纤维发射信号的时间间隔来判断音强；通过发射信号的神经纤维在基底膜上的排列位置和纤维发射信号的时间间隔来判断音高；大脑还可以通过分析声音到达左右耳朵的时间差和音量差来实现音源定位，帮助确定声音的左右方位；同时，大脑通过比较头部和肩部形状对声音的影响来确定声源的上下方位——以大脑自己的尺度对声音的各个属性进行编码和解释。

（三）电信号的深度处理

在主要识别声音的听觉皮层之外，大脑中还有几个听觉联想区域负责处理声音中更复杂的关系，如情感识别、语言理解和声音记忆。我们可以把它视为大脑对声音处理的第三阶段。

大脑负责声音中的情感处理，声音和情感意义之间的关系早在史前就已经被定义，萧萧的风声令人感到孤独、痛苦的呻吟令人感到焦虑、欢乐的嬉戏令人感到愉悦、震天响的雷声让人感到畏惧、淅淅沥沥的雨声多少带点儿烦闷……人类声音中包含的喜悦、哀伤、愤怒、好奇、厌恶、羞愧、爱等情绪和感情，在人类漫长的进化中也早已被人熟练地运用，无论是表达还是听辨，声音和情感都在大脑中建立了对应关系，并且这种关系还可能是复杂的、综合的。当然，这种关系也会受到个人后天经历的影响。

大脑也负责处理声音中的语言信息，大脑的特定区域，如布洛卡区和温克尔区，与语言的产生和理解密切相关。这些区域帮助我们理解语言的音素、词汇、语法和语音。语言学家罗兰·巴特认为，声音以三种形式作用于我们的大脑：象征密码、行为密码和文化密码。人类大脑对声音的感知模式创造了一种自身与外界联系的通道，声音建构着视觉之外的另一层关系谱系。

大脑还参与声音的记忆和识别，通过韦尼克区储存记忆听到的和发出的声音信息，大脑会记住较为熟悉的声音以及这个声音的相关信息。这种记忆中的声音模型是不断被更新和精炼的，这也让大脑拥有了对声音的预测能力，可以预测熟悉的人的声音表现，也可以从一段不太完整甚至不太准确的旋律中听出它来自哪一首曲子。再如，人们会从嘈杂的声音中赫然听到某一个熟悉的人名或声音，这是因为大脑在用听到的声音不断建模，并且会优先找出具有重要意义的声音。

值得注意的是，大脑对于听觉信息的处理并不是孤立的，大脑经常把听觉信息和视觉、触觉、味觉、嗅觉等感知觉整合处理。从反面来说，这种协同处理也提高了大脑对单一感觉的处理准确度和速度。

二、人脑对发声的控制

人类的言语过程离不开大脑和耳朵，大脑在发声时起到指挥作用，这是一个多层次的过程，从思考、计划到实际发出声音，每个过程都需要大脑的不同部分协同工作。

首先是当人决定说话时，会在大脑中产生发声的意图，这一过程涉及大脑的前额叶等部分，大脑中的语言中枢——布洛卡区就位于大脑左半球的前额叶，这个区域负责语言产

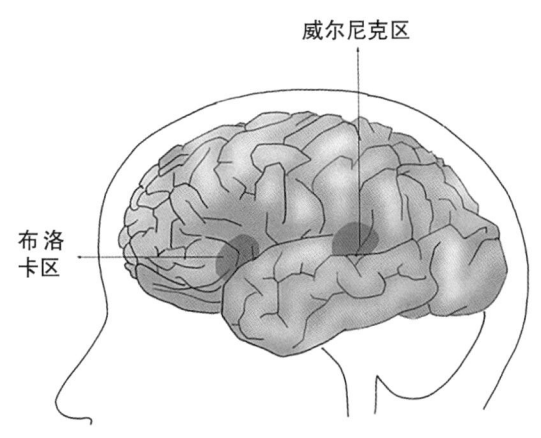

图 2-2 人脑中的布洛卡区

生的规划和编码，当产生发声、说话的意图时，布洛卡区激活并开始为要说的话编码。语言中枢的活动通过中枢神经系统传递到运动神经元，中枢神经系统包括大脑和脊髓，它负责传递大脑的指令到相关的肌肉，比如，控制声带肌和呼吸肌工作，大脑直接影响着声音的音高和音质，这一过程涉及大脑的皮层和大脑幕上区等区域。

其次，大脑还会持续通过体外空气和自身骨肉两条途径接收自己声音的听觉反馈，以监控和调整发声过程。这有助于我们控制发音的准确性和清晰度，并时刻调整说话人的发声、发音状态以适应情感表达的需求。

三、声音对人脑的影响

声音对人脑有着深远的影响，这种影响贯穿着认知、情感，甚至是生理过程。

（一）情感感知

声音带来的生存奖赏将情感与声音在大脑中牢牢绑定。远古时期的人类通过声音来判断猎物的类型、大小、位置等信息，也通过声音判断生存环境的状态、是否有危险源，还会通过叫声、节拍、歌声来求偶、社交、庆祝等。大脑的听觉处理区域能够解释声音中的情感，同时，也会受到声音中情感的影响，引发相关的情绪反应。如惊恐的尖叫会引发恐惧，悦耳的音乐会引发愉悦……所以，悦耳动听的声音确实可以激发积极的情感来帮助人提高自我意识或是放松。这种方法已经被广泛应用于应对焦虑、抑郁和创伤后应激障碍等心理问题。

（二）情感记忆

声音模型可以被大脑记忆，相应的，声音也会触发相关的回忆，比如由一首歌回忆起之前的经历和某种情感体验，尤其是当声音与某种情感体验相关联时，这些声音会在大脑中留下更深的印象，从而更容易触发相关的记忆，这就是著名的普鲁斯特效应。研究还发现，不同类型的声音引发不同的情绪和记忆效果，比如，伴随着愉悦、单纯的声音记单词的效果会比没有伴随声音的单词更好；噪声则会引发不适和压力，降低记忆效果。声音的情感属性对记忆的形成有着重要的影响。

（三）生理响应

声音不只影响人的心理，也会通过大脑影响人的生理反应，对心血管系统、呼吸系统、免疫系统、内分泌系统等生理系统产生多方面的影响，比如婴儿听到母亲的声音肌肉会变得放松；听到心仪对象的声音可能会增加心率和呼吸速率；令人兴奋的声音还会增加肾上腺素的释放，从而增加警觉和应激反应；柔和的音乐可以促进内分泌平衡，降低压力激素的水平；一些研究表明，新颖愉悦的声音互动可以促进认知健康，并且可能延缓衰老引起的认知衰退。

需要注意的是，声音对大脑的影响可能因人而异，个体对声音的不同偏好和敏感度在声音对大脑的影响过程中起到重要的调节作用。另外，总体环境、个人心理状态也会影响声音对大脑的影响。

四、人脑对声音处理的局限性

大脑是一个精密的器官，却也是一个发展中的器官，人脑在处理声音方面还存在很多局限性，主要体现在以下方面。

（一）可听频率范围有限

大多数动物的听力系统都只能听到有限的频率范围，而人类的听力在其中并不算优秀。人类的听力频率通常在20Hz到20000Hz之间，超出或低于此范围的声音无法被人耳感知。很多动物的听觉都比人类敏锐，狗的听力上限为60000Hz，蝙蝠的听力上限为110000Hz，白鲸为123000Hz。

（二）听觉屏蔽

听觉屏蔽又叫听觉掩蔽现象，不同的声音交织可能会影响人对于主要声音的感知，尤其是当不同声音在频率或者强度上接近时，屏蔽现象更为明显。这个现象在自然界中普遍存在。教师授课过程中需要维持课堂秩序，就是因为听觉屏蔽现象的存在，尤其是在高中或大学课堂中，学生的声线已经基本发育完成，与教师的成年人声线接近，教师的声音就更容易被淹没在众生喧哗中，良好的秩序才能保证教师声音的"独奏"。

(三)听觉疲劳

听觉疲劳又叫暂时性听阈偏移,指在长时间在强噪声下暴露,或长时间佩戴耳机,或突然被高分贝声音刺激后,听力暂时性地变迟钝。离开噪声场所一段时间后,听觉逐渐恢复正常。听觉器官并未受到实质性损害,但听觉疲劳会引起头痛、耳鸣、头晕等身体不适,也会导致注意力难以集中,还会导致沮丧、恼怒等负面情绪。严重的噪声甚至会引发身体的应激反应,包括心跳加快、肌肉紧张、交感神经系统持续兴奋等,对健康构成威胁。

(四)定位错误

大脑在大多数情况下可以确定声源的大致方向,但在复杂的声学环境中也会有定位错误的情况。比如,当声波的长度大于两耳之间的距离时,大脑会比较两耳中的声压变化来判断声音的来源方向。但是当波长超过4米,左右耳对声波波形变化造成的声压变化将难以感知,因此无法辨别声音的方向。大脑对于声音的习惯性假设也导致了一些具有欺骗性的现象,比如哈斯效应(或第一波前定律):大脑从第一秒达到的声音明确声源,随后的声音被假设与第一个声音来自同一个方向,然而,这种假设可能和现实情况并不相符。再如,在嘈杂的环境中,由于竞争性的声音刺激不绝于耳,大脑可能难以集中注意力在特定的声音上,这也被叫作"鸡尾酒效应"。

(五)有限的处理能力

人类大脑的处理能力并不是无线的,在复杂的声音场景中,大脑对有意义声音的自然选择也意味着大脑很难同时处理多个声音。但人脑对于声音的处理能力的影响因素较多,比如声音的特征、大脑的认知资源和个体的听觉处理能力。复杂多变的声音会给听力带来更多挑战,多种感官刺激同时出现会让听力的认知资源分配减少,听觉上的个体差异不仅来自遗传和身体素质,也与训练和个人经验有关,指挥家可以同时监控各种乐器的声音和配比,配音演员可以为众多截然不同的角色配音。这些例子也提示着我们,人类虽然对声音的处理能力有限,但在一定范围内,听觉能力是可以通过训练来提升的。

(六)听力退化

随着年龄的增长,听力系统也会老化,10岁的人类能听到的最高频声音为20000Hz，而80岁的人类能听到的最高频率为8000Hz[①]，人类在高频段的听力随年龄的退化最明显，这也是为什么很多老人耳背，并且高声对他们说话可能收听效果并不好。

（七）系统脆弱

因为与大脑神经的连接，听力系统也很脆弱。耳聋分为传导性听力损失和感音神经性听力损失，后者在生活中很常见，占耳聋患者总数的90%，长时间的高噪声环境、头部创伤、有害化学物质、遗传因素和某些药物的副作用（尤其是抗生素的滥用）会导致毛细胞损伤。如果内耳或者听觉神经受损会导致感音神经听力损失，影响人对于高频率低强度声音（比如远处的鸟叫声）的听力。

传导性耳聋在生活中也很常见，它不涉及脑部神经，耳内的传导通路中某一结构功能异常，也会导致听力下降。感染是造成传导性耳聋的重要因素，很多人因为游泳、泡澡、意外伤害等导致耳朵感染，如中耳炎，严重时会造成失聪，尤其是在儿童中。

大脑中的听觉中枢像是一台自动运行的计算机，它随时都在分析传入的声音，从复杂的声音组合中分离出有意义的元素，不眠不休——睡梦中的母亲会被孩子的哭声唤醒，在睡梦中听到的话还会影响到人的潜意识。大脑对声音的处理机制还有待进一步研究。

第二节　呼吸系统和呼吸原理

人类的呼吸系统有三大功能。首先是负责吸入氧气并排出二氧化碳，以维持生命；其次是呼吸系统为声音的生产提供动力；再次是提供嗅觉。这里所要论述的是作为发声动力的呼吸系统。

[①] ［英］迈克·戈德史密斯：《牛津通识课：声音》，刘韵雯译，浙江科学技术出版社，2021年版。

一、呼吸系统

维持血氧所需的氧气是在无意识状态下进行的，但对于歌唱、播音、教学等需要大量用嗓的活动来说，无意识状态下的普通呼吸无法满足要求，肺部必须提供强有力，并且源源不断的气息支撑，所以是一种"有意为之"的呼吸。不同于医学领域对呼吸系统的定义，教师科学用声从呼吸动力的整体视野对呼吸系统进行定义，认为呼吸系统包括肺、气管、胸廓、膈肌、腹肌和相关肌肉。

二、呼吸原理

呼吸系统的核心是肺，肺是储存气息的主要场所，由肋骨连接前面的胸骨和后面的脊柱，肋骨和软骨形成一系列环，其长度从上向下增加，放松状态下，这些肋骨环向下、向内倾斜。肋骨与椎骨的连接方式使得附着在肋骨上的肌肉可以通过收缩肋间肌来抬高肋骨环，使较长的肋骨撑起来，向四周推动胸骨、肋骨和软骨，从而让胸廓变大，增大肺部容量。

如果把肺部想象成气息的笼子，那笼子的底部就是由横膈膜（膈肌）来托住双肺的。横膈膜由肌肉与腱膜组成，是胸腔与腹腔之间的分隔。在放松状态下，横膈膜向上凸起，呈穹窿状。它是胸腔与腹腔之间的压力调节

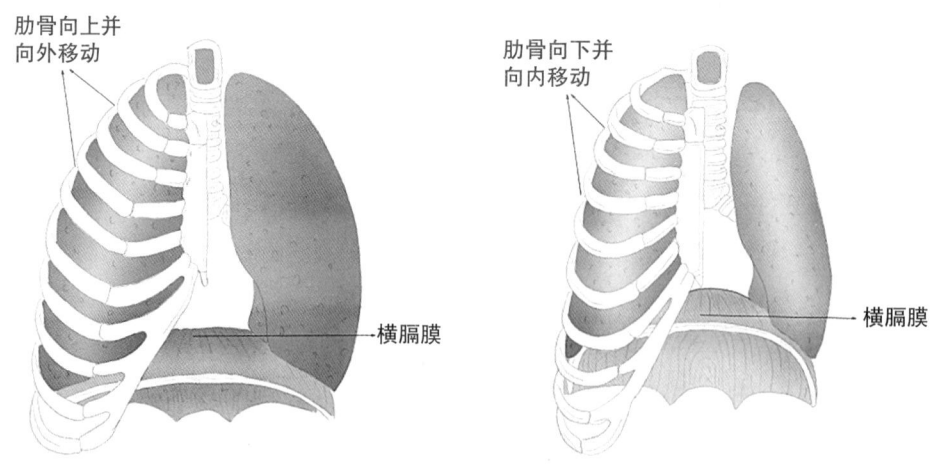

图 2-3 吸满气（左图）和吐尽气体（右图）时的肺部状态

器，是胸部扩张的主要媒介，通过自主运动和被动牵拉来为肺部提供更多的空间。一方面，横膈膜受到自主神经系统的控制，通过肌肉的收缩控制隔膜下降。当胸部向左、右、前、后四个方向扩张时，肺部的容量也会相应扩张。当神经电流停止时，肌肉放松，肋间肌回弹、膈肌上升，肋骨在重力作用下回到原位。另一方面，腹部肌肉的张弛也调节着胸腔和腹腔的压力。胸腔扩张时，呼吸气道内会形成负压（内部气压小于大气压强），外部空气通过口鼻自然流入肺部；胸腔收缩时，气道内产生正压（内部气压大于大气压强），肺部的废气被自然排出。

呼吸时，意识参与的程度越高，脑部对呼吸肌肉的控制越明确，呼吸的气量会加大。腹部肌肉向内收缩得越紧，膈肌就越松弛；腹部肌肉越向外绷紧，膈肌就越被往下拉（越紧张），吸气量就越大。在平静时的潜意识呼吸状态下，胸廓和腹部的形状变化与有意识呼吸状态下的存在明显差异。有意识状态下，胸部和腹部在吸气的时候向各个方向的扩张幅度会更大；在呼气状态下，胸部和腹部向内收缩的幅度也会更明显。对于教师来说，拥有呼吸控制的自主权和能力是实现科学发声的基础。

第三节 制声系统和制声原理

人类之所以能够发出丰富的声音，一个重要的原因是拥有一系列的生理结构和器官所组成的制声系统。其中，人类发声的核心结构是声带，声带位于喉室，人类发声的主要物理过程就位于喉部。

一、制声系统

喉，位于舌骨之下、气管的顶端，由软骨、肌肉、韧带、纤维组织及黏膜等组成。

软骨支撑起了喉部的整体架构，软骨的质地和它们相互连接的筋膜与肌肉保证了喉在颈部运动环境下还能灵活支配声带运动。喉部由甲状软骨、环状软骨、杓状软骨、会厌软骨组成，这些软骨是根据其形状命名的：甲状软骨如盾牌在前端，在视觉外观上形成了喉结的突起。会厌与舌骨体相连，像一个盖子盖于声门上方。环状软骨环抱四周，这些软骨组成了一个盒子状的空间，被形象地称为喉室。甲状软骨通过韧带和肌肉附着在舌骨上，环状软骨通过下缘附着在气管上，环状软骨的前上方和两侧通过韧带连接甲状软骨，环状软骨的后部比前部宽得多，并连接后面的两个椎体软骨。杓状软骨是环状软骨上缘两侧的一对形似小勺子的软骨，形似三棱锥。勺状软骨底部向前延伸的部分叫作声带突，这个结构上附着着声带的主要构成——弹性纤维。

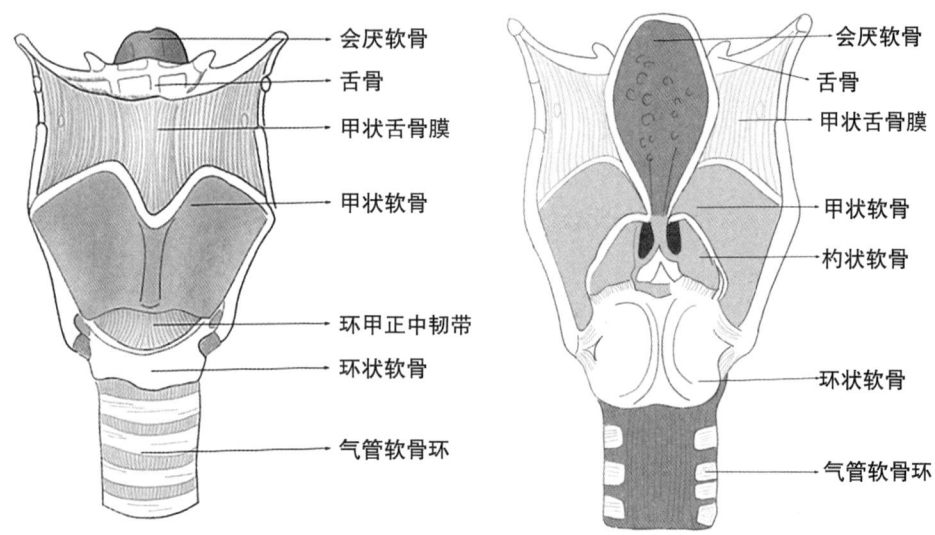

图 2-4 喉部正面观（左图）和内剖面（右图）

二、制声原理

附着在喉软骨上的外展肌和内收肌控制着关节的开合，由此带动声带的开合。由于位于气管上方，喉部也是呼吸的阀门。在自然的放松状态下，声门是以小角度自然开放的，声带也是松弛打开的状态。吸气时，后环锥体肌与吸气肌协同收缩，声门和声带都以更大的角度打开，从而使空气可以快速进入气管；呼气时，肌肉放松，声门孔径变窄，气息缓缓流出。当需要发出强烈的有声爆破音或者吞咽时，声门需要短暂关闭，这需要内收肌肉群控制甲状软骨和环状软骨使声带紧张，内收肌群还有一个重要功能就是帮助两条声带靠近和伸缩。控制外展肌和内收肌的神经是分开的。

发声时，两侧声带拉紧、声门裂变窄甚至关闭，从气管和肺冲出的气流不断冲击声带，引起振动而发声，在喉内肌肉协调作用的支配下，使声门裂受到有规律性的控制。故声带的长短、松紧和声门裂的大小，均能影响声调高低。

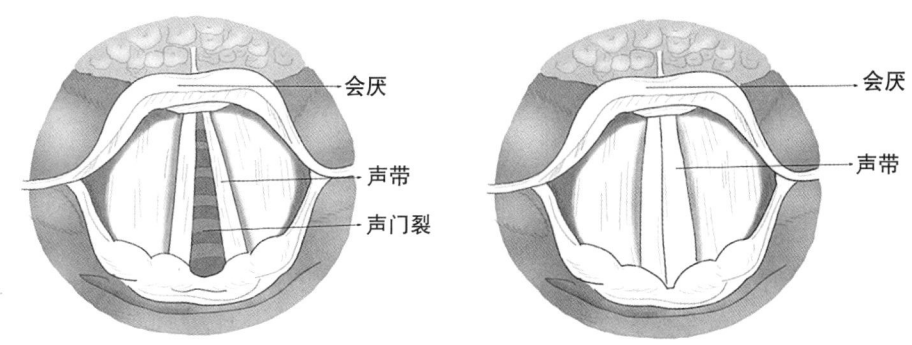

图 2-5 声门张开和静止的状态

喉部的核心——声带位于喉腔的中部，由声带肌、声韧带、黏膜和少量神经纤维组成，左右对称，是一对由致密结缔组织包裹的、有弹性的肌肉，两条声带中间的裂隙叫声门裂。当在自如音域中发出一个较低的声音时，声带不收缩，整个声带都在振动。当所发出的声音逐渐从高到低时，声带会被肌肉拉紧，变得更短、更粗、更圆，导致声带不完全振动，只有声带的边缘振动，从而让音质发生变化。随着发声音高的增高，声带肌肉被拉长，振动频率也越高。中国成年男性的声带一般在18—24mm，平均长度为20mm，成年女性一般在14—18mm，平均为15mm。①这也是男性的声音听起来要比女

---

① CHONG D Y C, GREENLAND K B, TAN S T, et al. "The clinical implication of the vocal cords-carina distance in anaesthetized Chinese adults during orotracheal intubation" [J/OL]. *British Journal of Anaesthesia*, 2006, 97(4): 489—495. DOI: 10.1093/bja/ael186.

性低的原因，儿童的声带就更短小，所以儿童的声音通常尖细。

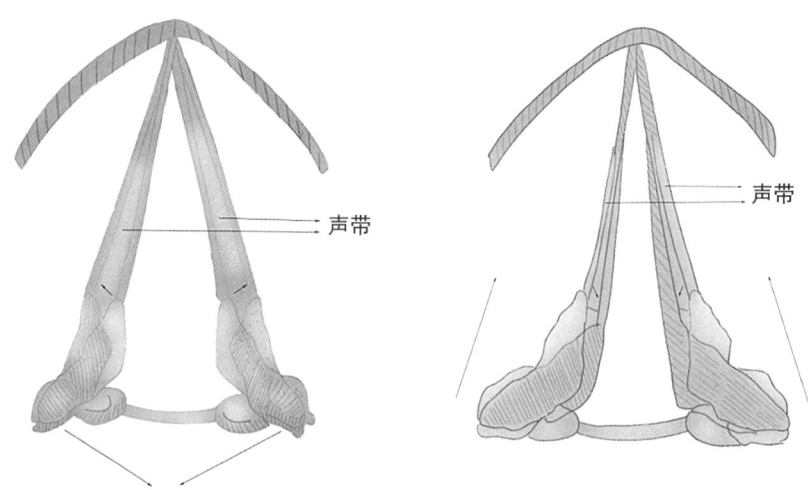

图 2-6　声带发低音时的状态（左图）和声带发高音时的状态（右图）

第四节　共鸣器官和共鸣原理

如果没有共鸣器官，声带振动所产生的声音是单调和弱小的，共鸣器官对于声音的产生和优化起着关键作用。

一、共鸣器官

从整体来看，人类的共鸣系统是不规则的管状，下半部分包括咽腔、喉腔、胸腔，上半部分包括口腔、鼻腔和鼻窦（额窦、蝶窦、筛窦、上颌窦）。咽腔和喉腔的共鸣腔壁由脊柱、肌肉、软骨和舌根组成，正面是喉咙壁。作为共鸣腔的胸腔包括肺、气管、支气管和食管，底部是横膈肌，周围是肋骨和肌肉。口腔顶部是硬腭和软腭，舌头是底部，面颊、嘴唇、下巴都构成共鸣腔壁。鼻子和鼻窦也是重要的谐振腔，周围被头骨和软骨包围，底部是软腭，外部出口是鼻孔。

二、共鸣原理

声带在喉腔内，喉腔是声带振动发声所经历的第一个共鸣腔，虽然经过了喉腔共鸣，但喉腔空间逼仄，从喉腔出来的喉原音依然是弱小和单调的声音。此时喉腔内的声波主要往上传播进入咽腔，包括口咽和喉咽部分，这部分空间相对较大，同时还包含转折和分叉路。口咽上部的软腭调节着进入鼻腔的声波量，当软腭挺立完全堵塞鼻腔通道时，声波几乎全部通过软腭反射进入口

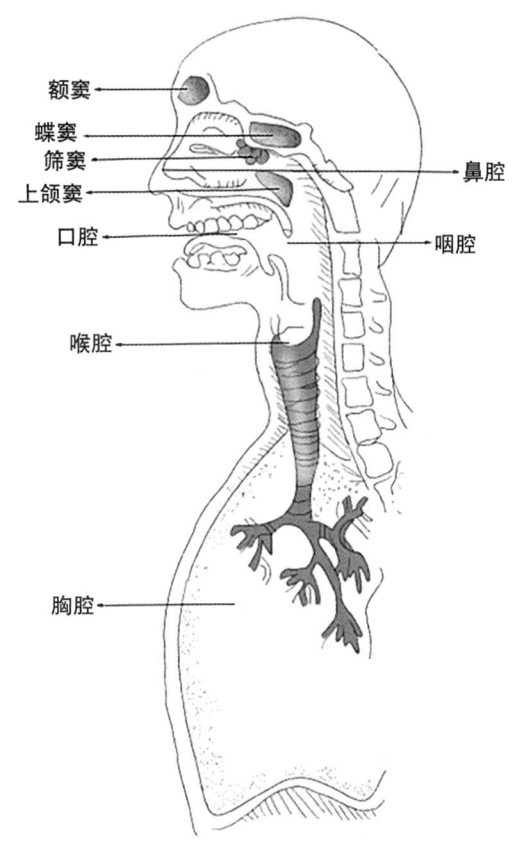

图 2-7 人体共鸣腔

腔，口腔是最重要的共鸣腔，因为它空间大而变化灵活，也是字音形成的主要场所；如果双唇关闭，口腔出口被堵，软腭松散下垂，则声波会进入鼻腔，引起鼻腔以及周围鼻窦的共振；如果双唇张开，软腭半挺立，则声波会同时进入鼻腔和口腔，带来更加丰富的泛音。

从物理学可知，共振发生在振动频率相同的物体之间，一个人声带的振动频率会随着声带的拉伸程度和冲击声带的气流强度发生变化。因此声波对于各个共鸣腔的调动也是变化的，这种变化典型地体现在高音共鸣和低音共鸣上。虽然声波不会直接到达肺部，但当声带松弛、低频振动的时候可以发出音高较低的声音，声波达到一定强度时就会引起肺部和周围肌肉、气管的振动，强化低频声波，让声音听起来更加低沉、厚实。同理，当声带张紧、高频振动的时候，高频声波更加容易引发鼻腔和鼻窦共鸣，让声音听起来更

加明亮、华丽，但鼻腔共鸣过多也会带来黏腻的听感，控制各个共鸣腔的共鸣比例是音色塑造的关键。

除了各个共鸣腔的自身频率之外，共鸣腔体的形状、大小、位置、声门的开合程度等因素都会影响共鸣，从而改变声音的音质、音量，也负责形成不同的字音。因此，人的体重、体型、比例的变化也会改变共鸣音色。另外，共鸣器官是协同工作的，声音要上下贯通才可能充分调用共鸣。还需要注意，共鸣音色并非完全由遗传决定，声音运用的经验对于共鸣控制起到重要的指导作用，共鸣练习也是练声的重要组成部分。合理地运用共鸣腔，是教师控制音色、打造声音形象的关键所在。

第五节　咬字器官和成字原理

许多动物可以用声音传达信息、表达感情，但它们的声音通常受到生物学编程，只能满足基本的沟通需求。鸟类、鲸鱼和某些类人猿具有较高级的声音沟通技能，但也不同于人类的有声语言。相比其他能够发声的动物，人类是唯一能够以高度复杂的方式吐字、产生语音并进行语言交流的物种。高度发达的语音能力是人类大脑的特征之一。

一、咬字器官

音素是从语音的自然属性出发划分出来的最小语音单位，依据发音动作分析。每种语言都有一组特定的音素，用于构成词和语句，但从总体上看，音素包含两个大类：元音和辅音。不同的音素是在共鸣器中形成的，在人体的各个共鸣腔中，最具备灵活控制条件的是口腔，下巴、舌头、嘴唇的细微运动最适合表达清晰的言语，因此咬字器官包括唇、齿、舌、腭。

（一）唇

人类的唇包括上唇和下唇，是由口角肌、唇提肌、唇降肌、口周肌等多条肌肉和皮肤所构成的重要器官，包括唇外侧波浪状的唇缘，唇外部呈粉色的唇白，还有直接接触口腔黏膜的唇内侧。唇的质地柔软、光滑、有弹性，既是声音的出口，也是成字的重要器官。唇的开合与形态对于口腔的整体状态有着决定性影响，也就是说，会直接影响声音的音色。比如，适当地收唇可以让声音更明亮集中。唇形的状态也是很多语言中划分语音类型的重要依据，比如汉语普通话中的"四呼"[①]就是依照唇形的圆展来划分的。唇的动作还会影响笑肌、颧肌、颊肌的状态，进而影响整个口腔的共鸣状态。

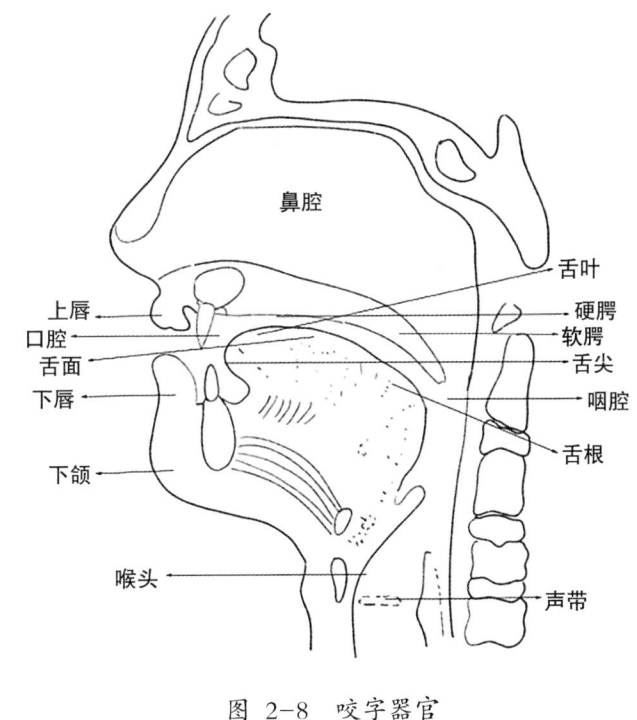

图 2-8 咬字器官

（二）齿

作为发声器官的齿主要通过后槽牙的开合来控制口腔后端的打开程度，上下后槽牙的开度越大，口腔后端的开度就越大，口腔和口咽部分的腔体空间都会得到增大，让共鸣更加充分，可以使声音更加响亮通畅；如果后槽牙紧咬，口腔空间变小，声音会干扁闷塞。另外，齿的位置和结构还会影响到声音的共振，健康整齐的牙齿对于语音的清晰度会产生积极影响。

因为口腔也是语音的形成场所，齿的开合对于语音音色也有重要影响。齿对于辅音的发音起到关键作用，前门齿是舌尖前音的成阻部位，一些辅

---

① 汉语音韵学家依据口、唇的形态将韵母分为开口呼、齐齿呼、合口呼、撮口呼四类。

音，如英语中的[θ]和[ð]音，需要通过将舌尖放在上前齿或下前齿附近，与齿接触，产生摩擦音；汉语普通话中也包含唇齿音[f]。

（三）舌

舌是语音形成过程中最关键的器官，舌的位置和运动方式影响辅音的产生，而舌的高低和前后位置影响元音的产生。作为发音器官的舌可以分为舌尖、舌叶、舌面和舌根，每个部位还会因为发音着力位置的不同而有更加细微的区分，比如舌尖部分还可以被分为舌尖前、舌尖中、舌尖后。舌越灵活有力，发音能力就越强，字音听起来更加准确清晰，如阿拉伯语中的弹舌音就需要舌头的快速弹动；如果舌头绵软，语音音色就会不明朗，绵软的质地还会吸收更多的声波，让声音听起来更加闷暗。

另外，因为舌根下方直接与喉相连，压舌根在导致喉部肌肉紧张的同时也会压迫喉部，影响声带正常工作。

（四）腭

腭是人体口腔的上端和下端。上方的穹隆状"顶盖"，又被称为上颌或者上腭，上腭分隔了口腔与鼻腔，支撑着上牙。上腭还包含上腭窦，这是一个与鼻腔相连的空腔，有助于口腔共鸣。上腭的前三分之二是由骨骼组成的硬腭，后三分之一是由肌肉组成的软腭，可以升降。硬腭前区是发音的主要内感区，从软腭反射而来的声波再经过硬腭前端的反射可以让声音更加圆润饱满；同时，硬腭也是一个形成辅音音素的成阻部位，如在发[t]、[d]时，硬腭和舌尖产生阻塞，气流经过口腔时冲破阻塞，形成气流爆破声。软腭又叫悬雍垂或腭帆，是一片柔软，可以上下升降的组织，适当挺起软腭也能增加口咽容积、强化声音反射；同时，软腭控制着口咽到鼻腔的通路，对于不同辅音音色的形成具有决定作用，例如，在发塞音、塞擦音、擦音时，软腭须通过抬升关闭鼻腔通道，让气流在口腔中形成足够的压力；而在发鼻音时，需要鼻腔通路打开，同时用唇或舌封闭口腔通路，让气流全部由鼻腔出来以形成鼻音音色；此外，软腭的位置和振动也会影响声音的音质，它可以和口腔和喉部结构一起协同工作以产生特定的音调和共振。

下腭也叫下颌骨，是下牙的支持结构，下腭是人体唯一可以活动的面部骨骼，它可以上下运动控制嘴巴的开合，对于口腔共鸣和字音的形成具有关键作用，例如，双唇塞音[b]、[p]的产生依赖下腭的开合；在区分鼻音和非鼻音时，也常常需要下腭的参与。并且口腔的开合程度可以调节口腔共鸣，对于声音的音色、音量具有巨大影响。

二、成字原理

音节是构成字词的基本单位，一个音节可能由一个或多个元音和辅音构成。就汉语普通话而言，音节通常由一个辅音所构成的声母开头，加上韵母，大多数韵母为单元音韵母，相对音高的变化所形成的声调具有区别意义的功能。

（一）元音的发音原理

元音是具有开放的口腔形状的语音，在发元音的过程中，声带振动，舌头、嘴唇的形状和位置会影响元音的音质。元音是词的核心成分，通常在一个音节里面必须有元音。亥姆霍兹等众多物理学家、生理学家对语音中的元音进行了分析，并未发现元音存在普遍固定的共振，但每个元音都有一个强有力的基音和特定的泛音，音质或音色取决于这些泛音的比例和强度。反之，将一系列的谐波与基音相结合也可以合成不同的元音。对于人体来说，不同元音音色的形成取决于声带的张力以及共鸣器官的形态。如，元音[a]，发音时因嘴巴大开而使舌面降低，并且舌高点①位于舌面前，因此[a]叫作舌面前、低、不圆唇元音，"舌面前、低、不圆唇"描述的就是发该元音时的咬字器官的状态。

因此，对于元音来说，从舌位、唇形、气流方式等不同角度可以有很多分类方式。比如，按照发音在舌面的位置划分，元音包括舌面元音、舌尖元音；根据发音时气流的流出路径可以分为口元音和鼻元音；根据发音时舌位的前后可以分为前元音、中元音、后元音；根据舌位的高低可以分为高元音、半高元音、半低元音、低元音；根据发音时的唇形可以分为圆唇元音和不圆唇元音。纵使从不同的角度来说明一个元音，人类的发音依然丰富多彩，难以用名称概括，任何一个发音器官姿态、位置、紧密程度的改变都会改变元音的音色。

---

① 舌高点，语音学术语。亦称"近腭点"。指发元音时舌头表面隆起到最高的一点。此点同上腭构成的通道最窄。

（二）辅音的发音原理

辅音在口腔中的流通受到限制，形成阻碍的部位可能是舌头、嘴唇、牙齿、硬腭、软腭或是咽喉部的不同位置和动作。从共鸣器发出的声音可以通过几个部位的收缩或改变而受到阻碍。第一，嘴唇处。双唇的开合（如双唇音[b]、[p]），或者上唇与下牙弓，或者下唇与上牙弓（如唇齿音[f]）。第二，舌与上腭之间。舌尖与硬腭前接触（如舌尖前音[d]、[t]），或者舌与牙弓后表面接触（如龈化擦音[θ]）。第三，口腔末端，舌根与软腭的接触（如舌根音[g]）。

根据辅音的成阻部位不同，辅音可以分为唇音、双唇音、唇齿音、舌尖音、齿音、卷舌音、齿龈音、齿龈后音、龈腭音、舌面音、硬腭音、唇硬腭音、软腭音、唇软腭音、小舌音、舌根音、咽音、会厌音和喉音。

仅仅是发音部位形成阻碍并不足以形成音节，还需要破除阻碍。所以除了成阻部位，辅音的成音还要考虑不同的除阻方式。按照突破或者绕过阻碍的方式，辅音可以分为鼻音、塞音（爆音）、擦音、塞擦音、近音（无擦通音）、闪音（弹音）和颤音。所有的语言都有塞音，如[p]、[t]、[k]；最常见的擦音是[s]；绝大多数语言至少会有一个鼻音，最常见的是[n]，其次是[m]；大多数种类的语言都有流音①，比如边流音[l]和非边音流音[r]。

音节是语言中的基本语音单位，辅音和元音在音节中扮演着不同的角色，元音通常是一个音节的核心，是声音中的主体音色，具有较长的持续时间，大多数音节中至少有一个元音。辅音可以出现在音节的开头，称为前辅音，也可以出现在音节的结尾部分，称为后辅音。有时音节中会出现辅音群，就是多个辅音相连出现的现象，例如，英语单词"school"中，"sch"是前辅音群。辅音不能单独形成音节，因为大多数辅音的本质是一个短暂的噪音，辅音需要和元音结合形成音节，在元音的前后起到调制和衔接的作用。

不同的语言可以具有不同数量和类型的元音和辅音，不同的语言也会有不同的音节结构的规则和特点，构成每种语言独特的语音系统。人类语音的多样性反映着语言和文化的多样性，但从源头上来说，咬字器官和成字原理是统一的。

---

① 流音指所有不属于半元音的近音，因为在语音上不能与某一特定元音作对应。

第三章

教师科学用声训练

人类从古代文明开始就有了对声音的记录和研究。18世纪末，人类开始了系统的现代声学研究，德国生理学家、物理学家和音乐理论家赫尔曼·冯·亥姆霍兹的《音乐与物理学》（1863年）提出了音乐和声音的科学原理，探讨了声音的物理性质和听觉过程，对后来的声音研究产生了深远影响。英国教育家托马斯·亨德森是早期倡导声音教育和发声技巧训练的人物之一，他的著作《声音与言语》强调了良好发声和清晰发音的重要性，为声音训练提供了早期指导。声音能力部分来源于遗传和天赋，但对声音的训练和运用却在更大程度上决定了个人的声音表现。

第一节 科学练声的心理准备

一、相信科学练声的实证效果

嗓音功能训练（VFE，Voice Function Exercises）是多年来由言语病理学、歌唱和表演领域学习借鉴声音解剖学、生理学、临床病理学和声音产生机制发展而来的一套声音训练方法，已经被学术界反复证实对于强化声带、提升音质、改善呼吸控制和增强共鸣、减少喉部紧张具有明确的作用，不仅被歌手、演员、演说家用于提升声音表现力，也被用于喉炎、声带小结、肌肉紧张性发声障碍、音高障碍、声音疲劳、声带麻痹、构音障碍等疾病的康复治疗。Bovo等人曾研究了一组由21名健康的教师，为期3个月的声音训练被证明与对照组相比，治疗组的声音状况明显改善，声音抖动降低，最大发声时间和语音障碍指数改善。[①]

嗓音功能训练包括发声预备练习、呼吸练习、共鸣练习、音高拓展练

---

① Bovo R, Galceran M, Petruccelli J, et al., "Vocal problems among teachers: evaluation of a preventive voice program". *Journal of voice*, 2007, 21(6): 705—722.

习、音强增强练习、发音练习和声带放松,也包括及时地反馈与评估。虽然在临床治疗中会针对患者病情对练习方案进行定制,但嗓音训练的底层原理和基本方法在语言训练、声乐训练、医学康复等领域并无根本差异,一直处于相互借鉴融合的状态。将声学分析指标作为训练效果的监测可以发现,经过嗓音功能训练的病患在最大发声频率范围、谐波与噪音比、声音抖动百分比、最大发声时间、长期平均频谱和听觉感知等方面都有不同程度的提高与改善,患者自我报告中也体现出对于发声过程中感知觉的正向改变。[①]嗓音功能训练的方法也被长期运用于戏曲、现代声乐、播音发声等领域,多年来被证明是一套行之有效的声音改善方法。

近年来,教师的嗓音保护逐渐成为研究热点,声音功能训练也被逐渐引入教师声音训练的范畴。笔者在本书同名的线下课程中也把这套方法用于师范生的声音改善练习,并且在实践教学中根据教师职业场景的特殊性不断优化练习目标与方法,本书呈现的就是多年来的理论发展与经验结晶。

二、允许用声恐惧的存在

声音的训练和声音形象的塑造首先需要练习者改变心态。很多被嗓音问题困扰的教师因为常常在讲课后嗓音疾病的症状加重,导致对讲课心存恐惧,甚至不敢尝试大声音讲话和唱歌,生活质量和教学质量都大受影响。而事实上,打算彻底根除恐惧的想法给恐惧心理提供了更多的燃料。画家Georgia o'keeffe曾说:"我一生中每时每刻都处在极度恐惧之中,但我从未让恐惧阻止我去做任何一件我想做的事。"对于教师来说也是如此,适度的恐惧能够让我们更加认真地对待课堂教学工作、提升工作的专注度。每次上讲台之前适度的紧张有助于激活神经和刺激肾上腺素分泌,肾上腺素能够让人的血管扩张、心率加快,使更多的氧气进入到肺部,为身体即将开始的活动做好准备,这能让教师保持神经兴奋从而提升临场反

[①] Angadi V, Croake D, Stemple J, "Effects of vocal function exercises: a systematic review", *Journal of Voice*, 2019, 33(1).

应。从这层意义上来说，恐惧也是对职业和讲台充满敬畏的一种表现，可以被认为是一种积极的情绪。

但过度的紧张，甚至是恐惧，就会加重精神压力和喉部的负担，导致声带更加容易疲劳。同时，当你的身体被一种不舒服的感觉所笼罩时，你会想快速逃离现场，于是不自觉地加快语速、提高调门儿，这不仅会降低授课效果，也会进一步加重身体的疲劳感和喉部负担。而如果教师讲课的节奏太快、焦虑、喘不过气、大口吞咽口水，在座的学生也会跟着感到不安。而如果老师能够保持从容不迫，学生也会用一种更加轻松和专注的状态听课——情绪和感受总是会相互传染的，对于共情能力强的人来说尤其如此。事实也证明，当学生的身体和情绪同时参与到教师授课的过程中时，课堂互动更好，学生记忆力的表现也更好。

慢跑、游泳、瑜伽、冥想、太极等练习都有助于改变自身和恐惧、紧张的关系。对于教师来说，练习的目的不是让恐惧不复存在，而是提升对于情绪的掌控力。

三、设定清晰的训练目标

声音训练包括多种维度。对于教师职业来说，声音的清晰度、稳定性、持久性和表现力是练声的四个主要维度。在通用性方法的训练的基础上，也要针对自己的个性化目标有针对性地练习。每个人的具体声音条件和需求不同，练习方法也不尽相同。最好在专业教师或医生的指导下设定自己声音的弱项与总体训练目标，并明确每一个训练阶段、每一份训练材料和每一次训练要解决的问题。问题越具体，训练思路和方法越具体有效。如果没有老师现场指导，可以在学堂在线、学银在线等精品线上课程网站上搜索相关课程资源系统学习。盲目的训练不仅使效果大打折扣，甚至可能造成嗓音损伤或形成错误的用声习惯，还可能形成错误的声音形象定位和有问题的声音审美。

四、保持开放、积极的心态

练习不可闭门造车，要积极寻求与专家、老师、同学的交流，勇于暴露自己的问题与困惑，寻求外部协助，也要善于甄别和吸取他人的意见。练习的素材无须拘泥于本书，一切可以言说的材料和场合皆是练习材料，声音训练完全可以融入生活和工作。另外，科学练声的各个环节都可能挑战练习者曾经的发声习惯，造成主观上的不适应、不舒服、不习惯，以开放的心态积极感知这些变化，坚信自己可以实现理想的声音形象。积极的心理暗示会提供信心和动力。

五、专注、耐心与坚持

训练过程中的专注是指感受、思维同时聚焦于声音训练过程，而不是嘴巴在进行练声动作，而大脑在思考另一件事情。因为专注才能让练习者感知到练声过程中肌肉、气息、声音等细微的变化，及时调整训练的方法和强度，增强练习效果、减少受伤风险。同时，专注能够降低紧张感、节省训练时间。

声音的练习就像学习与健身，贵在坚持。问题的发现与改正通常会经历困惑与漫长的瓶颈期，练习量的积累终会带来顿悟和质变。制定一个可行的计划并坚持下去，正确肌肉记忆和力量的逐渐形成就是发声能力提高的过程。一般来说，坚持训练一个月就能基本形成正确的用声动作，但这时正确动作的维持需要主观意识的积极参与。要让科学的发声方式形成习惯、内化为能力，则需要长期练习。暖声是每次讲课之前的必备程序。

六、记录与反思

有计划地录下自己的声音，录音的回顾与对比常常能让我们发现问题，提供有价值的见解，也有助于跟踪练习的进展。练声是一个不断变化和跟进的过程，每天练习后的简单"复盘"能够指导自己及时调整训练方案，让练声事半功倍。

第二节 教师声音的清晰度训练

清晰是教师职业之声最重要的素质，传道、授业、解惑都需要清晰的声音作为媒介和工具，声音含混直接导致信息传达不准确，学生也更可能会分散注意力，直接给教学效果带来负面影响的同时冲击着教师的自信。提升声音的清晰度需要改善语音清晰度和嗓音清晰度。

一、区分语音问题与发声问题

语音问题是口腔内部的问题，但发声问题不仅涉及口腔，还涉及所有发声器官。长久以来，语音问题和发声问题一直被混为一谈，发音不清晰造成的听觉模糊在一定程度上可以通过增加音量来弥补，但无形中增大了喉部的负担。如果能够通过吐字训练增强语音的清晰度，讲课完全可以更加轻松有效。回忆一下你听《新闻联播》的感受，播音员的语速常常在300个字每分钟，甚至更快，但听众很少觉得没听清，原因并不在于播音员音量很大，而是吐字清晰有力。"他山之石可以攻玉"，这种发音技术是教师行业可以借鉴的。

声音含混不清可能有两个方面的原因，第一方面是语音错误或者语音偏误；第二方面是发声的问题。衡量语音问题的标准是普通话的语音规范，是对不对的问题；而衡量发声问题的标准是沟通效果和审美体验，是好不好的问题。规范是基础，审美是"加成"。

语音的错误广泛地存在于社会生活和工作中，错误语音一般有四类来源：第一，不认识的字没有查字典，凭猜测，"有边读边，没边读中间"的惯性是大多数语音错误的来源，如一些人把"酗酒[xù jiǔ]"读作[xiōng jiǔ]，把"饿殍遍野[è piǎo biàn yě]"读作[è fú biàn yě]；第二，受到方言音的影响，如南方人不太会读轻声和儿化音，如果没有经过专业的训练，遇到轻声和儿化大概率会读错；北方人容易把"教室[jiào shì]"读作[jiào shǐ]；福建人容易把"福建[fú jiàn]"读作[hú jiàn]……这类错误相当顽固，在各地的教室中多多少少都体现着这种语音上的"地方特色",也是为什么这类错误会代代相传的重要原因。第三,不能正确辨别多音字,如把"秘鲁[bì lǔ]"读作[mì lǔ],把"殷红[yān hóng]"读作[yīn hóng]。第四,没有及时学习审定变更的读音,如"下载"原来读[xià zǎi],现在改为[xià zài],铁骑[jì]变成了铁骑[qí],说[shuì]服变成了说[shuō]服。还有一些古诗词中的读音也进行了修改,比如"少小离家老大回,乡音无改鬓毛衰[shuāi]""远上寒山石径斜[xié],白云生处有人家"……语言在变化的社会生活中也在不断吐故纳新,适应和服务社会生活,教师要及时更新自己的知识库,并及时纠正自己的读音。

还有一类更常见的语音问题是语音偏误,发生偏误的语音不是直接把原本的声母、韵母、声调读成另一个声母、韵母或声调,而是由于方言、性别、年龄、种族等方面的原因导致的发音偏差,这种偏差一般不影响对表达意义的判断,没有达到错误的程度。但语音偏误通常是系统性的,比如普通话中的/ɑ/实际至少包含4个音位变体,在舌位靠前的n、i后面时读[a](前、低元音,如爱、安);在零韵尾的韵母中读[A](央、低元音,比[a]稍靠后,如挖、压);在口腔喉部发音韵尾u、ng之前时,发音为[ɑ](后、低元音,如奥、阳);出现在韵尾i、y、n前面时,舌位升高并且靠前,读作[ɛ](前、半低元音,如烟、元)。

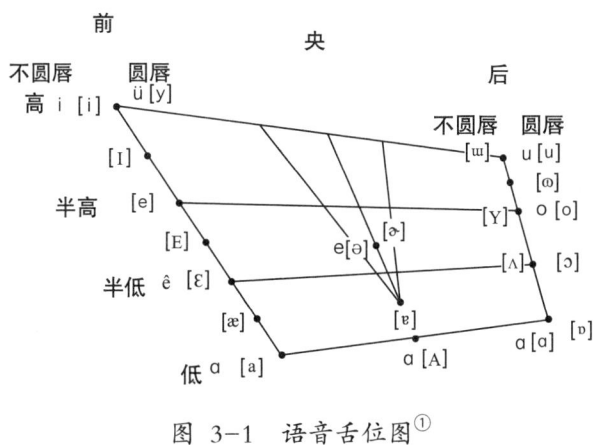

图 3-1 语音舌位图[①]

---

① 《畲族语言教学提纲》,2010-7-29. https://www.chinulture.com/forum.php?mod=viewthread&tid=23767.

而在昆明方言中，/a/的发音普遍靠后，所以带有昆明口音的普通话中，并没有区分那么多/a/的音位变体，而是全部读成了后、低元音[ɑ]。这种系统性偏误在本地区或族群内很难被察觉，因为周围的绝大多数人都这样，形成了一种偏误性的语言环境，需要找专业的语音老师进行纠正。

教师的语音问题会直接影响到学生的读音规范和语文成绩，要通过系统的正音训练来解决。没有规范准确的发音，嗓音再美妙都会在表达时产生歧义，准确的语音是教学教育的基础，但语音问题不在本书的讨论范围之内。

还有一类影响声音清晰度的问题是发声问题。发声问题的第一大类是口腔控制不佳，主要包括力度不足和发音时间、力量分配不佳；还有一类是嗓音障碍造成的声音嘶哑，这个问题我们将在第四章详细分析。

口腔是声音的主要出口，也是字音形成的主要场所，口腔吐字的力度不足，必然造成字音听感的松散和模糊。但是加强字音控制并不等于"满口用力"，如果全程加强力量会带来笨拙和呆板的效果，显然不是老师想要的。控制字音要抓住关键环节，也要具体字音具体分析，为了便于说明问题，引入我国戏曲艺术中的一个概念——"吐字归音"。

二、利用"吐字归音"

吐字归音是根据汉语的音节结构的特点，将一个音节分为字头、字腹、字尾三部分，把吐字过程分为出字、立字、归音三个环节并提出具体要求，以达到字正腔圆的效果。

汉语音节一般包括声母、韵母、声调三个部分。

声母通常就是一个字音的"字头"，介音是一个字音的"脖子"——"字颈"。在播音学中，介音也被归并在字头的控制环节中。韵母中发音最响亮的元音就是音节的"字腹"。每个字音的主要元音后面的结尾的音素，即韵尾，从吐字归音的角度上来说叫"字尾"。字头是一个音节的起始，是一个发音器官由闭到开、声音由弱渐强的过程；字腹是一个音节中发音器官开度最大、发音最响亮的部分，也是一个音节占用时长最多的部分；字尾是一个音节的尾声，也是与下一个音节的分隔点；声调是一个音节的"字神"，声调不仅有区分意义的重要作用，而且一个音节听起来是否有神韵在很大程度上取决于声调是否准确饱满。

借鉴我国传统说唱艺术中对字音的控制方式，"字头叼住弹出、字腹拉开立起、字尾到位弱收"。字头的控制要求我们在声母发音过程中，两个发音部位的接触要准确、快速，破除阻碍也要快速、有力，把发音的时间更多地让给响亮的元音。声母发完后要迅速过渡到韵母，"拉开"是指在字头弹出后，迅速打开口腔，口腔开度要大，应有竖着拉开的感觉。

"立起"指主要元音的发音要占据足够的时间，使其响亮、圆润，在听感上形成字音立起来的饱满感。字的结尾结束点要准，并且要有声音渐收之势。"枣核形"是民间说唱艺术对一个音节完整的发音过程的描述和比喻，以达到字音"颗粒清楚""珠圆玉润"的效果。声调贯穿于整个音节之中。

当然，并不是所有的音节都字头、字腹、字尾一应俱全，在417个汉字音节中，有23个音节没有字头（如"爱""恩""尔"），占音节总数的5.5%；有137个音节没有字尾（如"压""素""娃""德"等），占音节总数的32.8%；但所有音节一定都会有韵腹，即响亮的元音是不可缺失的。对于没有字头、字颈或者字尾的音节，依然要人为地给出出字、归音的过程，否则音节之间相连，容易影响字音的清晰度。

另外，吐字归音还需要注意两个方面的问题。首先，吐字归音要注意与其他环节相联系。如果气息跟不上，发出的声音偏虚，字头成阻时就会无力，无法做到"叼住弹出"；另外，需要喉部放松，如果喉部肌肉或舌根过紧，软腭的挺起就比较困难，后声腔就打不开，字腹就拉不开，口腔共鸣就会受影响，字音也就无法圆润动听了。其次，不可一味强调字音，字音的控制必须服从表达和内容的需要，注意语流对于字音的影响；注意根据内容和感情色彩的不同，遵循语言固有的表达规律，错落有序地安排吐字。

三、发音位置居中、打开

仔细回想你身边人的发音位置你会发现，现实生活中人们的发音位置并不一致，有的人发音比较靠前，有的人发音比较靠后，有的人声音往上冲，鼻音重，还有的人口腔打不开，发音扁平……不同的发音位置和口腔开度会体现出不同的音色效果，但就讲课效果而言，建议把发音位置维持在口腔中部。因为字音在口腔中部才最饱满，上下前后的伸缩空间也充分，声音也最响亮。

那什么样的字音才是在口腔中部的字音呢？从发音位置上看，人类的口腔中部上有穹隆，下有舌面形成的凹陷的位置刚好可以在口腔中形成一个近似的椭圆体，是口腔中共鸣腔开度最大的位置，把发音位置偏前的元音往里拉，把发音位置偏后的元音往前拉，把口腔中部的空间尽量拉开，也就是所谓的"前音后发，后音前发"，就可以让字音听起来更加饱满。从字音的听感上看，因为共鸣更加充分，发音饱满的字音听上去更加清晰、响亮，元音音色更加明显。

四、增强唇舌肌肉力量

口腔是字音形成的场所，如果口腔的发声肌肉软弱无力，字头叼不住，弹出也没有力度，字腹拉不开，字尾收不住，那必然导致字音"散"而不集中。一切与发音、发声有关的艺术表现形式必然涉及唇舌肌肉训练，对于教师用声也是一样。

唇舌的训练包括两个方面。首先，是力量和韧性的训练；其次，是灵活度的训练。这二者是相辅相成的，无力的肌肉很难做到灵活自如，而灵活运动的唇舌也在维持着其肌肉力量。

（一）唇舌力量训练

力量训练是增强唇舌力度的基础，在众多的训练方式中，口部操被实践证明是一种行之有效，并且几乎没有副作用的唇舌力量练习方式，以下介绍几个常用的口部操动作。

1. 噘嘴——抿嘴

想象一个不开心的小朋友把嘴巴噘得老高，与抿嘴的动作交替进行，能够锻炼口角肌和口轮匝肌。同时，颊肌（位于面部脸颊部分）、咬肌、颞肌也会有一定的参与，噘嘴时，颌部肌肉也会有一定的参与。每组重复20次，每天可以根据自身情况训练2—4组。

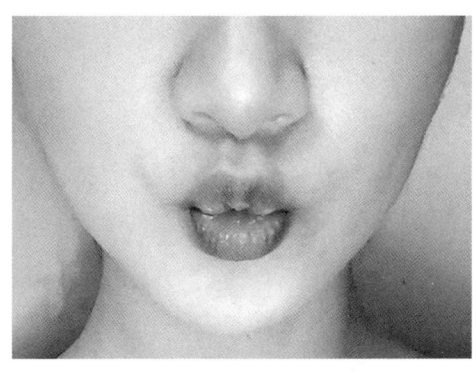 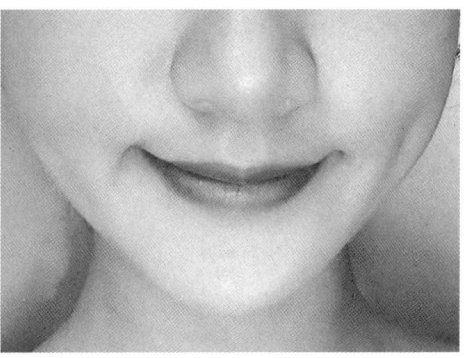

图 3-2 噘嘴——抿嘴

2. 张嘴——撮口

这里的"张嘴"强调前后口腔同时开到最大，颧上肌、颧下肌、笑肌、颏肌、颊肌都会收紧；而撮口时，这些肌肉又在口角肌和口轮匝肌的牵引下开始拉伸。每组重复20次，每天可以根据自身情况训练2—4组。

张嘴与抿嘴的动作差别在于张嘴更加强调向各个方向打开，而抿嘴只是强调嘴唇的左右开度；噘嘴和撮口的动作类似，但噘嘴的动作力度没有撮口大，比较强调嘴唇向前的延伸度，撮口则是向前突的收口，强调的是嘴唇四周的合拢，口轮匝肌的用力更大。

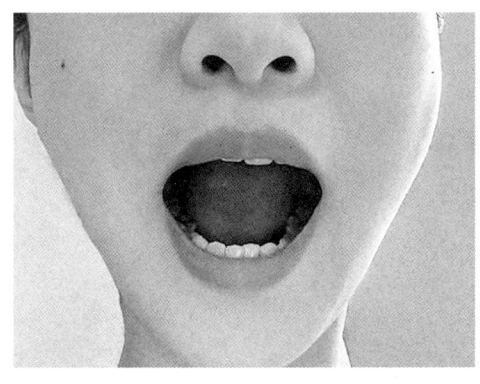 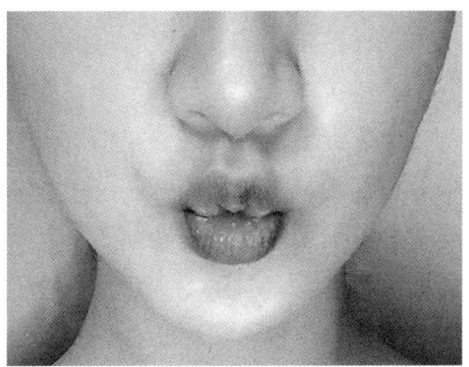

图 3-3 张嘴——撮口

3. 转唇

转唇是以唇珠为引导，将嘴巴噘起来，在空中画圈，顺时针方向和逆时针方向交替进行。转唇需要面部肌肉和唇部肌肉协同运作。每天可顺/逆时针交替转唇30—50圈。

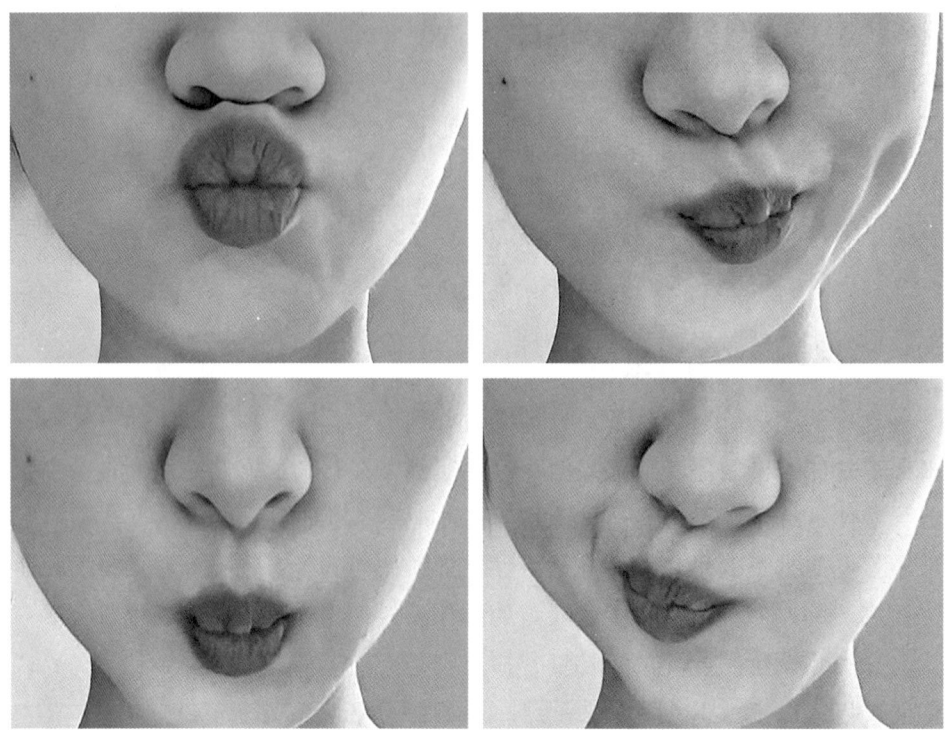

图 3-4 转唇（图为唇转到上、左、下、右四个顶点的状态）

4. 绕舌

让舌尖顶住口腔内壁，沿着口腔内部的最大周长画圆。绕舌其实涵盖了很多动作，包括舌头的前后运动、侧向运动和弯曲，舌骨肌、内外侧舌肌、舌旁肌和条纹状舌肌在这个过程中协同运动。练习时注意顺时针和逆时针绕舌交替进行，以维持左右侧舌肌的力量平衡。顺/逆时针分别绕10圈为一组，每天可以进行3—5组。

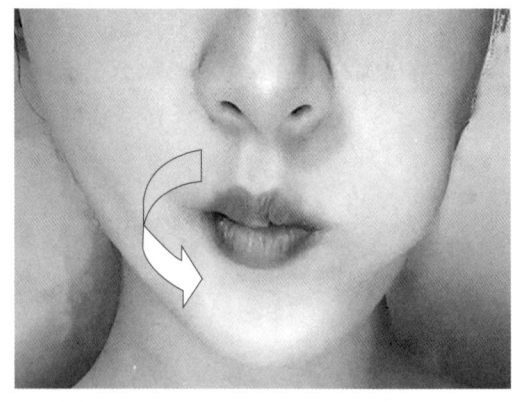

图 3-5 绕舌

5. 顶舌

"顶舌"指用舌尖用力顶颊部,"颊"指口腔内壁的颊部,对应面中部。顶舌主要训练舌骨肌,同时,喉部肌肉、下颌肌肉和唇肌也会协同参与。这个动作强调舌头的力量,当然,顶舌的着力位置并不局限于颊部,舌尖可以指向口腔的其他区域。练习者可根据自己的情况进行。

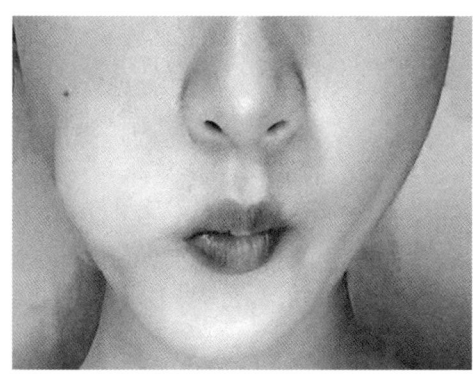 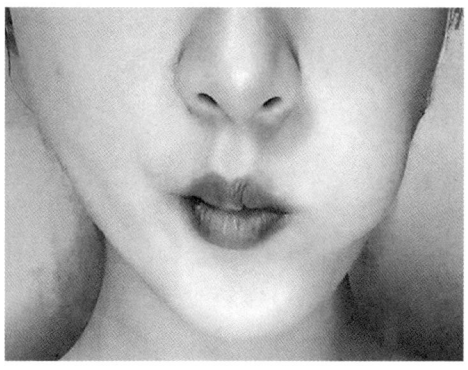

图 3-6 顶舌

6. 撑舌

将舌尖顶在下齿龈上,同时,舌面用力向上撑起,维持一秒后放平,依此往复20—30次。这个动作主要锻炼舌骨肌,发力方向为前上方,有一定拉伸舌面的功能。

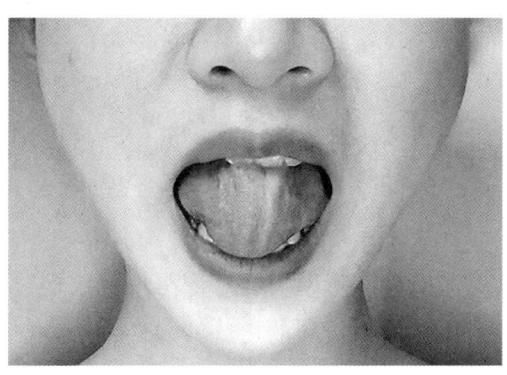

图 3-7 撑舌

7. 侧立舌

侧立舌是指让舌头在口腔内左右交替"翻身",转到最大角度,左右交替进行30—40次。该动作主要锻炼舌骨肌和舌肌两侧。

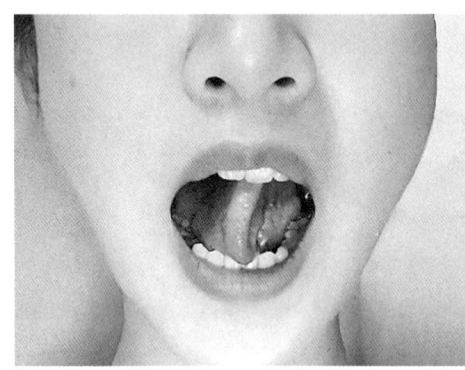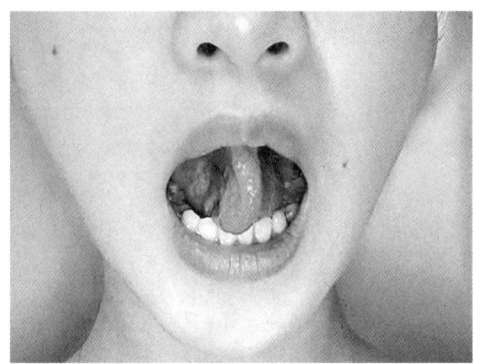

图 3-8　左/右侧立舌

(二)唇舌灵活度训练

以上都是唇舌力量和韧性的训练。与人体其他部分的肌肉一样,唇舌肌肉在力量训练后也需要拉伸和充分地放松,灵活度训练可以作为拉伸和放松。以下介绍几种唇舌灵活度训练的方法。

1. 弹唇

双唇轻轻闭合,舌头平放,挺起软腭关闭鼻腔通道,深吸一口气后匀速缓缓吐出,双唇在气流的冲击和口周肌肉的拮抗作用下均匀持续地弹动,发出类似"brrr"的声音。因为弹唇是一种低冲击的声音练习,有助于减少对声带的压力,弹唇练习还可以配合一定的发声,达到声带和双唇的双重训练。很多人刚开始唇部肌肉不太灵活,弹不起来,可以用一只手捏住嘴角周围的脸颊肌肉往前轻推,同时均匀出气,双唇会更加容易振动起来。

2. 口周按摩

用手指揉捏口周肌肉可以帮助口腔外部更快地放松,尤其是点揉颧肌和笑肌。但是请注意力度,因为口周的皮肤较薄,太用力按压、搓揉容易导致瘀青和泛红。

3. 口腔鼓气

闭紧嘴唇,向口腔内鼓气,保持3—5秒后吐气,依此往复,拉伸口腔和面部肌肉。

4. 热敷

肌肉在剧烈运动后会产生糖代谢的副产物——乳酸，乳酸的积累会导致肌肉的疲劳和酸痛感。将温暖的湿毛巾或热水袋轻轻地放在唇舌区域，持续几分钟，稍高的温度可以帮助肌肉内积累的乳酸更快地排出，减轻肌肉酸胀感。口含热水也有同样的功效。

5. 打响舌

打响舌，也称为齿龈舌塞音，是一些语言中的语音因素，在这里用作放松动作。具体的发音方式是通过将舌尖贴紧硬腭前端，并产生一个短暂的阻塞，用力从口腔口部产生负压，然后迅速将舌头从硬腭分离从而产生一个清脆的爆破音。打响舌能够放松舌部肌肉，增加其灵活性。

因为张嘴的动作会刺激唾液腺，所以在练习口部操的时候，很多人会感到满嘴都是口水，这是正常现象。当刺激变得频繁，口水和乳酸的分泌都会随着练习时间的增加而逐渐缓解，老师在讲台上"唾沫横飞"的情况也会减少。需要注意的是，发音肌肉的训练和所有健身项目一样需要持续锻炼，肌肉锻炼不是一劳永逸的，变强的肌肉也会因为持续的休息而越来越松散，每天训练几分钟唇舌对于教师来说应该形成习惯。好消息是这种锻炼并不受场地和时间的限制，随时随地可以进行。另外，千万不要把训练和平时讲课当作两回事，要重视每一次发言，在每一次讲话中重视唇舌力度就是重视字音的清晰度。

力量、韧性、灵活度三个方面的肌肉能力可以在综合训练中得到协调统一，综合训练包括词语、句子、诗歌、短文的诵读和讲演，语言表达也是唇舌肌肉训练的落脚点，也是衡量训练方向和效果的尺子。

五、增强发声的集中度

声音的集中度通常指的是声音的聚焦程度，它和很多因素有关，比如声音的频率，振动频率高的声波携带的能量较高，穿透力也比较强，更容易到达目标位置，低频的声波则相反；再比如背景噪音，它会干扰主要声波，降低声音的集中度；再比如传播介质，声速在固体中最快，液体中次之，气体中最慢，教室中有各种介质，这意味着声音会产生不同的折射和衰减，导致声波传播方向和速度的不一致。

对于教师来说，很多外部因素是难以控制的，于是选择增加声音的振动频率，也就是用更高的音高说话来提升声音的集中度，前面论述过这种做法的危害。比较科学的做法是调整发声方法以改善声音的行进路线和增加共鸣。

（一）"声挂前腭"

"声挂前腭"是从中国播音学中借鉴过来的概念，指通过挺立软腭、打开牙关、提起颧肌等一系列动作形成一条更通畅的声音通道，让声音从喉室出来后沿口腔中纵线前行，在软腭经历第一次反射，挺立的软腭一方面可以减少声波的吸收和衰减，另一方面可以把声波反射到硬腭前端，在此经历第二次反射后在口腔内包裹成字音后向外传播。声音"挂"在硬腭前，这当然是一种想象，也形象地描述了声音集中所要求的行进路线。

共鸣腔的形状、大小、质地可以决定共鸣的质量，腔壁越硬，腔体越大，共鸣越充分。让声波准确地冲击硬腭前端的口腔控制就是能够兼顾口腔壁硬度和腔体大小，以及反射角度的完美位置。并且气息冲击硬腭前端能够使其受到节制而增加气压，倒逼喉部肌肉张力扩大，这种张力能够放松和放大喉腔，进一步让声音变得明亮扎实。

练习"声挂前腭"时，可以从开口度较大的简单的长元音开始，比如"a~""e~"，反复对比声波在不同反射区域对音色的影响。

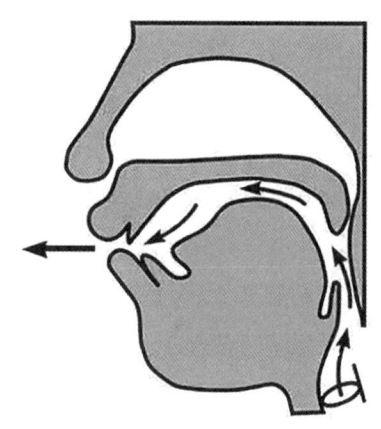

图 3-9　声挂前腭

（二）鼻腔共鸣练习

一般来说，空气经咽喉出来后大部分会进入口腔，还有少量会进入鼻腔，在鼻腔内发生振动和共鸣会产生鼻化色彩的共鸣音。合理地调节鼻腔共鸣可以优化声音的质感和音量，使声音更加集中、明亮、富有穿透力。想要获得这样的鼻腔共鸣，需要积极的面部表情提升面部肌肉，并且用半打哈欠的感觉找到挺起软腭的感觉。软腭是鼻腔共鸣控制的关键。软腭可以调节咽腔与鼻腔间通道的大小，从而控制进入鼻腔的气息量。软腭的调整也能控制鼻腔后端的通道形状，改变共鸣音色。下面介绍几种练习方法。

1. 元音鼻化练习

用软腭将元音部分鼻化来体会鼻腔共鸣，比如：

i——ia——a

i——io——o

i——ie——e

如何检测自己有没有发出鼻化音呢？可以在发音的时候堵住鼻腔，如果发出的音色没有变化，则说明声音没有从鼻腔出来，也就是没有鼻化；如果堵住鼻腔后音色有所变化，则说明之前有鼻腔共鸣。

2. 鼻韵母练习

鼻韵母，如an、en、in、un、ang、eng、ing、ong等，把最后的鼻音加强并拖长来发，还可以配合四声进行练习，体会鼻腔共鸣的不同高度和强度。

3. 模仿

用鼻音模仿摩托车启动时的声音，或者模仿牛、羊等动物的声音都可以找到鼻腔共鸣的感觉。

需要注意，鼻腔共鸣并不等于鼻音。鼻腔共鸣是鼻音的一种形式，但要避免软腭处于低位时，声音从下鼻道出来所产生的黏腻的，或类似感冒的声音。适合于教师的鼻腔共鸣，软腭处在相对较高的位置，挡住大部分进入鼻腔的气流，提起的软腭质地也会变得相对致密，并且缩小鼻腔后端的共鸣空间，让更多的共鸣声来自鼻腔前端的腔体和鼻窦体。

（三）哼鸣练习

"哼鸣"是指依靠气息控制，以"m"或者"n"的鼻音加之以歌唱的发声状态。哼鸣过程中保持面部表情积极，口腔肌肉放松，嘴唇轻轻闭合，舌尖顶在硬腭前端，舌面和舌根放平，尽量打开咽腔和喉腔，避免挤卡喉咙的状态。哼鸣时可以选择舒缓悠扬的曲调，配合气息进行"快吸慢呼"的训练，避免音阶大幅跳跃。

老师们在训练的时候可以不断尝试，找到适合自己的鼻腔共鸣音色。

六、运用实声

对于人体发声来说，实声指声带紧密闭合时，气流冲动声带，声带充分振动时发出的声音。完全的虚声是声带不完全闭合时，气流冲动声带而发出的气息声，声带的振动频率没有达到人耳可以接收的乐音频率范围。平时人们在说话时很少用到百分之一百的实声或者百分之一百的虚声，大多数情况下都是虚实结合的声音。前面论述过"声挂前腭"对于声音集中度的重要性，发实声时，声带的振动频率更高、振幅更大，因此声波更具传播性，而虚声弱并且散，无法"挂"在硬腭前端。但虚声含量较高的声音听起来会更加温柔亲切，所以很多老师，尤其是女性教师容易虚声重，这对声音的传播有一定负面影响。教师应学会根据发声距离实时确定实声的比例，平衡学生听课效果和教师嗓音消耗之间的关系。

在运用实声的过程中，要克服"假嗓子"。"假嗓子"的听感特点是轻飘纤细，并且虚弱。其实质是气息浅薄，声音发力点偏高，声带不完全靠拢的状态下发出的声音。这种发声方法容易造成捏挤喉部的问题，不利于健康。并且娇媚柔弱的音色容易给人造成矫揉造作的印象，不适合教师的职业要求。

第三节 教师声音的稳定性训练

声音的稳定性是指一个人的声音能够保持一定的音高、音质和音量，不会出现不必要的波动。声音稳定不等于没有变现力或感染力，而是避免不必要的变化影响声音的清晰度、可听性和沟通效果，或者破坏听课者的专注度。下面介绍几种提高声音稳定性的训练方法。

一、增大肺活量

气息是声音的动力，源源不断的稳定气流是声音稳定的基础。如果一个教师的肺活量太小，那他/她必然面临频繁换气，不仅声音不稳定，也会让自己很累。提升肺活量不仅是运动健身的需求，也是教师的必修课。肺活量是指一个人在最大吸气后尽力呼出气体的气量。每个人的肺活量有所不同，和年龄、性别、身高、体重和健康状况有关。一般男性肺活量大于女性，青壮年的肺活量大于老人和小孩，身材壮硕的人的肺活量大于身材瘦小的。肺活量和自身体重比是一种参照标准：

优秀：男75毫升/千克以上，女74—70毫升/千克；

良好：男69—64毫升/千克，女63—57毫升/千克；

及格：男56—54毫升/千克，女53—44毫升/千克；

不及格：43毫升/千克以下。

参照以上标准，50千克的女生，肺活量在2850毫升以上就可以视为良好，3500毫升以上就可以视为优秀；70千克的男生，肺活量在4480毫升以上为良好，5250毫升以上就可以视为优秀。

肺活量也会受到环境的影响，空气中的污染物，如颗粒、化学物质、有害气体会对肺部产生不利影响，长期暴露于污染严重的环境中，如工业区或交通拥堵地区，可能导致肺部炎症和功能下降，从而影响肺活量。居住在高原地区或在较高的海拔上工作的人可能会经历低氧环境，这可能会导致肺活量降低。极端的气候条件，如极寒或极热，可能会对呼吸系统产生额外的负担。在极端寒冷的环境中，肺部可能需要更多的工作来加热和湿润吸入的空气，而在极端炎热的环境中，呼吸可能会更困难。

提高肺活量不仅有助于教师讲课，还可以增强呼吸系统的健康和功能，有助于更好地供应氧气到身体各个部位。以下是一些可以帮助提高肺活量的方法：

（一）深呼吸

深呼吸练习可以帮助扩张肺部并提高其容积，也有助于锻炼膈肌的弹性。深吸气，并保持5秒钟，缓缓吐尽后再深吸气，依次反复，每天训练5—10次。几次深呼吸后会感觉头微晕，这是轻微醉氧的症状，不必担心，一两分钟后会自然消失。

（二）有氧运动

有氧运动，如慢跑、骑自行车、游泳和快步走，可以提高心肺功能，增加肺活量。对于心脏健康的人来说，有氧锻炼要有一定的强度，让心率达到最大心率的60%—75%（最大心率通常可以用220减去您的年龄来估算），这个心率区间适合维持心肺健康，如：对于一个30岁的人来说，其有氧运动的心率应达到：

（220—30）×60% = 114次/分钟

不应超过最大心率的85%：

（220—30）×85% = 161.5次/分钟

因为心率提升到最大心率的75%—85%即为高强度有氧锻炼，高于85%则可能危害健康。讲课属于中等强度劳动，并且讲话费气，一周至少两次的有氧运动对于教师来说是必要的。定期进行有氧运动有助于维持和提高肺部的效能。

（三）保持健康体重

体重可以影响肺活量，特别是胸部和腹部的脂肪积累会导致呼吸肌的负担加重。肥胖和超重的人可能在呼吸时感到更加困难，因为额外的体重会对肺部和膈肌产生额外的压力，限制了肺活量的扩展，这可能导致呼吸急促和不适感。

衡量体重是否健康可以使用身体质量指数（BMI），其计算公式为体重（千克）/身高的平方（米^2），女性的正常数值在18千克每平方米到23千克每平方米之间，男性的正常数值在20千克每平方米到25千克每平方米之间。如果低于这个区间，说明消瘦；如果高于这个区间，则为肥胖。

（四）注意营养平衡

抗氧化物质有助于保护肺部免受自由基的损害，从而维护肺部健康。食物如蓝莓、草莓、红葡萄、石榴、西兰花、胡萝卜和菠菜都富含抗氧化物质。维生素E也具有抗氧化性质，有助于保护肺部免受氧化应激的伤害。坚果（如杏仁、核桃）、种子、橄榄油和鳄梨都是维生素E的良好来源。

维生素C有助于减少呼吸道感染的风险，维持肺部组织的健康。柑橘水果（如橙子、柚子、柠檬）、草莓、番茄和红辣椒都是富含维生素C的食物。

Omega-3脂肪酸有助于减轻肺部炎症，并可能减轻哮喘症状。富含Omega-3脂肪酸的食物包括鱼类（如三文鱼、鳕鱼、鳟鱼）、亚麻籽、核桃和奇亚籽。

抗炎食物，如蔬菜、水果、全谷物、红薯、鱼类和坚果可以降低呼吸道感染的风险；同时，减少高炎症性食物的摄入，如高糖食物、加工食品、饱和脂肪和反式脂肪酸。

纤维有助于保持呼吸系统的清洁和健康，减少黏液的堆积。高纤维食物包括燕麦、全麦面包、豆类、蔬菜和水果。

另外，喝足够的水有助于维持呼吸道的湿润，减少黏液的黏稠度。适时喝水还可以直接滋润喉部，优化声带工作的环境。

（五）注意生活作息

生活作息与肺活量之间存在密切的关系。比如，不良的睡眠习惯和睡眠不足可能会影响肺活量。睡眠不足可能导致疲劳和肌肉疲劳，影响呼吸肌肉的效能；缺乏体育锻炼可能导致肺活动受限，并减少呼吸系统的适应能力；吸烟是最严重的影响肺活量和呼吸系统健康的因素之一，长期吸"二手烟"危害更大。避免过度劳累，保持良好的生活习惯是嗓音健康的基础。

二、保持正确的发声姿势

正确的发声姿势可以显著提高声音的稳定性和质量。无论是站姿还是坐姿讲课，科学的发声方式都要求尽量保持肩颈放松、腰背挺拔，颈部、肩膀和面部肌肉的放松和协调有助于声音的平稳产生，而不会受到不必要的张力影响。弓腰驼背会让肺部受到挤压，影响肺活量，也会让小腹不能灵活参与到呼吸过程中。另外，还需要避免头部太低或者抬太高，因为头太低会挤压喉室，而上抬又会增加声波在软腭上的反射角，影响声音的行进路线，教师在讲课时可以尽量保持下巴与脖颈大约呈90°。

三、增强呼吸肌群力量

有很多人并不是绝对肺活量小，而是因为呼吸肌群力量不足导致在用气过程中控制乏力，呼吸肌"懒得"参与，因此很多人其实在日常讲话中只用到了自己肺活量的50%左右。在不讲课的时候有意识地锻炼呼吸肌群的力量，讲课时它们才能主动参与。

人的肺是不能自主运动的，呼吸得依赖呼吸肌牵引胸廓完成，增强呼吸肌群的力量才能更加自如地控制呼吸的节奏。呼吸肌群指一切参与呼吸过程的肌肉，包括膈肌、肋间肌、胸锁乳突肌、腹直肌、腹横肌、腹外斜肌和腹内斜肌。膈肌是呼吸过程中最重要的呼吸肌肉之一，位于胸腔和腹腔之间，是一块向上弯曲的肌肉。当膈肌收缩时，它扁平化，使胸腔的容积增大，从而吸入空气。膈肌的放松使胸腔容积减小，推出肺部空气。肋间肌位于肋骨之间，分为外肋间肌（外侧肋间肌）和内肋间肌（内侧肋间肌）。这些肌肉有助于扩张和收缩胸腔，从而控制呼吸。胸锁乳突肌位于颈部，有助于提高上部胸腔的容积，在深呼吸和辅助呼吸时发挥作用。腹直肌是腹部的主要肌肉，位于腹部前壁。当腹直肌收缩时，腹部会向内压迫，有助于推出空气。腹横肌位于腹直肌下方，是腹部的深层肌肉。它有助于稳定腹部，提供核心支持，帮助控制呼吸。腹外斜肌和腹内斜肌位于腹直肌的两侧，它们与腹直肌、腹横肌交会的中心就是传统上所说的"丹田"，有助于腹部的稳定，并且通过控制小腹的外扩或收缩影响膈肌位置的高低，从而控制肺部气量的多少。

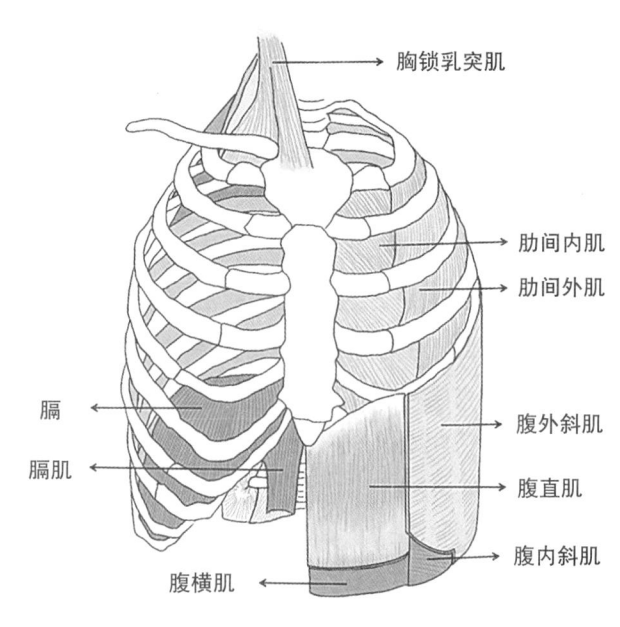

图 3-10 呼吸肌群

增强呼吸肌群的力量需要特定的锻炼和训练方法。以下是一些有助于增强这些呼吸肌肉力量的方法：

（一）深腹式呼吸练习

深腹式呼吸练习可以帮助加强膈肌的弹性和韧性，还可以为身体提供更多的氧气，平复心情，让教师的心态进入到平和积极的佳境之中。老师们可以坐着或躺下，用鼻子吸气，使腹部扩张到最大，然后通过口呼气，同时控制腹部缓慢收缩。练习每天进行数次，逐渐增加吸气和呼气的时间和深度。

（二）胸式呼吸练习

肋间肌位于肋骨之间，可以通过胸式呼吸来锻炼。胸式呼吸，又称为浅呼吸或高位呼吸，主要利用胸廓的肌肉来控制胸腔的大小，而较少地使用膈肌和腹肌。人在紧张或焦虑时会不自觉地切换到这种呼吸方法，特征是肩膀和胸廓会随着呼吸节律上浮和下落。把胸式呼吸发挥到极致，有助于增强肋间肌的力量和灵活性。当然，这是特指进行肋间肌训练的时候，在教师讲课的时候并不提倡用长时间使用这种呼吸方法，因为吸气浅，用气不持久。

（三）核心力量训练

强化核心肌肉，如腹直肌、腹横肌和腹外斜肌，可以让丹田控制更加准确有力，有助于控制呼吸。常见的核心训练包括仰卧起坐、平板支撑和平衡球上的动作。

（四）有氧运动

有氧运动如跑步、游泳、骑自行车和跳绳可以增强心肺功能，从而提高呼吸肌肉的耐力和效能。逐渐增加有氧运动的时间和强度，以适应更大的呼吸需求。

（五）瑜伽和普拉提

因为瑜伽和普拉提强调身体的控制、深腹式呼吸和挺拔的体态，坚持练习可以帮助提高核心稳定性，从而提升呼吸控制的能力。

一般来说，自主运动已经能够满足教师呼吸肌群力量提升的要求，不太方便运动的人也可以选择呼吸肌肉训练器，一些特殊的呼吸肌肉训练器有助于针对性地锻炼呼吸肌群，增强其力量和耐力。无论用什么样的方式，一定要注意循序渐进，以避免过度劳累或呼吸肌肉疲劳。

四、运用胸腹联合式呼吸法

单纯的腹式呼吸法容易造成声音的沉闷，而胸式呼吸法进气量小，并且容易带来捏挤喉部的问题。胸腹联合式呼吸法是一种结合胸式呼吸和腹式呼吸优势的换气方法，特点是调动胸腔和腹腔同时参与到进气的过程中，使得进气量最大，并且在整个吐气的过程中保持腹部核心力量对吐气量和速度的控制，克服自然呼吸状态下腹部马上回弹造成的吐气过快的问题。

具体的操作方法是，口鼻同时进气，吸气过程中由呼吸肌带动腹腔和胸廓同时向外扩张，增大的体内容积让身体内外形成气压差而促使空气自然吸入体内。吐气时保持丹田控制小腹缓慢回弹，支撑说话的气息，依此往复。

这个过程中，注意吸气不要太满，否则讲话时气息喷发而出，不好控制；呼气也不要吐得太尽，那会使身

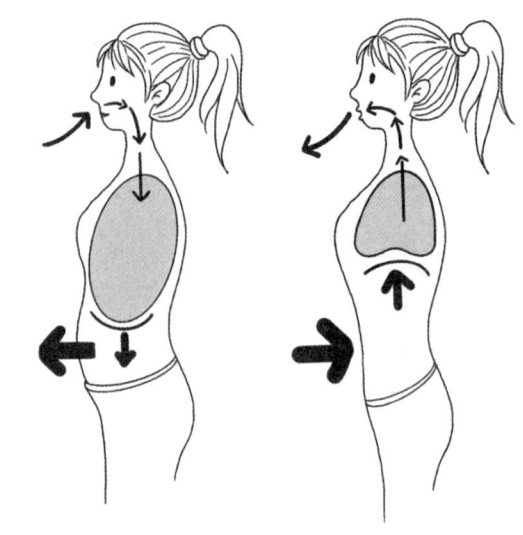

图 3-11 胸腹联合式呼吸

体处于短暂的缺氧状态，并且导致进气时间太长、声音太大。讲课过程需要气息平稳均匀，进气无声。

呼吸是人与生俱来的本能，但在自然状态下，大多数人的呼吸方式是腹式呼吸、胸式呼吸，甚至是逆式呼吸（吸气的时候腹部往回收）。胸腹联合式呼吸法需要有意识地训练，坚持1个月后可逐渐形成习惯。

五、学会用气

很多人在连续讲课时总觉得"气不够用""上气不接下气"，一方面需要提升肺活量，和呼吸肌群力量；另一方面还需要学会更高效地利用气息。"气者音之帅"，气息使用的方法是讲课不累的重要支点，也是维持声音稳定输出的核心因素。胸腹联合式呼吸法是气息的基础，在此基础上还要学会气息和讲课语言的具体结合，才能使气息真正用在"刀刃"上。

（一）深吸气

成年人在平静时的呼气量一般为500毫升；说话时呼量会增加到了1000—1500毫升；歌唱时，呼气量可达1500—2400毫升。教师讲课发声所需

要的强大呼气量是由深吸气所获得的进气量。

如果已经拥有了一定的呼吸肌强度，也通过训练掌握了胸腹联合式呼吸法，那你需要做的是纠正呼吸观念。人在安静时的进气量通常是肺活量的一小部分，称为安静呼吸量，它通常约占肺活量的10%—15%。安静时，呼吸肌群的运动量也很小。教师在平时就要有意识地增大进气量，一方面，可以向血液提供更多的氧气，使精力更加充沛；另一方面，可以为讲课所需要的吸气量做准备。

吸气时，感受气息充满每个肺泡，肋骨和胸廓从四面八方扩张，直到腹部到达向外扩张的最大外延，也就是达到腹壁"站定"。练习时，可以在腹壁"站定"时保持几秒钟，让身体逐渐习惯吸饱气的感觉。下面介绍两种深吸气的练习方法。

1. 闻花香

想象周围弥漫着清幽怡人的花香，你大口呼吸着周围带有花香的空气。感到气息由上至下注入身体，横膈膜下降，腰腹胀满。练习时，可以用手叉腰，感受腰腹随气息的变化。

2. 搬重物

在搬起重物之前，总要深吸一口气，憋住一股劲儿，稳住下盘。此时，腰部、腹部的感觉和胸腹联合式呼吸时吸气的最后一刻的感觉相近。当然，不一定需要真的搬起重物，只需要体验吸气时腰腹"站定"的感觉。

（二）慢呼气

人在安静时的吸气与呼气时间比为1:1.2；说话时，这个比例扩大到1:5，甚至1:10；唱歌时，吸气与呼气的时长比会达到1:12。教师讲课的内容并非生活语言，很多时候需要较长的句子才能表达一个完整的概念，所以吸气和呼气的时间比通常大于日常言语时的比值。并且因为面对的学生多、教室空间大，呼气的气流强度也大大强于日常。科学发声法并不主张教师为了延长呼气时间而憋气，而是要通过呼吸肌的控制让呼气过程稳劲、持久、自如。

为了达到慢呼气的要求，教师平时要保持正确的用声姿势，采用胸腹联合式呼吸法，有意识地练习慢呼气。下面介绍几种"快吸慢呼"的练习方法。

1. 吹纸

拿出一张A4纸或纸巾（不要太轻薄的），用手拿住纸的上端，纸的下面部分在重力作用下自然下垂。深吸气后收缩腹肌，对纸张中间均匀吹气，让纸张飞起到45°左右，保持5—10秒。此时仍需保持两肋的支撑感。气息像一根丝线一样，从体内呼出，丹田对腹部的自然回弹有对抗的力量。

2. 发长音

单元音和辅音都可以用来做长音练习，在练气的同时带入语音训练，是一种一举两得的方法。可以先从声带无需参与振动的清擦音开始，深吸气后收缩腹肌，发出如[s~]、[f~]、[sh~]、[x~]、[h~]。也可以用浊音声母练习长音，如[m]、[n]、[l]。需要注意，不送气音不适合此项练习。

在气流平缓后，可以进入单元音长音练习，如长音[i]。[i]的难度最小，因为它是所有元音中开口度较小的音，并且不用撮口，相对不太费气；a是开口度最大的单元音。训练时可以从易到难，汉语拼音的六个单元音按照开口度从小到大排列顺序为ü、u、i、e、o、a。发音的音量要适合讲课音量，也就是说用气量不能太小，每发一个音持续的时间不应小于15秒。

3. 压腹数数

平躺，找一本重量较大的书放在小腹上，结合胸腹联合式呼吸法，深吸气后用均匀、平稳、有力的声音连续数数，数数的速度不在于快，而在于绵长。可以从1数到10，再从10数到1，依此往复。压在腹部的书本可以增强呼吸时横膈膜与腹部肌肉的控制力度，相当于腹部的"举重"练习。压腹的书籍可以根据自身承受能力由少到多逐渐增加，循序渐进。

4. 跑步背诗

这是一项综合训练，对语音、诗歌理解和表达、气息、用声都有锻炼。优先选用格律诗，先从五言律诗入手，逐渐过渡到七言。训练的目标是一口气可以声情并茂地朗诵完一首28字的七言律诗。加入跑步的动作目的在于锻炼呼吸肌的持续强控制，如果不能驾驭，可以先从走路、爬楼梯背诗开始练习，逐渐过渡到跑步背诗。

综上所述，教师讲课的节奏应该尽量与呼吸的节律保持协调，既不让突兀的换气声打断学生连贯的思绪，也不让教师有憋气和声嘶力竭之感。当顺畅、稳定、有力的气流通过声带的时候，声带就像被海风拉满的船帆，工作状态最好。我们的身体需要氧气,发声需要气流,二者相互促进。

第四节　教师声音的持久性训练

不同于日常言语,长时间的教学属于高强度声音使用,可能在连续使用几十分钟到几小时就会出现声音疲劳的症状,如讲话变得吃力,音色变得沉闷、不稳定,喉咙干痒或疼痛,甚至出现声嘶或失声。但对于教师来说,面对学生们期待和热切的目光,无论从良心还是职业操守出发都不得不讲。很多老师"望子成龙",还常常在课堂上加时加料——相比自身的疲惫,老师们更希望看到学生们的进步和成长。因此,无论对于每天的讲课表现,还是对于教师的整个职业生涯来说,教师声音的持久性都异常重要。下面介绍几种教师声音持久性训练的方法。

一、"暖声"

"暖声"是指让发声器官逐渐进入工作状态的方法,类似于运动前的热身。声带的本质也是肌肉和韧带的结合,"预备运动"能够让发声器官做好准备,减少讲课时对声带和喉咙损伤的风险。另一方面,暖声的方法也适用于在大量用声后的疲劳缓解。

暖声的程序应遵循"从外至内""从易到难""从无声到有声"的原则。所谓从外至内,是指清晨起来先唤醒身体,再唤醒喉咙;先让外围的肌肉活动开,肩颈放松,再进入声音练习;从易到难指先从单个元音、辅音的训练开始,再逐渐过渡到音节、词语、句子、段落、篇章;从无声到有声指先从思想上、身体上准备好进入声音工作,再开始有声训练。上文所介绍的练习方法都可以作为暖声的步骤,教师可根据自身情况选择性练习,可以结合讲课内容进行暖声,暖声时间不应低于10分钟。

二、找到并运用自己的基础音高

一个人的基础音高，通常也称为个人音高或天赋音高，是指一个人在不经过声音训练的情况下，自然而然地能够唱出的音符或音程的音高范围。这个音高范围通常反映了一个人声带和共鸣系统的生理特点，以及他们声音的固有特质。每个人的基础音高都是独一无二的，取决于声带的长度、张力和其他生理特征。有些人可能拥有较高的基础音高，可以轻松唱出高音，而其他人可能拥有较低的基础音高，更擅长唱低音。

一个人的自如音域可以通过训练得到拓展，而基础音高则有助于我们认识到在什么样的音高上说话会更加舒适，并且上下改变音高的空间更大。那么，如何找到自己的基础音高呢？这里介绍两种方法。

（一）喉结位置发声法

用手指找到自己脖颈正前方的喉结位置（喉结是人咽喉部位的软骨凸起，本质是甲状软骨外凸的部分。女性也有喉结，只是通常进入青春期后，男性的喉结发育得更加明显），以这个位置为原点让声带开始振动发声，发出一个长音[i]，发音过程中喉结没有上移或下移，并且喉部处于放松状态，则这个音高就是基础音高。

（二）"气泡音"增强发声法

没有办法控制自己的喉结，喉结总是不由自主地上下移动的老师可以尝试"气泡音"增强发声法。"气泡音"是声带振动的初始状态，低速的气流冲击闭合的声带，与声带边缘产生低频率的开合振动所发出的一连串带有明显颗粒感、类似于水中冒泡泡一样的声音。开始时，发出的"气泡"比较细密，声带在气泡音的按摩下逐渐松弛后，慢慢加强冲击声带的气流，使声带振动的频率提高到发出一个平稳的元音，这个元音所体现的音高就是发音者的基础音高。

有的人一时发不出气泡音，通常是由于喉部太紧张，可以尝试清晨醒来平躺在床上时，把口腔开到半打哈欠状，缓慢发出断断续续的、轻微的气泡音。在课程中，绝大多数学生可以在几次尝试后找到正确的"气泡音"方法。如果是习惯了用"夹子音"说话，或者长期用"假声"说话的人，舌骨和甲状软骨会叠加在一起导致喉部紧张，难以发出"气泡音"。这种情况可以尝试"张大口"和把舌头尽量往外伸出的状态来发音,尽量减少舌骨对喉部的压迫。

很多人在找到基础音高后不能将其和日常语言联系在一起,一说话就回到自己常用的音高上。这需要抓住基础音高从字词训练开始,如果过程中能有专业老师给予辅导会更好;如果没有老师在身边,则需要自己反复听辨,持之以恒地练习。以基础音高来讲话,声音听感松弛、稳健、泛音丰富,并且不费力。

三、找准发声距离

"发声距离"是说话者到听众之间的直线距离。对于教师来说,要确保声音对于教室中坐得最远的同学都是清晰和适度的,在不具备扩音器的教学场地中,对老师构成了嗓音能力的挑战。多大的声音才是学生听着清晰,又不使教师过分消耗的音量。以下几种方法能够帮助老师确定发声距离。

(一)与学生保持目光接触

与学生保持眼神交流可以帮助教师更好地感知他们的反馈。如果听众看起来困惑,有可能是因为难以听清声音,需要调整声音强度。在课堂实际中,坐在前排的学生更容易清楚地理解老师所讲的内容,进而与老师形成良好的互动;而坐在后排的同学接收效果较差、互动少。久而久之,教师就会更加关注前排的学生,后排的学生进入"听不清、互动少、跟不上"的恶性循环。因此教师在上课时要更加注意与后排的同学眼神交流。

(二)练习声音投射

动物对于声音的判断有着天然的敏锐。人类也可以从声音的方向和大小大致判断出声音从哪里发出,要投向多远处。反之,我们也可以利用这个特性进行声音投射练习。先从近距离开始,以食指指腹面向自己的嘴唇,距离保持15—30厘米,对准指腹发出持续的[ɑ]音,如果你的声波准确投射到了指腹上,几秒钟后你会感到指腹微麻,原因是它接收了声波的持续振动。能够准确找到声音投射点后,再逐渐把手指的距离拉远,以同样的方法练习。对于声音的中程投射（1—5米，满足人际交流的音量）和远程投射（5—30米，公共演讲的音量）则需要在实践中通过与话语对象的实际交流来练习。

（三）保持自我监控意识

在讲课时，教师千万不可进入到"自说自话"的自我意识中，讲课是双向互动传播，要随时意识到学生和环境，也要随时关照到自己所讲的话。人声的嘈杂、学生的情绪、天气的变化等都会影响上课环境，"发声距离"对音量的要求不是一成不变的。时间和经验的积累会使教师能够更加自如地调整自己的声音。

四、放松喉部

放松喉部既包括长时间用声后对喉部的舒缓，也指在说话期间喉部的松弛状态。对于用声后的喉部放松来说，气泡音、声音从高到低地叹气、禁声、按摩喉部都可以起到舒缓喉部的作用。难点在于讲课时如何保持喉部放松的状态，这需要将喉部扩张的状态嵌入说话的过程中。

说话时"嗓子紧"有三大诱因，第一是不正确的发声习惯；第二是错误的声音形象定位；第三是气息不足。错误的发声习惯常常来源于我们从小所接受的方言气质或是身边亲近的人的发声习惯，如广西很多地区的方言音色偏高和尖细，自带热情活泼的气质，不足之处是这样的音色多少需要挤压喉部。而错误的声音形象定位则可能来源于某些影视剧的误导和教师对自身形象缺乏了解，这个问题我们将在第五章探讨。气息不足的问题需要"抓两头，放中间"。

（一）"抓两头，放中间"

气息是发声的动力，当气流不足而又需要保持一定的音量时，说话者会下意识地通过增加喉部压力来维持气息冲击声带的强度，这种额外的压力必然会导致喉部的紧张和不适，甚至带来喉部疾病。如果气息不足不是由于身体虚弱造成的，那解决这个问题的根本就在于"抓两头，放中间"。这里的"两头"指的是声音控制的上端——口腔，以及声音控制的下端——腹部核心。上端通过口腔控制做到"声挂前腭"能够提高气息使用的效率，不让气息白白散去；下端通过腹部核心力量的控制抓住气息的"根"，也就是控制横膈肌回弹的速度，同时还要保证气息的充分供应。气息充裕了，喉部才能得到解放，声音也才能盈润。

（二）练习撑开喉部

以打哈欠的方式大口吸气，此时喉部是撑开的状态。反复体会，直至自己在安静状态下也能随时撑开喉部。而后在喉部撑开的状态下发出单元音的拉长音，对比喉部撑开过程中共鸣音色的变化。最后，逐渐把微微撑开喉部的感觉带入说话的过程中，并巩固为习惯。

（三）对症下药

如果因为焦虑和紧张而导致喉部紧张，可以适量服用维生素B_1和谷维素，改善焦虑、紧张的情绪问题。具体问题需谨遵医嘱，不要自己盲目用药。

五、"以气托声""以情带声"

"以气托声"是一种声音产生和持续的技巧，通常在声乐和演讲中使用。它指的是通过适当的呼吸控制和声带的振动来产生声音，而不是靠喉咙或喉部肌肉的过度紧张。这种技巧的关键在于使用足够的气流来支持声音，以确保声音清晰、稳定和持久。"以气托声"和"抓两头，放中间"是同一个动作的不同侧面，而在这里，强调了气息、情感和声音之间的关系。

对于任何会发声的动物来说，感情和气息都是声音的两大主要变化成因。感情是情绪和情感的总称。情绪是人面对外界事物所产生的短暂心理状态，也和个体性格、愿望和需要有关。情感则是一种较为复杂而又稳定、长期存在的评价和体验，包括道德感和价值感两个方面，具体体现为爱、恨、厌、美感等情感体验。而感情是人的各种感觉、思想和行为的综合心理和生理状态。感情是主观的，与性格、心情、学识阅历等有关。生活中所"固有的情"或者"持久的情""潜在的情"，指来自过去经验的印象潜在于人们心灵中的情感状态。

气随情动而发于声，由情绪和情感所产生的各种生理和心理体验虽然是主观的，但可以外化于声音、语言、体态和表情等各个方面。汉代的傅毅曾在《舞赋》中说:"论其诗不如听其声,听其声不如察其形。"中医中用"望""闻""问""切"来判断病人的病情,"闻"即指听声息。所以声音受到发声者生理状态和感情状态的影响,要想声音稳定、持久、悦耳,还要从源头处入手。从感情层面来说,持久的发声是需要心理动力的支撑的,如果心情不佳,或者面对令人不愉悦的交流对象,可能连说话的欲望都没有了,更不要说情绪饱满地持续上课。

声情并茂、以情感人是教学教育成功的灵魂所在,对于教师来说,教学大纲和教授的内容差异并不大,但如何理解和表达教学内容、如何面对学生却因为教师个人的学识、感情、责任心不同而大相径庭,教学效果更是迥然。教学对象引起的感知觉、表象本身就带有一定的情感因素,会引起相应的情感波动。教师面对学校、面对工作、面对学生,包括面对自己的学科应该有热切的情感和严谨的态度,这是持久而良好的声音表现的一大内在动力。冷漠的态度会带来消极倦怠的声音,对学生还是对教师本人都大有损害。对学生和学校殷切的感情和训练有素的充分备课才能产生强大的讲课愿望,这种愿望是讲课不累的心理基础。

六、把握用声时机

教师的教学过程并不需要始终充满激情,一成不变的激情和一成不变的平静一样缺乏变化,一样让人难以接受。从人的情绪变化规律来说,一直保持高涨的情绪也是不太可能的,并且也没有必要。把握好课堂节奏既是教学的要求,也是教师的生理需求。

把握住讲课节奏才能让嗓音劳逸结合。讲课的节奏如何确定?首先,应该有完整的教学设计。根据教学内容与学生情况,明确在这一节课上需要让学生掌握哪些知识、学会什么技能、产生什么情感、强化什么样的态度和价值观,在清晰认识这些教学背景的基础上把各个教学环节安排得紧凑有秩。一堂课的导入、讲授、强调、启发环节是清晰的,那节奏就不会太笼统。其次,了解学情。增加对学生的了解、互动,语言就会更加有针对性。再次,熟悉内容。对教学内容热爱、熟悉,节奏的把握才能做到胸有成竹、收放自如。

"满堂灌"已经被实践证明不是一种好的教学方法，恰当的教学节奏不仅能大大提升教学效果，也可以让老师在讲课的过程中让嗓子得到间歇性放松。那么，如何在讲课中让嗓子劳逸结合呢？

（一）区分知识点和技能点

知识点是学生需要掌握的事实、概念、理论等知识性内容，这些内容通常可以通过学习和记忆来获取，强调提升学生的理解力和感受力，教师一般通过讲授的方式传达知识点。技能点是学生需要掌握的实际操作方法、技巧或行为，这些内容通常需要通过实践和练习来习得与发展。技能点强调了对应具体情境解决问题、执行任务时所需要的能力。教师可以通过讲授和演示的方式来教学。

教学过程中，将知识点和技能点结合起来讲解，既可以帮助学生全面地理解和应用所学内容，又可以让老师利用技能点展示的时间休息嗓子。

（二）实现翻转教学

翻转课堂是近年来兴起的一种教学模式，与传统课程教学方式不同，教学内容和活动被重新安排：学生在课堂教学之前是通过观看教学视频、阅读教材或参与在线课程等方式进行预学习；课堂间不再以教师的知识讲授为主，而是由教师引导学生进行深入讨论和训练，并在小组讨论和团队合作中应用所学知识和技能。德国哲学家雅斯贝尔斯在其著作《什么是教育》中提到，"教育的本质意味着，一棵树摇动另一棵树，一朵云推动另一朵云，一个灵魂唤醒另一个灵魂"。鼓励学生积极互动，教学相长本来就是教育的本质。

已经有很多研究表明，翻转课堂有利于提高学生的学习兴趣和参与度，允许学生用更加适合自己的方式和节奏来学习，还能提高学生的批判性思维，对知识和技能掌握也更加深入和牢固。同时，还可以大大减少教师在课堂上的说话量，因为教师的功能从传统的知识讲授向提问和启发转变。结合目前已有的线上精品课程，教师们完全可以转变教学模式，一举多得。

七、积极利用外部条件

课堂中，很多老师不习惯用外部设备扩大声音，觉得声音失真，或者觉得固定的多媒体设备限制了自己的教学活动，总有一种冲破藩篱恣意挥洒的冲动。反正加点劲儿也能不靠话筒和扩音器，就尽情地在三尺讲台上燃烧自己。年轻时体格健壮，还可以勉力支撑，上年纪后体能下降，支撑不了呼吸肌的长时间强控制，嗓音就更容易出问题。

劝学有云"登高而招，臂非加长也，而见者远；顺风而呼，声非加疾也，而闻者彰"——君子应善假于物。老师们一定要根据自身情况和授课实际，积极利用外部条件来传播自己的声音，适时使用扩音设备，积极与音响设备适应磨合，避免自己反复出现嗓音疲劳。

（一）与空间的有效配合

声音在空间中传播和反射，同时空间也会影响声音的传播和听感体验。因为室内墙壁、天花板和地板会反射声波，影响声波的传播路径。空间中的反射和吸收会导致声音的回声和混响效应。空间中的表面材质和形状也会影响声音的反射和吸收，比如，硬表面如墙壁和地板会反射声音，而软表面如窗帘和地毯会吸收声音。

虽然教室的设计不像音乐厅和剧院那么讲究声音品质，但我们依然可以利用空间特性，改善学生的听感。在有选择的情况下，教师可根据自己的需求选择更有利的教室——较小的空间更有利于声音的聚拢；硬装的墙壁和地面会比软包、地毯更少地吸收声波；玻璃会比墙壁更容易让声音往外扩散；厚窗帘会吸收更多的声波。

（二）与设备的有效配合

随着经济社会的发展，越来越多的学校配备了多媒体教室。老师们要熟悉设备的特性，才能更好地利用它们。

1. 考虑话筒延时

教室音响设备或是扩音器一般都有混响功能，使用话筒发出的声音犹如在大厅里一样的空旷感，俗称回音。如果延时时间调至太大，造成语音的重叠，会使人感觉不舒服、听不清。可以把功放的混响调小，或是选择延时短的话筒类型或模式，能够让语音更加清晰。

2. 把握话筒距离

话筒距离并不是越近越好。除了调节话筒音量，教师还需要了解近讲效应。所谓近讲效应，简单来说是通过近距离拾音来提升低频，距离越近对低频的提升越明显。对于嗓音较高的老师，可以采用低话筒音量、近距离使用的方式来优化声音中的高低音比例；对于声音较粗重的老师来说，则可以使用较高话筒音量、拉远话筒距离的方式来弱化沉闷的低频。当然，话筒距离并不是一成不变的，要依据具体情况来调整。

3. 把握话筒指向性

话筒指向性是话筒对来自空间各个方向声音灵敏度模式的描述，决定了话筒在不同方向上的声音接收能力，是话筒的重要属性。常见的话筒指向类型包括：全指向性话筒（均匀地从所有方向接收声音，而不偏向任何特定方向）、心形指向性话筒（前方心形区域收音效果好）、超心形指向性话筒（超心形指向性话筒的捕捉模式比心形指向性话筒更为狭窄，因此在前方的声音接收能力更强，而在侧面和背后的声音接收能力更弱）、双指向性话筒（前后两个区域收音效果好）。一般教室使用的是心形指向话筒，捕捉单一声源。不同的话筒，对不同方向的声音的灵敏度不同，不断尝试，把握所使用话筒的最佳收声方向能让我们讲课事半功倍。

4. 防止"喷麦"

"喷麦"是指讲话时离话筒太近而导致气流大量喷入话筒，发出的气流爆破的响声。"喷麦"的声音非常影响听感，汉语普通话中有六个爆破音[b]、[p]、[d]、[t]、[g]、[k]，在音量不变、与话筒距离不变的条件下，爆破音总是会"异军突起"，喷入话筒形成突兀的砰砰声，尤其是爆破音中的送气音[p]、[t]、[k]，让人防不胜防。

教室中一般不会配备话筒防喷罩和降噪屏那么专业的设备，但是一个简单的海绵话筒套就可以有效地降低喷向话筒的气流。当然，这也会对话筒的灵敏度有轻微的影响。对于老师来说，更重要的是注意话筒的位置，让话筒指向区域避免直对嘴巴出气的方向就能够在很大程度上避免"喷麦"。

第五节　教师声音的表现力训练

加州大学洛杉矶分校的艾伯特·马伯蓝比（Albert Mehrabian）教授做了长达10年的研究之后，便得出了"7:38:55定律"。[1] 55:38:7模式便是他对人与人之间沟通的结论：讯息中有55%的意义来自视觉（包括身体语言，如仪态、姿势、表情，也包括对方的外貌、衣着、身材）；还有38%的意义来自谈话时的声音信息（语气、声调、速度等）；而真正的话语内容，只占交流信息的7%。

对社会人来说，声音表现力非常重要，它可以影响到个人在沟通、演讲、表演和社交互动中的效果和影响力，进而影响到人的自信和自尊、职业发展和社交互动。对于教师来说，声音的表现力不是"附加题"，而是必修课。

首先，声音的表现力与语音的正确与否直接相关。汉语中的声调与音高有着密切的关系，或者说，声调就是由特定类型的音高变化所构成的。因此，对于音高的准确识别和准确地发音不仅关乎声乐，也是人语言功能的重要基础。另外，良好的声音表现力更能够吸引学生的注意力，生动的讲解和启发也更容易激发学生的兴趣。教育学生时，充满感情的声音也更能够赢得学生的支持和理解，更加重要的是，富有层次感和延展度的声音能为传达复杂的教学内容构建起立体的意象空间，更有助于学生的理解和记忆。

一、声音表现力的内涵

声音表现力涵盖了多个方面，它们共同影响了声音的清晰度、情感表达和沟通效果。以下是声音表现力的主要方面：

（一）音色

从声学角度讲，音色是指不同的声音的频率表现在波形方面总是有与众不同的特性。从感觉的角度讲，就是人耳所识别出的声音的感觉特性。音色

---

[1] Mehrabian A. Nonverbal communication. Routledge, 2017.

指声音的感觉特性，不同的音色体现了不同振动物体的特点。对人来说，音色是一个人的声音特性，主要由其谐音的多寡及各谐音的相对强度所决定。每个人发声器官的大小、比例、形态、质地都不尽相同，因此每个人的声音都是独一无二的。从广义来说，发声器官包括动力器官、振动器官、共鸣器官和构音器官。也正因为发声器官可以锻炼和调整变化，因此，音色也是可以调整变化的。

音色是声音表现力的重要方面。首先，音色直接和词语的感情色彩相关。词语本身带有褒义、贬义或是中性的色彩，说到"美丽""鲜活""可爱"这类自带"暖色"的词时，人的音色会温暖积极；说到"傅立叶函数""勾股定理""对数"等中性的专业名词时，声音中会自带冷静客观的色彩；而说到"凶狠""傲慢""狼狈为奸"等明显带有否定和贬义色彩的词时，人的音色会变得又硬又直。其次，音色和说话者的情感表达直接相关，柔和温暖的音色可以表达亲切和关心，锐利激烈的音色可以表达愤怒和紧张，明朗坚实的音色可以表达肯定与支持。再次，不同的讲课内容、授课对象和场合需要变化的音色来适应。总之，良好、恰切的音色可以提高声音的吸引力和可听性，更能提升内容的呈现效果。

（二）音高

音高指声音的高低，是声音的基本特征。音高由声波的频率和波长决定，频率越高、波长越短，音高越高。音高和声音表现力之间存在密切关系。首先，音高与情感表达直接相关。高音可能表示兴奋、愉悦或紧张，低音可能表示冷静、沉稳或忧郁。通过音高的变化，说话者或歌手可以更准确地表达情感状态。其次，改变音高可以用来强调特定词语或信息。在语言中，提高音调或音高可以使词语或短语更加突出，吸引听众的注意。再次，音高可以用来表示语气和语境。在问句中，音高上升可强调疑问的语气；在陈述句中，音高相对稳定；在感叹句中，音高会相对下降；音高的变化也可以用来传达口吻、语调和语言的含义。

（三）音量

音量是声音的强弱程度，又叫音强。对人体发声来说，声门下气流压力越高，声带的振幅越大，共鸣越充分，音量就越大。人正常说话的音量一般为40—60分贝；低声细语时大约为30分贝；大声说话或吵架时可达60—70分贝。音量往往也反映着一个人的健康状况。在中医的视野中，一个人说话有气无力，唱歌声音低微、没有底气，可能提示脾胃虚弱；一个人声音洪亮说明肺气旺盛，反之则可能肺气虚弱，或缺乏运动，免疫力不强。教师的讲课音量不能太小，这甚至是评价讲课质量的直接标准之一。根据听众和环境对音量的适当控制和变化可以使信息传达得更加清晰。

（四）语速

语速指说话的速度。语速是声音表现力的一个重要组成部分。第一，语速是直接传达情绪的要素。快速的语速可能表示紧张、兴奋或急迫，而较慢的语速可能表示冷静、深思熟虑或沉重。通过调整语速，说话者可以更准确地表达自己的情感状态。第二，语速的变化可以用于强调特定词语或信息。当说话者突然减慢语速或停顿时，听众可能会更关注这一部分的内容，认为它更加重要。第三，语速的变化可以赋予话语节奏感，使语言更具吸引力和韵律。第四，适当的语速可以帮助说话者更好地组织思维和表达观点。过快的语速可能导致思绪混乱，而过慢的语速可能使讲话变得乏味。

然而，语速是声音表现力中最容易被忽视的部分。控制不了呼吸的节奏和力度，就难以控制语速；思维运转不灵活，也会表现在语速上；不能把握学生的心理节奏，更容易使语速陷入自我享受的泥潭中。

（五）停连

停连，是有声语言中的停顿和连接，是语言中的必然现象，也是有声语言的重要表达技巧。停连是有声语言的标点符号，相比语法意义，停连更强调服从语言主体的思维、情感运动需要。停顿是语流中声音的中断、休止；连接是主观设计的关联、强调，尤其指那些打破常规的连接方式。恰当地停连可以帮助学生分类信息、启发思考、强调记忆，也可以表达说话人的判断、转折、态度等。

（六）重音

注意，这里的重音并不表示一个音节、词或句子中发音突出的现象，而是指一个句子中需要强调的词。课堂中，重音的首要功能是突出某个知识要点或表达某种观点；其次，重音也可以传达情感和态度，不同的情感模式，如兴奋、愉悦、悲伤、愤怒、平静，都可以通过重音的不同安排来实现；再次，重音是节奏感和韵律感的重要组成部分，规律的重音和强度分布可以形成特定的节奏，这在格律诗和骈文中表现明显。

（七）语调

语调是一个句子中高低、抑扬、轻重、快慢的配置，它包含着说话人的态度和口气。汉语中的基本语调包括高升调、降抑调、平直调、曲折调。一句话的词汇意义加上语调意义才算是完整的意义，不同的语调处理会让同一个句子产生各种不同的意思。适当的语调可以传达情感、强调关键信息和提高语句的表现力。

（八）节奏

自然、社会、个体都包含着各种有规律的变化——节奏无处不在。这里所指的节奏是有声语言的节拍和韵律。朱光潜说，"有段落才可以有起伏，有起伏才可以见节奏。音波始终单调一律，无节奏。轻重相间见节奏。"节奏不仅存在于声音之中，也存在于老师的讲课的内容、动作、情感之中，如声音的快慢、刚柔、高低；讲课内容的铺垫、高潮、结尾；情感的悲喜、怒疑、勇惧……毫无起伏变化的讲课很容易让人昏昏欲睡，有节律的变化才是生命的本来属性。语言的节奏因语言本身、讲话者的文化背景和个体差异而不同。不同的语言可能具有不同的音节结构、重音规则和音调模式；不同语境和话语目的也可能要求不同的节奏。节奏可以影响语句的流畅度和吸引力，适当的节奏可以使学生更容易跟随和理解。

节奏是音节排列、声调排列、重音、语调、停顿和语速的综合表现效果。优秀的教师一般都是语言节奏的精通者。常用的节奏形式包括高亢的节奏、低沉的节奏、凝重的节奏、轻快的节奏、紧张的节奏、舒缓的节奏。

二、增强声音表现力的方法

声音表现力有天赋的成分，但正确的学习和训练方法完全可以大幅提升声音运用的能力，可以从以下十个方面入手。

（一）增强耳朵对声音的辨别能力

对于声音和语言的学习来说，听永远是说的前置学习条件，没有准确的听辨，就没有准确的发音。尤其对于声调语言来说，需要相对精确的基音才能让发音听起来是准确的。在跨语言调查中发现大多数男性的音域范围为100Hz，女性的音域略宽。也就是说，人类需要在100Hz的音域范围中区分出所有的声调变化和语调变化。据研究，词汇语调间可以察觉的最小频率差异为10Hz，如果频率差异达到20—30Hz，人耳就能比较出明显的差异。因此，一门语言的声调超过3个，就会对人的听力构成一定的挑战，大多数人能区分的声调上限为5个。但越南语有6个声调，广东话有9个声调（阴平、阴上、阴去、阳平、阳上、阳去、阴入、中入、阳入），虽然在世界上的语言系统中比较罕见，但越南人口近1亿在使用自己的母语方面并无障碍，粤语也在中国岭南的广东、广西、海南、香港、澳门，以及海外华人社区如马来西亚吉隆坡，越南胡志明市，澳大利亚悉尼、墨尔本、圣诞岛，美国纽约、三藩市，加拿大温哥华、多伦多等地广泛流行，并且粤语这种"九声六调"的语言也并非新的创造，而是起源于秦朝的岭南一带，距今约有2200年的历史。是古人更善于区别音韵吗？并不是！人的听力系统和发音系统都是"用进废退"，经常在声调语言中浸泡的人对于不同音高的分辨能力相较于非声调语言地区的人会更强，这也就是为什么很多外国人学习中文会很难，尤其是声调把握不准，听起来就是"老外"。换言之，人类对于音高的听辨和表达能力都是可以通过训练习得的。

经常主动聆听不同类型的声音，音乐、语音、自然声等，仔细辨别它们的来源、频率、音色、节奏、音高等特性可以帮你更加敏锐地感知声音的细节；学习音乐理论和乐器演奏可以提高听辨音乐中的音符、旋律和和声的能力；学习外语，锻炼对不同语音的听辨和发音能力也可以增强对声音的识别能力；与他人的互动，以及请朋友、教师或专业人士提供反馈都会帮助你进一步识别和纠正听辨上的问题。需要注意的是，增强听辨能力需要持久地练习，耐心和坚持会让你的听力随着经验的积累而提高。

（二）提升感受力、理解力和想象力

感受力是对事物感知敏锐度的高低，包括对他人的共情能力，也包括对自然和社会环境的体察能力。感受力与一个人的情商、社交经验、自我意识、人际关系和文化背景等因素有关，是一项复杂的综合技能。

理解力是对信息、观点、事物的认知、洞察、分析能力。理解力和人的语言能力、逻辑思维能力、注意力、经验知识、教育程度等相关，也是一项复杂的、多层次的复合技能。对不同事物不同的兴趣和动机也会影响理解力

的发挥，所以每个人对自己感兴趣的领域、想做的事情会有更佳的理解力。

想象力是在大脑中构建情境的能力，这种情境不仅包括画面，还包括气息、声音、空间、质感、温度等各种感知觉。想象力和一个人儿童时期的智力发展、环境、个性和社会文化因素有关，它涉及非线性思考、灵活性和原创的能力，在很大程度上决定了人的创造性思维。想象力对于解决问题、创造艺术、发展理论、设计规划等方面都具有重要作用。

想象力、感受力和理解力是人的认知能力的重要组成部分，它们之间存在密切的关系。感受力是感性能力，理解力是理性能力；感受力是理解力和想象力的基础，也和学习和阅历有关。对各种事物的丰富想象也能在一定程度上促进感受力和理解力。

在外界事物和信息刺激之下，人的思想感情总在不停息地运动变化着，或风平浪静，或微波涟漪，或暗流汹涌，或浊浪排空……变化不止，生命不息，这种思想感情的运动状态是我们用言语表达感情的内在动力。感受力的高低决定了一个人可以在多大程度上表达自己和感知他人的情感、情绪和感受，从而应对不同情境下的社会交流；理解力决定了一个人捕捉信息的深度、广度和速度，对于准确表达自己的观点和感受也至关重要；想象力则决定了理解和表现的生动程度和多元程度。

对于教师来说，对教学内容、教学对象、教学背景、教学目标的感受程度和理解程度直接决定了沟通的有效性和教师的主观能动性；对教学结构的搭建和教学手段的想象又对教学的有效性至关重要。声音和语言都是思想和感受的外化，感受淡漠、缺乏目标和动力，声音就会平淡无味、僵直无趣——相信没有人喜欢这样的声音。相反，老师在讲台上语言丰富、声音灵活动听，底层一定有强大的感受力、理解力支撑。从这个角度或许也可以解释为什么有的老师专业知识和能力都强，但却总在讲台上"不得志"。需要注意的是，生动好听的声音并不是指声音大起大落、无端的变化或声音怪异，就像唱歌好并不等同于嗓门大。富有表现力的声音是紧密贴合逻辑和情感的，有丰富的底层逻辑为依据。

（三）拓展音高的变化能力

让"自如音域"变得更宽，才能在讲课时做到声随情动而不破音、不哑音、不僵直，让教师讲课更加自信。拓展音高就是拓展"自如音域"的核心。但要明确一点，拓展音高并不是要让老师们把嗓音练得很高。声音的高低变化是相对的，每个人围绕着自己的基准音上下拓展，不需要横向比较，更不要追求绝对音高。

接受专业教师的指导能够在很大程度上避免训练伤害，如果没有专业教师辅导，第一，要了解自己的声音类型，确定自己的主要音域是高音、中音还是低音，围绕自己的主音域有所拓展即可；第二，在练习时要避免用力推高音，这可能对声带造成损伤，因为正确的发声方式下，应该越到高音处嗓子越松弛而小腹越收紧；第三，不要试图一次跨越太多音高，音域的拓展要循序渐进；第四，关注自己的身体感受，如果感到不适、声音疲劳或者疼痛，那可能提示你的练习方法有问题，或者练习的限度到了；第五，抓住每一次和专业人士探讨的机会，有时候一句提醒会让你少走很多弯路。下面是一些具体的练习方法。

1. 音阶练习

音阶是音符按照一定的规则和间隔排列起来的音符的集合。以下是两条简单易学的练习音阶。练习时可以从自己能驾驭的低音开始，连续唱出下列音阶。其中，"V"为换气符号。连续音阶的练习要配合气息的稳定供给。这项练习不仅有利于拓展音高，对于提高音准也非常有帮助。以下是一些供练习的音阶片段。

（1）1-2-3-4-5-6-7-i V   i-7-6-5-4-3-2-1

（2）　　　　　　　　　　1V

　　　　　　　　　　1-2-1   V

　　　　　　　　　　1-2-3-2-1   V

　　　　　　　　　　1-2-3-4-3-2-1   V

　　　　　　　　　　1-2-3-4-5-4-3-2-1   V

　　　　　　　　　　1-2-3-4-5-6-7-6-5-4-3-2-1

（3）　　　　　　　　　　1V

　　　　　　　　　　1-2-1   V

　　　　　　　　　　1-3-1   V

　　　　　　　　　　1-4-1   V

　　　　　　　　　　1-5-1   V

1-6-1 V
1-7-1

所有条目都可以在不同音高上练习，音阶练习并不限于以上条目，教师们可以根据自己的喜好和自身情况加入更有针对性的练习。练习的强度和频率也要根据个人情况进行调整。

2. 绕音练习

绕音又叫"螺旋音"，顾名思义，即以连贯、丝滑的过度让声音从最低点螺旋上升，或从最高点螺旋下降。这里的最低点和最高点都是依据个人的情况而言。可以用单元音[i]、[a]或[u]等进行这项训练。绕音音符通常在音程中距离目标音符不远，通常是一个音程内。绕音可以是快速的、连续的音程，也可以是较慢的、更装饰性的音程。

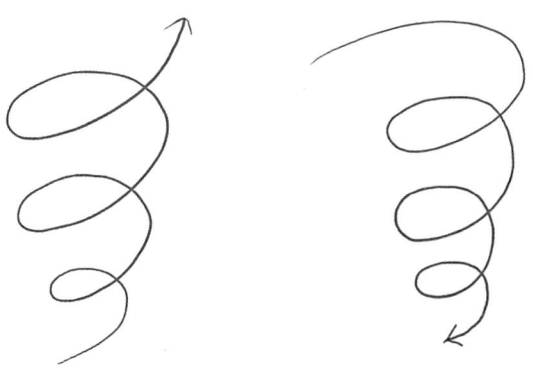

图 3-12　绕音（向上/向下）

3. 歌曲练习

选3首自己喜欢的歌曲，三首歌曲的音高呈递增态势，乐曲悠扬婉转，有较强的音乐性。练习时，先从最低音高的曲目开始，以中低音量吟唱，逐渐过渡到高音曲目，音量也可逐渐放大。歌曲的练习是综合性强，对于音高、音准、气息、情感表达、节奏等方面均有锻炼。

例3-1：练习曲目举例

中低音曲目：

德德玛《美丽的草原我的家》《草原夜色美》

苏小明《军港之夜》

蔡琴《被遗忘的时光》《你的眼神》

张国荣《沉默是金》

李克勤《一生不变》

陈奕迅《好久不见》

杨洪基《滚滚长江东逝水》

佟铁鑫《夕阳红》

关牧村《打起手鼓唱起歌》《一支难忘的歌》

中音曲目：

马頔《南山南》

朴树《平凡之路》《白桦林》《那些花儿》

金歧玟《岁月神偷》

廖昌永《老师我总是想起你》

群星《祈祷》《东方之珠》

赵照《当你老了》

于文文《体面》

王若琳《Start From Here》《午夜剧院》《爱的呼唤》

高音曲目：

宋祖英《爱我中华》《好日子》《望月》

韩红《青藏高原》《天路》《梨花又开放》

张雨生《大海》

飞儿乐团《千年之恋》

李佳薇《煎熬》

信乐团《离歌》

萨顶顶《左手指月》

4. 语句升降调练习

对于教师来说，音高的练习最终还是要落脚在语言上。词太短，不易听出差别；长句不易驾驭——短句是练习升降调的理想材料。可以乐器弹奏不同音高来作为引导，也可以通过个人吟唱不同的音阶来引导句子。

例3-2：

"我们需要知识素养，更需要文化素养。"

练习方法:

A. 先用低调说,然后一级一级升高再一级一级降下来。

B. 一句高一句低,高低交替。

C. 在这句话内由低到高再由高到低。

(四)增强音强的变化能力

音强即声音的音量级别。音强的调控是综合话语场合、对象、目的、交流双方关系、表达主体情感状态后的结果。该轻柔的话语大声讲和该刚强的话语有气无力一样达不到表达效果。要做到音强控制灵活自如,必须要有强韧的声带、充沛的气息和灵活有力的呼吸肌群。下面介绍几种提升音强控制力的方法。

1. 膈肌弹发练习

用腹部核心力量区域控制小腹胀起以快速进气,然后小腹快速回收,带动所有呼吸肌群快速收紧,增大腹腔压力以使横膈膜往上急速回弹、推出肺部气流的同时发出响亮有力的短促单音节。

(1)"嘿""哈"练习

膈肌弹发的经典形式是发出"嘿""哈"的声音,用尽量低的调来发声,强调胸腔共鸣,让每一个"嘿"或"哈"饱满有力量,连续练习可增强呼吸肌群的爆发力和控制力。这项练习应该安排在每天暖声练习之后,因为突如其来的气流冲击容易让声带受伤。练习要十分注意量的控制,刚开始做这项练习时每天一分钟即可,没有出现喉部不适的前提下再逐渐加大训练量,直至每天能连续练习3—5分钟即可。

(2)喊操

还记得做广播体操时贯穿在音乐中的数字口令吗?它不仅让做操人更易掌握动作节奏,昂扬饱满的声音也鼓励着锻炼者更加精神饱满地完成每一个动作。

例3-3:

1,2,3,4,5,6,7,8;
2,2,3,4,5,6,7,8;
3,2,3,4,5,6,7,8;
4,2,3,4,5,6,7,8。

喊操本身也是一项锻炼膈肌的运动，不仅是膈肌，所有的呼吸肌群都会在一次次喊操声中得到加强。这里用声和用气的方法与发"嘿""哈"相同，只不过音节内容换成了数字。想象要让操场上所有的同学听到朝气蓬勃的口令，气息需要充足和稳定，在保持中低音的基础上通过打开后声腔来扩大口腔共鸣；同时，保持音量大小和音高稳定。

2. 结合情境练习音强

声音的音强练习要练的不仅是对于大音量的强控制，也需要对于小音量的弱控制。因为音强的大小的意义绝不仅仅是音量的增加和减小，而是音强本身也具有表达功能。为同一句话想象不同的场景来练习，并且注意听辨和分析其中的不同，可以有效练习音量听辨能力，强化弱控制能力。

例3-4：

"李明"（想象场景，并用相应的声音表现出来）

A. 教室里在考试，你走到李明跟前小声喊他。

B. 李明在课堂上举手，你叫他回答问题。

C. 你坐在办公室里，李明从窗外的走廊路过，你叫住了他。

D. 雷雨天，李明在操场对面荡秋千，你大声叫他快回来。

E. 李明不见了，你带着几个同学漫山遍野地喊他。

（五）增强音色的变化能力

音色是声音在波形上所展现出的与众不同的特点。不同的物体振动都有不同的波形特点，发声体的材料不同、结构不同、大小不同都会影响到音色，所以每个人的声音都有自己的特点，声纹可以成为一个人唯一性的识别标志。

音色实际上包括了语音音色、嗓音音色和声音色彩，但很多时候音色被狭义地理解为嗓音音色。语音音色是不同的语音在听感上的声音；嗓音音色是个人的发声器官本身散发出的音色特点；声音色彩是因为情感状态和具体语境而展现出的声音特点。这三者在实际的发声过程中是密不可分的，也是相辅相成的。所以从声音的形成角度看，想要改变音色，可以从改变共鸣腔的形状、大小、共鸣的配比、发声的过程等方面着手。而从音色的构成上看，语音音色、嗓音音色和声音色彩的变化都会引起音色的变化。

1. 通过控制口腔开度来调节音色

口腔的开度影响着最可调节的共鸣器官——口腔的大小。对于同样大小和音质的喉原音,更大的口腔空间能增加共鸣,从而增加声音的音量;声音的出口变大也有利于产生更加明亮的音质;对比空间的增大还能够使语音音色更加清晰。

练习(1):口腔开合练习

用一只手的手指背托住下巴进行开牙关练习,由于手提供的支撑力为往下撑开的下颌提供了一股对抗的力量,让练习负重,同时保护牙关不脱臼。每天可进行30次开合练习。

练习(2):开口呼练习

凡是韵头不是i[i]、u[u]、ü[y]的韵母属于开口呼,现代汉语拼音中,有15个韵母属于开口呼,分别是-i(前、后)、a、o、e、ê、er、ai、ei、ao、ou、an、en、ang、eng。顾名思义,开口呼相对于齐齿呼、合口呼、撮口呼而言的开口度比较大,练习时可以选一些典型的开口呼音节。

例3-5:

打卡、开课、爸爸、八百、抬头、妈妈、大马、拿来、唐朝、北门、背面、婆婆……

练习(3):歌词朗诵练习

例3-6:

"蓝蓝的天上白云飘,白云下面马儿跑。挥动鞭儿响四方,百鸟齐飞翔。"

《草原上升起不落的太阳》,这是一首激情昂扬的民歌,传达着对草原的热爱和对美好生活豁达而热烈的追求。配合歌词的意境,练习者可以用尽量大的口腔开度和尽量完整的发音动程来朗诵它。

2. 通过控制口腔的松紧度来调节音色

口腔的松紧度的调节实质是改变共鸣腔的质地,当共鸣腔壁脂肪含量较高并且组织松散的时候,对于声波(尤其是频率较高的声波)吸收就更多,声音的总体效果会更加沉闷。运动员的脸上常常棱角分明,因为经常性的锻炼使皮肉紧密贴合,并且脂肪含量更低,这种更加致密紧实的共鸣腔壁会让音色更加坚实明亮。

除了锻炼带来的长期效果，也可以通过瞬时的肌肉收紧来控制共鸣腔壁。不过相较于长期锻炼的效果，瞬时的肌肉收缩会降低字音控制的灵活度，造成一种紧张、严肃的声音色彩。举重若轻、轻松明亮的音色是长期锻炼的效果。

练习（1）：a—ü交替练习

a是开口度最大的元音，发a时，把前后口腔尽量开大，使口腔壁向后绷紧，保持一秒钟后，动作迅速过渡到向前撮口的ü，使所有口腔肌肉向前拉伸。a—ü交替练习30次。

练习（2）：口腔鼓气练习

口轮匝肌用力封闭口腔出口，把口腔充满气后以软腭和舌根封闭口腔后端；以"咀嚼"空气的动作增大口腔内压力，感受口腔壁被撑开又恢复的过程。"鼓气—放气"交替练习30次。

练习（3）：诗词对比练习

例3-7：

江畔独步寻花·其六
唐·杜甫

黄四娘家花满蹊，千朵万朵压枝低。

留连戏蝶时时舞，自在娇莺恰恰啼。

这首绝句描写了成都烂漫的春光，杜甫虽然生活困苦，却可以时时享受家门口的惬意、生机与美景，令人心情愉悦。这里借这首诗让练习者体验口腔轻松自在，字音在口中轻快流淌的感觉。

例3-8：

满江红·怒发冲冠
宋·岳飞

怒发冲冠，凭阑处、潇潇雨歇。抬望眼，仰天长啸，壮怀激烈。三十功名尘与土，八千里路云和月。莫等闲，白了少年头，空悲切。

靖康耻，犹未雪；臣子恨，何时灭？驾长车，踏破贺兰山缺。壮志饥餐胡虏肉，笑谈渴饮匈奴血。待从头，收拾旧山河，朝天阙。

《满江红·怒发冲冠》是岳飞精忠报国却壮志未酬的千古名篇，读之，一名骁勇善战的武将悲愤交加、气势磅礴的底气涌动于心中，使外部气息外宣、捶胸顿足、咬牙切齿。尤其是下阕，咬字一字一顿、掷地有声，口腔的肌肉控制以紧张的强控制为主。

3. 通过控制吐字的完整度来调节音色

吐字的完整度是从吐字归音的角度来看待发音的过程。大多数未经训练的人吐字并非那么完整。仔细听不难发现，很多老师在讲课时常常发生"吃字"现象（漏掉某个音节或者发生音节合并现象），也时常会有忽略字尾的现象，但因为在生活中有语境和体态语的加持，对语音完整度的包容度被大大提升。在不影响听辨的前提下，吐字的完整度可以随表达的情态弹性变化，但吐字的完整度带来语音音色的清晰度，清晰的语音无疑更有利于学生理解知识。同时，完整的吐字带来的富有仪式感和庄重感的音色是其他方法所不能取代的。练习时应以完整的吐字严格要求自己，才能在讲课时做到灵活运用。绕口令是训练吐字完整度的经典方式。

练习（1）：字头练习

《八百标兵》（b、p）

八百标兵奔北坡，

炮兵并排比边跑。

炮兵怕把标兵碰，

标兵怕碰炮兵炮。

《白庙和白猫》（b、m）

白庙外蹲着一只白猫，

白庙里有一顶白帽。

白庙外的白猫看见了白帽，

叼着白庙里的白帽跑出了白庙。

《黑化肥和灰化肥》（f、h）

黑化肥发灰，

灰化肥发黑。

黑化肥掺灰化肥，

黑里发灰，

灰里发黑。

《调到敌岛打特盗》（d、t）
　　调到敌岛打特盗，
　　特盗太叼投短刀。
　　挡推顶打短刀掉，
　　踏盗得刀盗打倒。

《牛郎恋刘娘》（n、l）
　　牛郎恋刘娘，刘娘恋牛郎。
　　牛郎年年恋刘娘。
　　刘娘年年念牛郎。
　　郎恋娘来娘恋郎。

《哥挎瓜筐过宽沟》（g、k）
　　哥挎瓜筐过宽沟，
　　赶快过沟看怪狗，
　　光看怪沟瓜筐扣，
　　瓜滚筐空哥怪狗。

《京剧与警句》（j）
　　京剧叫京剧，
　　警句叫警句。
　　京剧不能叫警句，
　　警句不能叫京剧。

《漆匠和锡匠》（q、x）
　　七巷一个漆匠，
　　西巷一个锡匠，
　　七巷漆匠偷了西巷锡匠的锡，
　　西巷锡匠拿了七巷漆匠的漆，
　　七巷漆匠气西巷锡匠偷了漆，

西巷锡匠讥七巷漆匠拿了锡。
请问锡匠和漆匠,
谁拿谁的锡?
谁偷谁的漆?

《知道不知道》（zh、sh）
知道就是知道,
不知道就是不知道。
不要知道说不知道,
也不要不知道说知道。

《早晨早早起》（z、c）
早晨早早起,早起做早操。
人人做早操,做操身体好。

《晒白菜》（c、ch）
大柴和小柴,帮助奶奶晒白菜。
大柴晒的是大白菜,
小柴晒的是小白菜。
大柴晒了四十四斤四两大白菜,
小柴晒了六十六斤六两小白菜。
大柴和小柴,一共晒了一百一十一斤大大小小的白菜。

《四和十》（s、sh）
四是四,十是十,
十四和四十,四十和十四,
说好四和十,得靠舌头和牙齿。
谁说四十是"西席",
谁的舌头没用力。
谁说十四是"适时",

谁的舌头没伸直。
认真听,常练习,
十四,四十,四十四。

练习(2):字腹练习

《爸爸抱宝宝》(a、ao)
爸爸抱宝宝,
跑到布铺买布做长袍。
宝宝穿了长袍不会跑,
跑了八步就拉破了布长袍。
布长袍破了还要用布补,
再跑到布铺买布做长袍。

《张伯伯,李伯伯》(o)
张伯伯,李伯伯,饽饽铺里买饽饽。
张伯伯买了个饽饽大,李伯伯买了个大饽饽。
拿回家里喂婆婆,婆婆又去比饽饽,
也不知是张伯伯买的饽饽大,还是李伯伯买的大饽饽。

《黄贺、王克二人搞创作》(e)
一班有个黄贺,二班有个王克,
黄贺、王克二人搞创作,
黄贺搞木刻,
王克写诗歌。
黄贺帮助王克写诗歌,
王克帮助黄贺搞木刻。

《栗换梨》(uo、i)
老罗拉了一车梨,
老李拉了一车栗。

老罗人称大力罗,
老李人称李大力。
老罗拉梨做梨酒,
老李拉栗去换梨。

《植树》(u)
老顾大顾和小顾,
扛锄植树走出屋。
漫天大雾罩峡谷,
雾像灰布满路铺,
大顾关注喊小顾。
老顾扛锄又提树,
雾里植树尽义务。

《红鲤鱼与绿鲤鱼》(ü)
吕小绿家养了红鲤鱼、绿鲤鱼和驴,
李小莉家养了红驴绿驴和鲤鱼。
吕小绿说他家的绿鲤鱼比李小莉家绿驴绿,
李小莉说她家的绿驴比吕小绿家的绿鲤鱼绿。
也不知是吕小绿家的绿鲤鱼比李小莉家的绿驴绿,
还是李小莉家的绿驴比吕小绿家的绿鲤鱼绿。
绿鲤鱼比绿驴,绿驴比绿鲤鱼,不知是绿鲤鱼比绿驴绿,还是绿驴比绿鲤鱼绿。

《小牛赔油》(iou)
小牛放学去打球,
踢倒老刘一瓶油,
小牛回家取来油,
向老刘道歉又赔油,
老刘不要小牛还油,
小牛硬要把油还给老刘

练习（3）：字尾练习

《大妹和小妹》（ai、ei）
大妹和小妹，一起去收麦。
大妹割大麦，小妹割小麦。
大妹帮小妹挑小麦，小妹帮大妹挑大麦。
大妹小妹收完麦，噼噼啪啪齐打麦。

《谭老汉买蛋和炭》（an）
谭家谭老汉，挑担到蛋摊。
买了半担蛋，挑蛋到炭摊。
买了半担炭，满担是蛋炭。
老汉忙回赶，回家炒蛋饭。
进门跨门槛，脚下绊一绊。
跌了谭老汉，破了半担蛋。
翻了半担炭，脏了木门槛。
老汉看一看，急得满头汗。
连说怎么办，蛋炭完了蛋，
老汉怎吃蛋炒饭？

《天上有个日头》（ou）
天上有个日头，
地下有块石头，
嘴里有个舌头，
手上有五个手指头。
不管是天上的热日头，
地下的硬石头，
嘴里的软舌头，
手上的手指头，
还是热日头，硬石头，软舌头，手指头，
反正都是练舌头。

《比尖》（ian）

尖塔尖，尖杆尖。

杆尖尖似塔尖尖，

塔尖尖似杆尖尖，

有人说杆尖比塔尖尖，

有人说塔尖比杆尖尖，

不知到底是杆尖比塔尖尖，

还是塔尖比杆尖尖。

《杨和羊》（ang、iang）

杨家养了一只羊，

蒋家修了一道墙。

杨家的羊撞倒了蒋家的墙，

蒋家的墙压死了杨家的羊。

杨家要蒋家赔杨家的羊，

蒋家要杨家赔蒋家的墙。

《高高山上一条藤》（eng、ing、ong）

高高山上一条藤，

藤条头上挂铜铃。

风吹藤动铜铃动，

风停藤停铜铃停。

绕口令其实是一项综合训练，不仅是字头、字腹、字尾的训练，也可以包括气息、表达和不同的音色训练，但对于初学者来说，一定要明确每一次练习的重点是什么。中国戏曲练习有云"咬字千斤重，听者自动容"，指的就是口腔对于字音的强控制能够增强字音的表现力，这对于课程内容的呈现也是需要的。在实际运用中则根据内容需求来调整口腔控制。

例3-9：

"李明同学的善举值得每一位同学学习。"

对于要重点强调的内容，或是情感比较积极饱满的内容，用较为完整的字音动程会具有更好的表达效果，口腔控制也相对较紧。

例3-10：

"今天要告诉大家一个坏消息，我们优秀班集体的称号被取消了。"

情绪比较低落、沮丧，或是悲伤的内容则适用于更加松散的口腔控制，吐字的动程完整度也相应地下降。

例3-11：

"这是一篇节奏轻快的散文，表现作者惬意的生活情调。"

在节奏比较快、内容相对轻松的部分，常常选用更加灵活的动程控制。

4. 通过控制舌位来调节音色

舌位，指舌头隆起的最高点在口腔中所处位置。在语音学中，元音可以按照发音时舌位的高低和前后进行分类，它是元音的语音特征。从声音色彩的角度说，不同的舌位会造成不同的声音色彩。这里所指的音色调节就是声音色彩的调节。

通常来说，偏前、偏高的舌位更类似于低龄段孩子和部分年轻女性的口腔控制方式。

例3-12：

"这是哪位小朋友的水杯丢啦？"

反过来，前、高的舌位给人营造出轻松、可爱、年轻的声音印象，在对年龄层次较低的授课对象说话时常常使用这种舌位。

例3-13：

"这样的行为我们绝不允许！"

这句话的态度严肃，需要展示教师的权威感，这里如果用前、高的舌位说话的话会显得不够庄重和有威慑力，需要用比较靠后和偏下的舌位。

5. 通过控制气流的疏密和软腭的挺立程度来调节音色

前面提到过，"声挂前腭"可以造成声音明亮、积极的效果，声音在多大程度上"挂"在硬腭前端，一方面由软腭的挺立程度决定；软腭挺得直，声音的行进路线就愈加明确，"声挂前腭"的效果就越好；另一方面，由气流的冲击密度决定，气流的密度越大，声束冲击硬腭前端就越密集，声音就越积极明亮；气流流速低，声音就相对柔和。

例3-14:

"在图书馆里,请大家轻声慢步,不要干扰到他人。"

这句话需要轻柔地表达,轻松的口腔控制和相对轻柔的气息能够达到最佳表达效果。但注意声音不可慵懒,否则容易造成无精打采的声音色彩,如例7。

例3-15:

"你们考成这样,我都不知道要说什么了。"

当情况危急,或者情感积极昂扬的时候,我们常常会下意识地用高密度气流说话,口腔控制也会不由自主地紧张起来。如例8和例9:

例3-16:

"嘿,同学你快下来,危险!"

例3-17:

"今天,有一个好消息要告诉大家,我们班期末考试年级第一。"

不同之处在于例3-16的气息急而冲,而例3-17的气息走势向上,气流相对例3-16较缓。

6. 通过控制胸部支点来调节音色

胸部支点是发声时,胸部共振最强的点,它会随着音高和气息运动的深浅压力变化而在前胸的中纵线上下移动。胸支的感觉是气息通畅的感觉,是气息运动的感觉,它和音高有着密切的联系。胸部支点的意义在于提供低频泛音色彩,增加声音浑厚、坚实的感觉。如何找到胸部支点:①咳嗽,找到胸部中纵线上震感最明显的点;②在放松喉头的前提下夸张发阳平(35)和去声(51),感受胸部支点随着音高的变化。

练习的目的在于找到胸部支点被驾驭的感觉,也有利于提醒发声者不要用高而挤的声音说话,因为这样的音色不利于产生胸部共鸣。

7. 通过控制呼吸方式来调节音色

日常的呼吸方式分为胸式呼吸和腹式呼吸,以及本书推荐教师训练的胸腹联合式呼吸法。不同的呼吸方式所产生的音色也会有差别,从改变音色的角度说,可以根据表达需要来选用。

(1)胸式呼吸的声音尖、细、薄

胸式呼吸所产生的气流上浮,且气量较小,所以使用胸式呼吸产生的声音通常强度不大，较为尖细，这种声音难以调动胸腔共鸣，因此声音走势向上，听起来比较单薄。需要用小短句和频繁换气来表达，或者是需要较高的用声的时候，可以选择胸式呼吸，如例3-18。

例3-18：

"春天，树上的小鸟叽叽喳喳叫起来啦，山谷里的水也咕噜噜流动起来啦。"

（2）腹式呼吸的声音沉、闷

腹式呼吸调动了腹腔参与呼吸，吸入气流量较多，呼气发声时呼出气流量较多，但胸腔不参与呼吸，导致气息沉稳有余，灵动不足。腹式呼吸发出的声音走势向下，听起来深重、沉闷。

例3-19：

"发生这样的事情，老师很难过。"

（3）胸腹联合式呼吸的声音稳定而丰富

胸腹联合式呼吸法让气息上下贯通，能够更加灵活地调用腹腔和胸腔的呼吸肌群参与气息调节，因此不仅让气息灵活、泛音丰富，还规避了单独胸式呼吸带来的声音僵直、尖细，以及单纯腹式呼吸带来的声音沉闷的问题。该种呼吸方式对声音的适应面最广，多数讲课的内容都可以使用胸腹联合式呼吸的声音。

以上内容从发声物理学的角度介绍了各种控制人体音色改变的方法，但声音综合印象的改变往往不是单一因素改变造成的，而是多种因素共同作用。在现实中，人们也更倾向用刚与柔、虚与实、圆润与尖利、字正腔圆、婉转悠扬、掷地有声、铿锵有力、如泣如诉等综合性的感觉来形容声音，而不是单论声音的高与低、厚与薄、大与小。所以，在了解音色变化原理的基础上，要根据表达内容和表达要求不断实验适合的音色。下面将给出几个音色分析案例。

案例分析3-1：

第29届运动会闭幕式8月24日晚在学校体育场隆重举行，来自年级和班级的运动员、教练员和来宾在团结、欢乐、和谐的气氛中，共同庆祝本届运会取得圆满成功。

分析：这是一段运动会的现场解说，为了突出运动会上拼搏和坚忍不拔的精神,渲染大会欢乐和谐的气氛,音色应偏刚健有力、明朗积极。

案例分析3-2:

小草偷偷地从土里钻出来,嫩嫩的,绿绿的。园子里,田野里,瞧去,一大片一大片满是的。坐着,躺着,打两个滚,踢几脚球,赛几趟跑,捉几回迷藏。风轻悄悄的,草软绵绵的。

分析:这一段取自于初中语文课文《春》,教师在朗读这段课文时需要再现作者朱自清在清华园内青春年少、对未来充满希望的精神特质,同时,透过作者的文字展现细腻的观察,表现对大自然的热爱和青年人的蓬勃朝气。因此,音色宜生动、向上、跳跃,以虚实结合的柔声为主。

案例分析3-3:

水牛爷爷是森林世界公认的谦虚人,小白兔夸它:"水牛爷爷劲儿最大了!""欸,过奖了,犀牛、野牛劲儿都比我大";小山羊夸它:"水牛爷爷贡献最多了!"它就说:"哎,不能这样讲了,奶牛吃下的是草,挤出来的是奶,它的贡献比我多。"

分析:这是一段寓言故事,教师需要用不同的音色呈现出不同的角色性格和形象,启发学生在有趣的故事中思考做人的道理。这段故事中一共有4个角色:健壮而谦虚的水牛爷爷、可爱积极的小白兔、活泼健壮的小山羊,还有"悉知一切"的旁白。教师可以根据自己的想象为这四个角色构建不同的人物形象,然后再创作相应的声音来匹配它们。音色并无一定之规,但想象和表现要合理,每个角色的体型、性格、年龄、学识都要在声音上有所设计,能够引起学生的共鸣。

案例分析3-4:

寒蝉凄切,对长亭晚,骤雨初歇。都门帐饮无绪,留恋处,兰舟催发。执手相看泪眼,竟无语凝噎。念去去,千里烟波,暮霭沉沉楚天阔。

《雨霖铃·寒蝉凄切》是一篇高中语文课文,仕途的失意与恋人的离别之苦交织在一起,再遇到秋天的冷雨和凄凄切切的寒蝉,作者感到前途暗淡的萧瑟跃然于纸上。教师在朗读这首词时,应努力还原作者的境遇、心情和人格特点,带学生感受中国古典婉约派的意境美和文字美。因此,音色以温婉、凄凉的细弱之音为主,口腔开度不宜太大,气息也偏虚弱颤抖。

案例分析3-5：

同学们，要是你一觉醒来，发现自己变成了一只虫子，你会怎么办？你会想些什么？如果你再也不能变回人类，你的生活会发生哪些变化？你觉得为什么会发生这些变化呢？说到这里，很多同学已经想到了一篇著名的小说《变形记》！小职员萨姆沙突然变成了一只甲虫，本来是家庭支柱的他一下子失去了工作，变成了家里的累赘，最后在孤独和寂寞中死去。为什么会这样呢？我们一起去小说中寻找答案。

分析：这是小学课文《变形记》的课堂导入语，目的在于引起同学对于小说的兴趣，也引发大家关于小说所讨论的人性"异化"现象的思考。由于面对的是小学六年级的学生，教师的声音表现应饶有兴致且富有启发性，为表现小说的戏剧冲突，声音中不乏夸张的对比。高低、粗细、轻重等对比性元素在短时间内密集出现。

案例分析3-6：

各位爸爸妈妈，安全教育是父母的日常任务和责任，安全知识要天天讲、时时讲，让孩子时刻带着安全意识和安全知识做事。暑假是家长和孩子加强亲情互动、培养家庭凝聚力的好时机，家长们可以利用安全教育的机会加强与孩子之间的交流，帮助我们可爱的孩子们度过愉快、充实、平安的假期生活。

分析：这是一段教师在家长会上说的教育语言，此时教师的角色是家长的指导，是学校管理教育功能在假期的延伸，但教师和家长之间的语气更多的是叮嘱而不是教育，声音也应该以虚实声结合的柔声为主，平缓中又带有坚定的语气，声音不宜太硬太刚，声音色彩积极向上。

案例分析3-7：

同学们，还有一个多月就要中考了。这是你们人生中第一次关乎人生选择和走向的大考，不知道大家是否准备好了。我看到有的同学勤奋刻苦，稳扎稳打，老师感到很欣慰；有的同学还自由散漫，把更多时间放在游戏和聊天上，面临考试又慌慌不安。命运把握在自己的手中，态度和行动力决定结果。最后一个月查缺补漏、总结归纳，也能让成绩在短期内有大的提升。

分析：这是教师对初三学生说的一段考前动员，主要是表达对学生的激励和鼓舞,也有一定的鞭策之意。教师的音色应以厚重沉稳为主,后半部分力度逐渐加强,吐字掷地有声,让学生听之充满动力。

案例分析3-8:

一般地,我们把研究对象统称为元素,把一些元素组成的总体叫作集合(简称为集)。一个确定"集合"中的"元素"也是确定的,当我们提及一个班级的时候,其包含的学生是在此之前已经确定好的,相反地,如果"元素"不确定的话,那就不构成"集合"。尽管"集合"中的"元素"是不一样的,但是"集合"可以是一样的,也就是说:只要构成两个集合的元素是一样的,我们就称这两个集合是相等的。

分析:"集合"是三年级数学的一个知识点,在这段讲解语中,涉及集合的定义、构成和性质,知识点密集出现,并且有强烈的逻辑性。理工类学科的知识点不依靠情感去渲染,音色平稳、明快,依靠明显突出的重音和停顿来区分重点和层次,一般无需虚实、厚薄、刚柔等情感性的对比。

(六)掌控语速

很多人对掌控语速的理解是讲话能快得起来,这是很片面的。声音表现的目的是传达和交流,语速控制的核心要义是使语言表达的速度契合交流对象的接受能力和心理期待,其次才是对于语速收放自如的控制能力。所以语速控制训练分为两个部分,首先是提升对语速的正确感知能力;其次是能做到快而不乱、慢而不拖。

1. 提升语速感知能力

每个人的语速表现都会受到习惯的影响,未经有意识地调整,语速表现一般也比较稳定。也就是说,人对语速的控制大多数时候是主观的,取决于思考的速度和发音器官的灵活度。并且大多数人会尽可能地提高语速,一方面为了提高交流效率;一方面,快速清晰地表达使一个人显得更聪明和更专业。可是人们却很少从客观的角度来审视自己的语速,好像无论我们的语速有多快对方都能够接受、乐于接受。评估语速需要外部参照。

(1)与他人比较

日常生活中,一般人的语速为每分钟160字至170字,演讲语速可达每分钟240字左右,播音语速可达每分钟300字左右,相声表演、体育解说的最高语速可达360字左右。讲课的语速低于演讲,尤其是对于新课来说,要给足学生理解和思考的时间,一般低于200字每分钟。可以通过录音统计自测语速。

(2)寻求反馈

经常在课后与学生交流,寻求不同学习水平的同学对于讲课效果的反馈是很重要的。学生的理解不到位,很多时候都是因为老师讲得过快了。经常与学生交流能够让老师更好地把握学生的理解能力和思维特点,以调整讲课的节奏。

(3)自我评估

自我评估的方式有两种,一种是通过自我感知,问自己语速是否导致自己感到焦虑和紧张,或者让自己越来越自信和愉悦;另一种是通过听自己的讲课录音,从学生的角度判断讲课的速度是否可以被接受。通过反复地自我评估和调整,可以达到内外部节奏相统一。

2. 提升对语速的把控能力

(1)古诗词朗诵

古诗词遣词用句讲究精练而意涵丰富,朗诵古诗词的时候,为了充分展现出"压缩"在词句中的各种感官感受和思想情感,通常需要在语音和声音层面进行充分地延展,语速自然就需要慢。可是慢并不等于"拖沓",把语速降下来并不是一件容易的事,因为拉开的句子不仅需要更加绵长有力的气息支撑,还需要用丰富的思想感情充盈起撑开的句子时间和空间空余,让慢速合情合理。

例3-20:

《春江花月夜》

唐·张若虚

春江潮水连海平,海上明月共潮生。
滟滟随波千万里,何处春江无月明!
江流宛转绕芳甸,月照花林皆似霰。
空里流霜不觉飞,汀上白沙看不见。
江天一色无纤尘,皎皎空中孤月轮。
江畔何人初见月?江月何年初照人?
人生代代无穷已,江月年年望相似。

不知江月待何人，但见长江送流水。
白云一片去悠悠，青枫浦上不胜愁。
谁家今夜扁舟子？何处相思明月楼？
可怜楼上月裴回，应照离人妆镜台。
玉户帘中卷不去，捣衣砧上拂还来。
此时相望不相闻，愿逐月华流照君。
鸿雁长飞光不度，鱼龙潜跃水成文。
昨夜闲潭梦落花，可怜春半不还家。
江水流春去欲尽，江潭落月复西斜。
斜月沉沉藏海雾，碣石潇湘无限路。
不知乘月几人归，落月摇情满江树。

《春江花月夜》是"孤篇盖全唐"的千古名篇，以春、江、花、月、夜这五种交织在一起的事物构建了一幅绝美的江边夜景，同时又由眼前的景物联想到对宏大时空和规律的思考和人间的离愁别绪。全诗对司空见惯的景物观察极其精微——月光下的滟滟水波纹绵延数里，春花在月光下的晶莹洁白，朦胧而流淌的月华……众多唯美灵动的意象组合在一起又构成一幅壮丽的画面，暗合中国人的高级审美趣味。但作者又不仅仅满足于别人写过的江月和春花，神思跃起，紧紧联系着众生，也积极探索人生的哲理和宇宙的奥秘。诗情、画意、哲思浑然一体地融合在一起，创造出深邃迷离的艺术氛围，千百年来不断吸引着读者去想象、观摩、探寻。

教师在朗读古诗词时可以依据自己的感受、理解尽情去还原、去创作，慢速地朗诵才有时间去充分感受作者深广的才思。总之，古诗词的朗诵是建立在充分理解和共情的基础上的，切不可陷入"读字"的窠臼之中。

（2）绕口令速读

绕口令的一大特点是拗口，如果能够把拗口的绕口令读得又清楚又快，口腔肌肉的力量就会得到加强。准确清晰一定是快的前提，字音圆润饱满是要求。速读的材料并不局限于绕口令，教案、文件、课本等都可以成为训练速度的材料。

例3-21：

《四声歌》

学好声韵辨四声，阴阳上去要分明。
部位方法须找准，开齐合撮属口形。
双唇班报必百波，抵舌当地斗点丁。
舌根高狗工耕故，舌面机结教尖精。
翘舌主争真志照，平舌资责早再增。
擦音发翻飞分副，送气茶柴产彻称。
合口呼舞枯湖古，开口河坡歌安争。
撮口虚学寻徐剧，齐齿衣优摇夜英。
前鼻恩因烟弯稳，后鼻昂迎中拥生。
咬紧字头归字尾，阴阳上去记变声。
循序渐进坚持练，不难达到纯和清。

（3）小说朗读

小说可以让读者以一个旁观者的角度看一段情节，当我们朗读小说的时候，会自然进入小说所描写情节的节奏中，语速自然得到控制；小说还会给读者提供更多理解他人的角度，提升阅读者的通感和共情能力，这也有利于我们理解客观世界和他人。

例3-22：

每天蒙蒙亮时，家珍就把有庆叫醒，这孩子把镰刀扔在篮子里，一只手提着，一只手搓着眼睛跌跌撞撞走出屋门去割草，那样子怪可怜的，孩子在这个年纪是最睡不醒的，可有什么办法呢？没有有庆去割草，两头羊就得饿死。

——余华《活着》

这段描写画面感很强，而且是连续播放的电影画面。母亲如何在清晨叫醒儿子，儿子如何睡眼惺忪地走出去割草，每一个动作都有着其自然的节奏。读太快了就失去了孩子早起的艰难、母亲的不舍，读太慢了又不符合农家人干脆利索的性格。事物本身自有其节奏，这种节奏也约束着语速，调节着读者的心理节奏。

（4）现场演讲

演讲也是一种语言交际活动，要求演讲者针对某个具体问题鲜明、完整地阐明自己的见解和主张，说明事理、抒发感情。"现场"强调了对于听众及时反映的关照和反馈。现场演讲是一种锻炼语言表达能力和交际能力的有效途径，能够让讲话人清晰地感受到观众对于所讲事物的情感、感受，便于及时调整语速和表达方式。

进行演讲训练时，最好能够使用自己撰写的演讲稿，或者进行即兴演讲，真听、真看、真感受。使用别人的经典演讲稿容易陷入背诵的窠臼，并且经典演讲稿通常已经脱离了当下的语境，不利于与现场观众形成共鸣。

（七）打破固有停连

声音中停顿与连结的设置，会直接影响内容的意义，也会影响表达的效果。首先，一句话的停连方式不同会造成完全不同的句子意义，停连不准确，会导致内容的误解，甚至是直接作出错误的判断。

声音中的停顿和连接首先是生理需要，但在语言发展的漫长历史中，停连早已超越了基本生理需求而具备了区分语法结构和语义关系、营造语言节奏，甚至是表现艺术特点和个性的多层次功能。

那教师应该如何打破固有的短句习惯，更好地运用停连呢？可以从以下三个方面考虑。

1. 明确语义，避免歧义

例3-23：

"我扶你走吧。"

A. 我扶你，走吧。（有我扶着你，你可以放心地走。）

B. 我扶，你走吧。（本来是对方在扶着某物或人，由我来替换他。）

C. 我，扶你走吧。（表示是由我来扶，而不是别人；也可以表示"我"的意愿。）

不明确停连的位置和方式，这句话的意义就无法确定。停连首要考虑的因素是明确语句的意义，避免让学生产生歧义。

例3-24：

张扣扣有追杀王校军/和二次加害王正军的情节，杀人/犯意坚决。

犯意，汉语词汇，指代实施犯罪行为的意图。或称"犯罪的心理状态"。如果习惯性地在断句成为"杀人犯/意坚决"就完全失去了"犯意"的法律意涵。

2. 打破标点符号的限制，强化态度、判断、情感

语句中的停顿和连接本质上是思维过程的一种反映，如果总是"照书念"，那逻辑和情感过程极容易被忽略，让人听上去平淡干瘪。

例3-25：

北国风光，千里冰封，⌢万里雪飘。望/长城内外，惟余莽莽；大河上下，顿/失滔滔。

——毛泽东《沁园春·雪》

注："⌢"表示连接；"/"表示停顿。

在这句词中，"千里冰封"和"万里雪飘"都是"北国风光"，并且两个小分句描写的是同一幅画面，所以在这两个小分句中间采取"慢而不断"的连接处理，让画面更具整体感。"望"就一个单字，但"望"的动作辐射"长城内外"，是一个持续数秒的过程，所以"望"字之后的停顿能够给体察后面的宏大视野留下更多时间。"顿"强调了戛然而止，"顿"字之后的急停展现出对大自然力量的敬畏和对眼前景象的惊叹，语气更加强烈。

以上展示的几处停顿和连接都打破了原有标点符号的限制，在不破坏原有句义的前提下表现出话语者独特的体验和感情。

例3-26：

李明/帮大家粉刷了教室，做好了饭，还为小琳准备了生日礼物。

这是一个陈述句，平铺直叙不容易看出态度，但在"李明"之后停顿能够表明话语的态度是突出和肯定"李明"这个人。

3. 以教学目的为导向，突出知识点

例3-27：

1896年，法国数学家/雅克·阿达玛/和比利时数学家/夏尔·让·德·拉·瓦利-布桑/各自独立证明了/素数定理。这是经典的/乘性解析数论的/最高成就之一。

这句话是讲课常会用到的讲解语，因为知识点密集，需要多加停顿来降低理解的难度。在人名的前后短暂停顿是为了突出重要人物的名字，而外国人名虽然常常由好几个部分组成，话语中要"抱团"处理，也就是将同一个人名连读处理以便听起来不至于让人误认为是好几个人。"素数定理""乘性解析数论"都是专有名词，为了让学生更好地理解和记忆，会在前后加以短暂的停顿（声断气连）以引起重视。

4. 考虑学生接受能力，强化交流感

一般来说，随着年龄和学识的增长，人对于本社会通用语言的理解应用能力会更高，因为交流经验更丰富，年龄较大的学生对老师话语中的信息点会更加敏感。对于比较熟悉的领域、话题，人们也会表现出更高的理解力；环境也会影响人的接受能力，轻松、包容、愉快的氛围通常让人在交流能力方面展现出更优的表现。

对于接受能力强的学生，连接多会更有利于思维的连贯性；但对于理解能力不足的学生，增加停顿更加有利于其跟上老师的思维。在需要强调、启发的地方有意识地停顿也能够增加交流的"气口"，强化课堂的交流感。

在明确不同的停连方式与意义准确对应的基础上，教师还应善于去运用停顿和连接，打破一贯的停连模式，不要因为过分强调知识点，到处停顿，让讲课的句子零零散散、支离破碎。好的停连让内容原本的意义得到更加明确的表达，也可以使表达更有节奏感。

例3-28：

丰收季节的多巴胺配色离不开饱和度拉满的辣椒。辣椒红素由于无毒无害又具有油溶性，成为口红原料。辣椒红素本身能区分出四百多个色阶，堪称"五彩斑斓的辣椒红"。提取辣椒红素时会脱除导致辣味的辣椒碱，否则口红也得区分辣度了。

这是一段科普性质的讲解语，"多巴胺配色""饱和度""油溶性""辣椒红素""辣椒碱"等专有名词都需要一定的知识背景才能理解。"能区分四百多个色阶的辣椒红"也需要一定的生活经验才能想象。这些都有一定的理解"门槛"。从话题兴趣度的角度说，男生可能对多巴胺配色和口红都不太感兴趣，这是一个天然的女性话题。

（八）丰富重音表现手段

重音是语句中最能体现语句目的、最能表达思想感情的字词。语句目的不同、思想感情不同，重音也就不同，这是重音的本质。重音的选择直接决定了内容表达的准确程度。从听感上看，重音是一句话中声音轻重不一样的地方，听感上的差异让某个字词得以突出，这是重音的表现形式。

1. 重音的选择

语言中的重音是为了表达词语之间的主次关系、轻重关系、体现语句目的，总的来说，最能体现语句目的的字词就是句重音。

例3-29：

"我今天晚上吃饭了。"这句话有多少种意思呢？

①**我**今天晚上吃饭了。（强调动作的主体，吃饭的不是别人。）

②我**今天**晚上吃饭了。（强调吃饭的时间是今天，也许其他天没吃。）

③我今天**晚上**吃饭了。（强调吃饭的时间是晚上，也许中午吃的是别的。）

④我今天晚上**吃**了。（强调已经吃了这件事。）

⑤我今天晚上吃**饭**了。（强调吃的主食是饭。）

从上面的例子可以看出，句子的重音是没有一定之规的，需要具体问题具体分析。语言的目的越明确，重音就会越明确。从教师语言的角度来说，教学语言和教育语言一般有三类目标：情感目标、知识目标和技能目标。教师语言是一种职业语言，要紧密围绕目标服务。明确一堂课的情感目标、知识目标、技能目标，才能明确具体语句的重音。另外，重音需要精选，并不是所有句子都需要强调重音。

（1）依据情感目标选择重音

积极的师生关系对于提高教学效果有重要影响，在与学生的接触过程中，帮助学生建立信心、营造积极的学习氛围、提供帮助和支持、增加互动的语言都有助于实现教学教育中的情感目标。那些直接表示情感、态度和有助于增进师生关系的词就是情感重音。

例3-30：

陈力不是成绩最好的，但他是我们班学习**最认真**的同学。（鼓励学生，也是态度导向。）

例3-31：

你们让老师感到很**骄傲**。（直接表达肯定的态度和自豪的感情。）

例3-32：

不懂的点一定要说出来，随时**欢迎**来办公室找我。（表达为学生提供帮助和支持的决心和态度。）

例3-33：

在学校里，老师/就是你们的妈妈。（把老师比喻成妈妈，直接拉近师生关系。比喻重音总是成对出现，一般来说，喻体更能体现语句目的。）

（2）依据知识目标选择重音

知识是指人们获得的信息、事实、理论或概念的储备和理解。这包括书本知识、历史事件、科学原理等。知识通常是通过学习、阅读、听课等方式获取的，它提供了关于世界和事物的理论性了解。在讲课过程中，重音是最常用的知识点展示手段，并且在讲解语中，可能因为知识点密集出现而导致一句话中出现多个重音，重音还经常搭配停顿一起使用。

例3-34：

圆周率是圆的周长与直径的比值，一般用希腊字母π表示。（一个概念通常会由多个要点组成，缺一不可，都是强调性重音。）

例3-35：

说，是用嘴来写，首先要想清楚，然后才能说清楚。（"用嘴写"是对"说"的比喻，比喻的本体和喻体是一对比喻重音；"首先"和"然后""想"和"说"是两对递进性重音，强调逻辑上的前后顺序。）

例3-36：

写文章的目的是与别人交流，将自己的感情和思想用文字表达出来，让别人了解。我们的作文也应该有读者，有交流对象。（"交流"是语句的目的，"感情""思想"是"交流"的内容，三者构成呼应性重音。"读者"和"交流对象"是后一个句子要强调的并列性重音。）

（3）依据技能目标选择重音

技能则是具体的行动或操作能力，是将知识应用到实际任务中的能力。技能是隐性的，还可能具有很强的个体经验色彩，所以光靠动作的展示往往不容易让学生明确地掌握所有细节。在教师传授技能的时候，语言是重要的辅助，关键的位置、程度、手法、速度等细节需要用重音引起学生的特别重视。

例3-37：

启动车子前，应该先踩下制动器。（强调动作的先后顺序。）

例3-38：

写"捺"时，运笔要先轻后重。（强调具体的书写方法。）

例3-39：

用玻棒导流时，最好使玻棒的下端接触烧杯内壁。（强调操作要点。）

例3-40：

倒茶时，不可倒得太满。（强调判断。）

例3-41：

你应该把球传给前锋。（强调对象。）

例3-42：

A、B同学在操作时，C同学要在现场观察。（强调主体间的协作。）

2. 重音的呈现

"重音"只是描述被强调点的一个名词，并不代表加重是强调的唯一方式。重音要区分不同的层次，还要使用丰富的表现手段。

（1）区分重音层次

一般来说，在一个句子中重音越精越好，重音太多，要强调的东西反而被淹没了。但也会出现一个句子中有多个重音的情况。这时，我们就需要区分重音的层次。根据人耳有限的区分能力，重音的层次一般不超过3级。在少数排比句中，会出现4级重音，为了在语气上突出它，可以给予双重突出处理，我们把它叫作"超重音"。一般情况下，一级重音为最关键的语句目的，也有可能是统领性的重音；二级重音是次要语句目的，或是被统领的重音；三级重音为更次要的语句目的，一般不太常用。

注：以"xx"表示超重音；

以"xx"表示一级重音；

以"＿＿"表示二级重音；

以"～～"表示三级重音。

例3-43：

这次被评为三好学生的同学有：杨硕、王曦、李林，其中，杨硕是市级三好学生。（一级重音表示更为特殊的荣誉。）

例3-44：

竹子烧了，还有竹枝；竹枝断了，还有竹鞭；竹鞭砍了，还有深埋在地下的竹根。（这里"枝""鞭""根"是递进重音，层层深入，最重要的是"根"的保留。）

例3-45：

中秋节，东北、华北、西北地区都在下雨，只有华南地区晴空万里。（如果是天气预报，"东北""华北""西北""华南"都处于并列位置，天气如何是最重要的信息，所以"下雨"和"晴空万里"被作为一级重音，不同地区是并列的二级重音）

例3-46：

中秋节，东北、华北、西北地区都在下雨，只有华南地区晴空万里。（如果是散文或生活口语，这个句子的目的很可能是表达对于华南的热爱和赞美，所有的重音都是围绕着突出"华南"。"都""只有"都是表程度的副词，强调了情绪的对比，"晴空万里"是对"华南"的独特性和优越性描述，作为二级重音处理。）

（2）丰富表现手段

重音是个抽象的声音凸显范畴，没有统一的声音表征或物理学标准，重音的存在需要通过对比来实现。通过音高、响度、音长、开口度等因素的单一或复合对比而体现出相对凸显的关系。这里列举几种重音的表现手法。

①升高或降低音高

某个音节被突然降低音高和突然被升高音高一样有着让音节凸显的效果，但表达的情感会不同。但由于人类对低频识别的敏感程度要弱于高频，所以降低音高要达到让人普遍感知到的程度，就要求声音的变化程度更大，且低音费气，更不易控制。

例3-47：

同学们写下了自己的所见、所闻、所思，我也写了一点，现在念给大家听，希望大家能喜欢。（这句话的目的是引出"我"的作品，并表达希望大家喜欢的态度，所以把"我"作为一级重音，把"喜欢"作为二级重音。"我"用升高音高的方法处理，表示引出主题；"喜欢"用降低音高的方法处理，表谦逊内敛的态度。）

例3-48：

哎，我现在想想，那时真是太聪明了。（这句话出自朱自清的《背影》,"聪明"表达了作者的忏悔和愧疚,是反义性重音;"太"则表达了这种感情的程度是强烈的,是强调性重音。用降低音高的方式处理这两个重音更能够体现出这种负面的情感态度,也更符合文章沉静内敛的整体基调。)

例3-49:

骆驼很高,羊很矮。骆驼说:"长得高多好啊!"羊说:"不对,长得矮才好呢。"("高"和"矮"是一对对比性重音,表现了两种动物的自我吹嘘,用音高的高低对比来表现"高"和"矮"就非常形象。并且,对话中的"高"和"矮"是矛盾冲突的集中体现,作为一级重音。)

②加强或减弱响度

响度是人耳对于声音强弱的主观感受。响度和音强密切相关,但并不等同,响度和音强接近对数关系。音强是绝对值,而响度是相对值。也就是说,由于对声音的感知能力不同,人对同一音强的响度感受是因人而异的。

从数值上看,人耳对声强变化的灵敏度要高于对音高变化的灵敏度。一般来说,人类对1000—8000Hz的声音比较敏感,人们平时讲话的声音为500—2000Hz,人耳能够辨别的音高变化的最低限值大约是20Hz。但人耳对于大声音的变化,相差0.3分贝就能感受到,对于微弱声音的识别能力较弱,相差3—4分贝时才能感到变化。由此看来,减弱响度的方式是一种更具挑战性的表达方式,但也因为它的使用频率更低,更容易因为它表达的特殊性而引起学生的注意。

例3-50:

教室里响起了雷鸣般的掌声。("雷鸣"本来就是响亮的,在这里用来比喻掌声,形容了场面之热烈。因此,这里用加强响度的方式处理"雷鸣"。)

例3-51:

上阵不利则守城,守城不利则巷战,巷战不利则短兵相接,短兵相接不利则自尽/以殉国。("守城""巷战""短兵相接""自尽以殉国"是一组递进性重音,并且愈加激昂,在气势上形成了一种连珠炮式的压迫感。因此,以响度层层加码的方式处理这组重音,以超重音的方式处理"自尽以殉国"这种最极端形式的爱国表现,体现决战到底的决心。)

例3-52：

沿河两岸连山皆深碧一色，山头常戴了点白雪，河水则清明如玉。（这句话出自沈从文的《湘行散记》，"深碧一色"是对沿河两岸景色的第一眼印象，"白雪""清明如玉"都是对沿河两岸景色的深入描写，让整幅画面更加立体。"深碧一色"可在响度上略微加重，配合色彩向浓厚转变的趋势；"白雪"和"清明如玉"则给人轻盈明亮之感，可在响度上做减重处理。）

③延长音长/放缓速度

放慢语速通常会带来语音清晰度的改善，较慢的语速也有助于保持听众的专注力。突然延长音长对于重音的突出效果是双倍的，但这种方法常常被忽略。

例3-53：

默读时，贵在边读边思考。（默读和思考都是需要在安静中慢慢推进的，用延长音节的方法表现这组动作恰好与其节奏相契合。）

例3-54：

"书读百遍，其义自见"，请大家再读几遍这部分内容，再回答我的问题。（"书读百遍，其义自见"是一个成语，出自晋·陈寿《三国志·魏志·王肃传》，古文凝练，而且暗含表达目的，需要慢速朗读来展示其意义与韵律。对于引文，尤其是引用的古文，常常以延长音长的方法处理。）

例3-55：

虽然答案不是完全正确，但你能大胆发言就是好样的！（"就是"在这里表肯定的态度，放慢的速度和加重的音强最能够表示教师的教育导向。）

④增大开口度

字音的饱满程度变化也能在听感上带来张力，就像一串珍珠项链上突然出现两个更大的珍珠，能直接凸显音节。

例3-56：

马来西亚的气温常年在34℃左右。（34℃对于人类来说是一个令人非常不舒适的气温，也有力地表达了马来西亚的热。用较大的开口度强调这个数值，掷地有声地传达着扑面而来的热浪。）

例3-57：

喜鹊被老百姓称为"报喜鸟"。（喜鹊在中国文化中被视为吉祥的象征，代表着好运、幸福和喜悦。没有人不希望生活中多些喜事，用饱满的字音强调"报喜鸟"，既有喜庆、兴奋之意，也让人闻之欢喜。）

例3-58：

憨态可掬的大熊猫逗得游客哈哈大笑。（"哈哈大笑"本身就带有大开嘴巴的动作，也描述了现场气氛欢乐而热烈。用大开口度的方式来展开这个强调性重音有着传神的效果。）

（3）防止习惯性重音出现

习惯性重音是指那些不符合语句目的和逻辑，习惯性出现的重音。习惯性重音的成因很多，常见的原因，首先是受到方言腔调的影响。比如，长沙方言经常强调句子的最后一个词，昆明方言常常把句头和句尾一起作为重点来表达强烈的语气色彩，于是在普通话中也会带入各自方言区的特点。其次，是受到固定语势的影响。比如，熟悉度高的词常常人们被下意识地当作重音，当中国人看到"重要""重点""必须""会议"……这类词的时候，会不自觉地加重，因为这类词经常作为重音出现在我们的听觉中。方言腔调和固定语势在本质上都是某种相对固定的语言态势，不同点在于方言腔调强调地域特点，而固定语势更有个人特色。

习惯性重音时刻影响着我们准确地表达语义，但它却很难在自然状态下被自我察觉。如何检测自己是否存在习惯性重音？可以录下自己的一段日常话语，以文本为载体转录后进行语句目的分析，确定每一句的重音，再对比录音判断自己在自然状态下的重音表现是否得当。习惯性重音的克服需要经过漫长而艰苦的训练，明确语言目的，厘清逻辑是重音正确的内核。

（九）强化语气表现

语气是说话人感情和态度的声音形式，以句子为单位。语气通过声音的快慢、高低、虚实、强弱、刚柔等配置的综合变化实现，承载了一句话词汇意义之外的语调意义。语气对于一句话意义的表达具有决定性作用，不同的语气可能让同一句话产生截然相反的意思，所以语气的表达不仅要准确，而且要明确。语气越鲜明，受话人就越能快速、清晰地捕捉到说话人的感情和态度。

语气是重音、停连、快慢、高低等具体声音形式的综合表现，因此，语气对声音表现力有决定性的作用。音色再好听，语气没有张力，声音的表现力都会大打折扣。确定语气的内部依据来自两个方面，首先是语句中包含的态度倾向，其次是感情的色彩和分量。语气贫乏可能有四个方面的原因，第一方面是态度、感情不够鲜明；第二方面是感情缺乏层次的区分；第三方面是声音的表现手段匮乏；第四方面是性格过于内敛。围绕这四个方面的原因，可从以下五个方面强化语气表现。

1. 提升声音表现意识

性格内敛的人倾向于独立思考和行动，相比起向外寻求帮助和建议，他们更关注自己的感受、想法，更倾向于将自己的感情内化而不是表达出来。这种性格特点表现在声音上就会让声音听起来暗淡、缺乏变化。此种性格带来的声音让受话人不容易捕捉到说话人的感情和态度，从而不能做出准确及时的情感回应；缺乏情感回应又反过来进一步降低了说话人的感情波动和交流欲望，从而使声音表现更加贫乏，形成恶性循环。这也是很多老师觉得在讲台上觉得"对牛弹琴"，感到如坐针毡的原因。

声音对于感情和信息的传达具有举足轻重的作用，声、台、形、表是演员的四门专业基本功。其中，"声"指声乐，"台"指台词，这两项位居前二的基本功都指向了一项重要的能力——声音表现力。随着影视行业的专业化发展，用专业配音演员进行后期的声音创作而非使用演员的同期声也成为一种更加常规的操作。这些事实都说明了声音表现力对于信息和感情传达的重要作用。对于教师来说也是一样，再丰富的专业知识也经不起寡淡声音的平铺直叙。"怎么讲"很多时候比"讲什么"更为关键。

打破自我限制，尝试大声地、夸张地去讲述一个故事、一个知识点。参加讲课比赛、演讲比赛，练习不同角色的配音，都会对提升声音感知与运用能力有帮助。

2. 明确态度倾向

态度是个体对具体的人、事物、观念所持有的主观判断和心理倾向。态度反映着一个人的价值观、信仰和认知，也会受到所在社会和人际关系的影响。态度是相对稳定的，因为认知失调会造成心理压力，所以人倾向于维持各项态度间的一致。但强大的外部诱因和个人需求的改变也会促使态度发生转向，比如不同事物间发生逻辑矛盾、文化价值冲突、观念相悖或者新旧经验的矛盾都可能成为态度改变的诱因。

态度和倾向是建立在判断和分析基础上的，按照态度的性质，可以分为正面态度、负面态度和中立态度。正面态度表示对对象持有积极、喜欢、支持的看法和感情；负面态度则伴随着消极、反对的感情和观点；中立态度表示不支持也不反对，伴随着中立的感情和行为倾向。需要注意的是，中立并不代表态度不明朗或者没有态度，而是可能表示对某些对象不感兴趣，没有所谓，也可能是因为缺乏信息和经验，或者尚未对该问题进行深入思考。

感情与态度会相互影响，对某事物积极的感情会促使积极态度的产生，而积极的态度也更容易产生积极的情感体验；相反，负面的情感体验可能导致消极的态度，消极的态度也会导致负面的情感体验。态度决定着声音的基调。

3. 明确感情色彩

从语句的功能来看，语气可以分为陈述、疑问、祈使、感叹。对于教师来说，语句功能的界限一般是清晰的，但情感的表达很多时候是含蓄的，所以这里从感情色彩的角度对语气进行分类。人的感情是多种多样且多层次的，尽管种类和数量难以确定，但常见的人类感情色彩包括喜、怒、哀、欲、静、恶、惧、信、疑、敬、爱、窘、傲、谦、冷等，这些感情色彩的大类中还包括诸多情绪情感的细小分类：

"喜"包括喜悦、欣慰、快乐、兴奋、狂喜、惊喜、幸福、成就感……

"怒"包括不满、怨恨、恼火、愤懑、愤怒、反抗、敌对……

"哀"包括失望、忧伤、沮丧、遗憾、失落、孤独……

"欲"包括吸引、希望、期待、期盼、渴望、急切……

"静"包括放松、冷静、静默、平静、安宁、祥和、专注……

"恶"包括不满、反感、讨厌、厌恶、厌烦、敌意、嫉妒、仇恨、厌世……

"惧"包括紧张、胆怯、畏难、害怕、焦虑、焦躁、恐惧、惊恐……

"信"包括自信、他信、信赖、依赖、支持、拥护、信仰、忠诚……

"疑"包括摇摆、不安、担忧、怀疑、质疑、提防、警惕……

"敬"包括自尊、感谢、感激、尊重、敬畏、崇敬、仰慕……

"爱"包括关心、怜爱、喜爱、爱慕、宠爱、溺爱、热爱、敬爱、赞美、奉献……

"窘"包括不安、尴尬、困扰、困窘、羞耻、愧疚、窘迫……

"傲"包括轻视、自满、自豪、骄傲、高傲、自大、傲慢、自负……

"谦"包括谦虚、谦逊、谦让、谦卑、理解、忍让、自省……

"冷"包括理智、批判、冷淡、冷漠、冷酷、自私、无情、绝情……

人的感情很复杂,很多时候是多种情绪和情感交织缠绕,并且因为文化背景、个人经历和性格的不同,对同一事物、情境的感情体验也会不一样。人的感情是不断变化的,时刻影响着我们的决策、语言和行为。声音作为语言的重要载体,更是直接反映着人的流动的感情。事实上,这种变化的声音也是我们与他人建立连接和理解的关键因素。

4. 区分感情的层次

划分感情层次和维度的角度是多样的,因为声音对感情的表达具有即时性,这里从感情的强度入手来划分感情的层次。感情的强度可以在微弱到极端之间变化,为了便于描述,这里把感情的强度从弱到强描述为微弱、温和、中等、强烈和极端五个层次,不同类型的感情在每一个强度层次上都可以存在,下面举例说明。

例3-59:

真理偏爱有准备的人,凡事预则立不预则废。你们小组准备不充分,对学、群学不到位,所以你们没有发现真理,没有挑战成功!

这句话是老师对学生的评论,态度是否定的、负面的,感情色彩是理智的批评。但该小组并不是没有学或者拒绝学,而是准备不充分、学习不到位,因此批评的度可以视语境和学生特点表现为中等或者强烈。

例3-60:

在20世纪40年代,美国母女伊莎贝尔·布里格斯·迈尔斯和凯瑟琳·布里格斯构建了一套自我报告式的性格评估问卷,用来了解人们觉察外部世界和做决策的心理学倾向,这就是著名的"迈尔斯—布里格斯类型指标",即我们熟悉的MBTI人格类型量表。

这是一段对事实的陈述,MBTI人格量表有其优势和缺陷,需要理性对待,因此这段话的态度是中立的,感情色彩是理性的、专注的,感情的强度为温和或中等。

例3-61：

米哈里·契克森米哈依曾说过："人类最好的时刻，通常是在追求某一目标的过程中，把自身实力发挥得淋漓尽致之时。"而享乐主义者，这种有惊无险的挑战过程也许有，但太少了。因此不可能幸福，一切来得容易去得也容易。

这句话中展现了两种截然相反的态度——对积极进取的肯定和对享乐主义的否定，所以感情色彩也包括两种——对积极进取的支持和对享乐主义的批判，这是作为教师应有的立场和感情，至于支持和批判的程度，则反映着教师的个性和信仰的坚定程度，也需要视场景来确定语气的分量。

例3-62：

在里约热内卢的一个贫民窟里，有一个男孩子，他非常喜欢足球，可是又买不起，于是就踢塑料盒，踢汽水瓶，踢从垃圾箱里捡来的椰子壳。

这句话出自《天才的造就》，讲述的是球王贝利的成长故事。虽然是事实的陈述，但当老师在引用这个故事的时候，是希望贝利艰苦奋斗的精神可以激励自己的学生，同时，作为人类的基本情感，会对故事中这个出身贫苦但不断拼搏的孩子产生怜爱之情。所以，这里的态度是正面的，感情色彩是褒扬和赞美，感情的分量强烈。

例3-63：

想到学校里发横财，想错了！

学校是知识的殿堂，也是孩子成长的象牙塔。想到学校里发横财的人是想从没有经济能力又缺乏判断力的孩子身上攫取金钱，而教师肩负教育和保护学生的职责。这就和教师形成了敌我矛盾，因此这句话的语气色彩是强烈、甚至极端的怒、冷、疑。

总之，教师对于感情色彩和层次的确定应该遵循几个原则，第一，应该有符合历史发展规律的世界观、人生观、价值观；第二，展现科学的发展观和积极的精神理念；第三，倡导真、善、美；第四，尊重学生的身心发展规律和个性需求。恰切的语气离不开细致的观察、深入的理解和对学生真诚的爱。

5. 提升声音贴合语气的能力

语气的表达可以通过训练而更加准确生动，要改变语气的声音形式，可以从三个方面入手：一是口腔状态、气息状态和声音状态的调整；二是一定的语气通常也和一定的语调形式相配合；三是形成特定的声音符号。

表 3-1　情感色彩与发声状态对照表

感情色彩	口腔状态	气息状态	声音状态	语调形式
喜	肌肉轻松，口唇灵活轻快	气息上浮而有力，气流源源不断	跳跃、偏高、清亮	高升调
怒	肌肉僵硬，口腔如鼓	气息粗重、冲	刚直、强烈	平直调
哀	肌肉松垮，口腔如负重	气沉而无力，有耗竭之感	缓慢、柔弱、萧瑟	低降调
欲	控制偏紧而流畅	气息绵长、偏深	柔软、音色偏暗、浑浊	曲折调
静	力度偏松，控制柔缓	气息平稳顺畅	声音适中，变化幅度小	平直调
恶	口腔紧而窄	气足而冲	短促、偏硬	低降调
惧	肌肉凝滞，口唇不灵活	气息上提、不稳，气似要倒流	声音凝滞、偏高，甚至颤抖	高升调
信	发音动作规整，肌肉有一定力度	气息有力、稳健	声音居中、稳健、语速适中	平直调
疑	口腔欲松还紧	气息细而长，欲连又断	声音曲折黏腻	曲折调
敬	口腔开度偏大，肌肉保持一定力度	气息深而促	声音偏高，有一定力度	高升调
爱	口腔宽而松	气息徐而柔	声音沉而软	低降调
窘	口腔窄而垮	气息短而促	声音僵挤而曲折	曲折调
傲	口腔松紧相间，以紧为主，口腔开阔	气足而长，上浮	声音高而明朗	高升调
谦	口腔窄，肌肉松，字音控制较规整	气息高而柔	声音平稳、柔缓	高升调
冷	口腔松散	气息收敛	声音平淡	平直调

声音与语气的贴合并不是完全一一对应的，声音符号的表意功能虽然有一定的社会性，但声音的表达会受到发声主体性别、性格、社会属性、声音条件等因素的影响，也会受到具体语境、交流对象的规约。对语气的表现和解读都是一项综合且复杂的工作，以上所列感情色彩与口腔状态、气息状态、声音状态，以及语调形式的对应仅代表大体情况，帮助读者快速形成直观感受。

"语无定势"，有声语言的表达是动态的。思想感情的不断运动是语流曲折性的内在力量，具体方法的运用没有一定之规，只要合情合理，学生可以接受，我们可以尽量让我们的语句表达变化起来，因为没有人喜欢单调呆板的声音不断出现。具体来说，句子的高低起伏应该与不断变化的情感相贴合，尽量做到错落有致，对比适宜。用我们通俗的话来说，就是表达应该做到尽量生动，生动表达不仅不会损害老师的严谨形象，而且能让知识更易于接受。

　　总之，不断提升自己的理解力和感受力，增强音色的变化能力，更加科学、准确地运用停连、重音，丰富声音的变化形象，有计划地设计自己的声音形象，并持之以恒地训练就能让声音更好地贴合想要表达的内容。教师不是演员，也不是歌唱家。在训练之前一定要先明确练习的目的何在，自己训练的目标是什么，主要为了解决哪些问题，带着明确的问题意识选择训练的方法会起到事半功倍的效果。

第四章

教师嗓音的保健

人的发声系统并不是孤立存在的，嗓音保健是一项系统工作，要从教学和生活的整体出发，从环境、生理、心理、行为等全息要素和相互关系中去寻求平衡，同时也要尊重自身特殊性。健康持久的嗓音是建立在环境与人总体和谐和发声者身体健康基础上的，某一问题的爆发很可能是多因素综合作用的结果，想要最大限度地降低嗓音疾病发生的概率，就需要全盘了解影响发声系统的综合因素，掌握基本的嗓音医疗和康复知识。

病态的嗓音会体现在其物理属性上，比如，病态嗓音的真声音域、假声音域值均小于正常值。因为病态时声带边缘增厚，张力下降，质量增加，使假声的频率明显降低，真声的最低音的基频升高。[1]再如，低音的基频升高，因为肌肉的张力和强度降低、声带萎缩变薄、喉软骨骨化、喉结构弹性下降等，都会影响发音状态。喉病患者的声带弹性下降，声门闭合障碍、声带张力减低，使得声带振动的负荷加重，有效喉气流率降低，所以发生喉部疾病时，需要比较大的气流通过时才能振动发音，从而导致嗓音低音的基频[2]升高。

由于设备条件的限制，教师的嗓音问题自我诊断不能只依靠声学参数，需要提高自我感知的灵敏度。如果出现了以下表征，就要开始关注嗓音疾病的防治：

（1）嘶哑声。说话时声音会不受控制地出现嘶哑声，声音听起来刺耳、粗糙，和自己曾经的声音出现了音质上的差异。

（2）音高变化。如果不是自己有意训练的结果，音高突然变得比平时更高或者更低，听起来不自然，也难以控制。

（3）声音疲劳。感到说话时感到气虚，嗓子很累，难以使上劲儿，声音听起来虚弱，特别是在长时间使用后，甚至吞咽都感到困难。

（4）气声大。说话时感到声带闭合不全、使不上劲儿，总是气声大于实

---

[1] 张志明，杨式鳞：《病态嗓音基频和音域的变化》，《临床耳鼻咽喉科杂志》2000年6月第14卷第6期。

[2] 基频（F0）反映发声时声带振动的最低固有频率，是评价嗓音质量的一个基础参数。

声，需要费很大的劲儿才能让声音稍微响亮。

（5）喉部压迫。在说话时总是感到喉部有压迫感，压迫感可能来自各个方向。甚至喉部有异物感、吞咽困难。

（6）喉部疼痛或不适。喉咙感到疼痛、干、痒、灼热或其他不适症状，尤其是在说话之后。噤声几天后可能疼痛感消失，但上完两节课后又疼，反复发作。

（7）音量减小。音量不受控制地变小，感到大声说话变得具有挑战性，导致声音不太能被听得清。

（8）哑音。说话过程中出现有的音节（通常是音高较高或较低的部分）突然失去实声的情况，甚至哑音的频率越来越高。

（9）频繁咳嗽或清嗓子。频繁咳嗽或需要随时清嗓子是咽喉部有炎症、刺激物或分泌物的下意识反应，而这两个动作本身也会刺激声带。

（10）失声。间歇性或持续的失去实声，只能完全用气声说话。需要药物或者理化治疗才能逐渐恢复，严重者会反复发作。

（11）喘鸣声。平静状态下呼吸时出现明显的噪音，调整姿势也无法消除。

以上症状出现一条或者多条则基本上可以确诊为嗓音疾病，如果出现半个月以上还没有好转，或是某种症状反复发作，则需要引起高度重视。

第一节　教师嗓音问题障碍因素

声音问题可能是由不同的潜在负面因素引起的，包括声带结节、声带息肉、咽喉炎、喉肌张力失调、声带麻痹、胃酸反流、神经系统疾病、烟酒刺激或声音过度使用等。对于教师来说，声音过度使用、睡眠不足、精神压力是常见的嗓音障碍诱因。

一、环境因素

长久以来，语言学中都有一个默认的假设——人类的发声系统不受环境影响。但随着研究的深入，语言学家发现人类语言的发声系统和各种语言本身都是生态适应的结果。美国迈阿密大学的语言学家Caleb Everett和他的团队发现，声带在湿润的空气中可以发出更准确的音高，具有复杂语调的语言体系主要就是在温暖、潮湿的气候条件下形成的，如普通话；而没有语调的语言，如英语，主要形成于干燥寒冷的地区。[①]

教学环境中的噪声水平会影响教师的听力和声音。持续存在的交通噪音、空调噪声、施工噪声和学生的吵闹声等是教师工作环境中会遇到的噪声污染，噪声的危害不仅仅取决于音量的分贝级别，还取决于噪声的持续时间和频率。高分贝噪声容易分辨，人们通常会刻意规避，但低分辨噪声通常会被忽视或者"忍耐"。长时间暴露于较低分贝级别的噪声环境不仅会影响到人的认知能力，比如注意力、记忆力和大脑处理信息的速度，还会损伤听力，这是很多老师说话嗓门越来越大的重要原因。有意识地降低环境噪声，或者在必要时使用耳塞、耳罩能够隔离部分噪声，定期的听力检查是必要的。

环境中的空气质量也对嗓音健康有影响，空气中的有害气体（二氧化硫、二氧化氮、一氧化碳、甲醛等）、烟尘、油烟、污染物微粒等会刺激呼吸道，让人嗓子疼、咳嗽、打喷嚏、有痰、鼻子干。直径在0.1微米以下的超细颗粒物还会侵入人体肺泡和血液，引发各种慢性疾病，对呼吸系统更是造成不可逆的损伤。工业污染、厨房油烟以及春天的花粉、柳絮等都会对教师的发声构成威胁，在必要的时候可以使用空气净化器、口罩等做适当的保护。

空气中的二氧化碳浓度达到1000ppm（Parts Per Million，百万分之一）的时候，人会感到沉闷、注意力不集中；到达1500—2000ppm时达到

[①] 赵斌：《你为何说普通话，原来和气候有关》，北京科技报社，https://mp.weixin.qq.com/s?__biz=MzAxNjIyNzQ0Nw==&mid=206399736&idx=2&sn=f03ac7282650117654ca50daa1919e3b&chksm=1241c5e025364cf6f478a2c0eed5f7d53b82760075c90e64fa604563ac91b209fb06474c4acc&scene=27.

轻度空气污染，人会感到气喘、头痛、眩晕；如果达到3000—4000ppm时，会出现头疼、耳鸣、血压增加等症状；当浓度高达8000ppm以上时就会出现死亡现象。教室中学生密集，在北方冬天室内的暖气房内，为了保暖，很多人会选择不开窗户，导致二氧化碳浓度超标；夏天的空调房中也存在同样的问题，缺乏清洗维护的空调还会造成空气的二次污染。身体健康是声音健康的基础，人感到不舒服时，声音也很难持续健康工作。

另外，空气干燥可能对嗓子造成不适。在干燥的环境中，嗓子容易变得干燥和刺痛，甚至可能引发喉咙痛或声音嘶哑。喉部科学的调查数据显示，干燥对声带运动有不良影响，因为声带的生物力学特性会直接受到其水化水平（Hydration Level）的影响，含水量降低的声带在同样大小气流的支配下振幅明显减小，说明干燥让发声的能耗增加。喉咙中仅仅是吸入干燥的空气（非人工脱水或间接的体内脱水）就会影响声带的生理学特性，进而影响发声的清晰度。哪怕是短暂暴露于干燥环境也会对音高的精确度和振幅变化产生负面影响。干燥对喉部的影响还体现在长期效应上，据说，喉痛的原因中有30%是低湿度环境造成的，肌紧张性发声障碍（MTD，muscle tension dysphonia）、喉部疾病还会因为干燥而加重，对音位和语气都会产生显著的负面影响。

海拔对人的声音也有影响。Caleb Everett发现，包含爆破辅音的语言大多分布在海拔较高的地区，因为爆破辅音的发音特征是产生空气爆破音，在气压较低的条件下，人更容易发出爆破音，而在气压相对较高的低海拔地区，发出爆破音就要费力一些。这种学说为研究语音的变化提供了一种思路。对于发声来说更加关键的是，海拔越高，空气的含氧量越低，并且海拔越高，空气密度越低，声音在空气中传播的速度会下降；再者，海拔越高，气温越低，越不利于人体各项机能的运转，比如，体温每下降1℃，人体内酶的活力会降低50%，人会更容易疲劳，同时，白细胞的免疫力会减少37%，基础代谢率下降12%。相应地，人体的消化能力、免疫能力、活力都会下降，并且还更容易发胖。高海拔地区的缺氧环境更是会导致多种嗓音问题，比如应对缺氧时的声带挤压导致声音疲劳加剧，声音质量下降、抖动。

二、生活因素

声音不仅是每个人独有的标识,也时刻反映着我们的身体状态,比如声音闷塞、黏腻可能预示着感冒;嘶哑可能意味着熬夜、吃太辣;喉咙痛多发于熬夜、受寒后抵抗力降低;音色异常有可能是声带小结或喉返神经损伤;突然口齿不清,想说说不出来,可能提示脑梗;说话声音低微、有气无力,可能是脾胃虚弱,伴随消化不良、食欲减退等症状;而长期声音下行、长吁短叹,则有可能肝气郁结,甚至有抑郁等精神方面的疾病……因此,提升身体素质是从根本上提高发声能力,生活习惯和嗓音健康有着密切的联系,不良生活习惯,比如习惯扯着嗓门说话、过度用嗓唱歌、抽烟、喝酒、熬夜等不良生活习惯,均可能导致嗓子干燥、声音嘶哑、音高变化,甚至失声。盲目减肥、营养不良和剧烈的冷热刺激、辛辣刺激也会导致声音问题。还有更多的老师因为工作繁忙,以零食、快餐代替正餐,引发消化道疾病,尤其是胃食管反流,是引发酸性喉炎的重要原因。

三、心理因素

紧张、恐惧、焦虑是职场人常常会面临的情绪,随着现代社会和教学理念的发展,教师面临的职业挑战正在加剧。教学要求和标准的更迭、学生行为的管理、家长的诉求和期待、工作与家庭的平衡、职业发展的压力和长期的大量工作负荷都会增加教师的心理压力。当人处于压力情绪中时,喉咙和声带肌肉可能紧张,直接导致声音颤抖、嘶哑。长期的压力还会导致一系列的健康问题和情感表达,进一步损害声音表现。

对于声音不合理期待也会导致错误的发声习惯,比如一些老师为了让声音听起来更加友善、可爱而使用"夹子音",而这种声音高而细软的声音必然导致捏挤喉部;还有部分老师经常用大音强(突然大声吼)来震慑学生、维持课堂秩序,导致声带常在毫无准备的情况下经受大力冲击。

四、病理性因素

病理性因素常常直接导致发声器官出现器质性的改变：

（一）溃疡

声带表面破裂或损伤，通常与声音过度使用、嗓子清嗓子、吸烟、胃酸倒流、进食质地太硬的食物等因素有关。声带溃疡可能引起声音嘶哑、喉咙疼痛、嗓子干燥、灼热。

（二）炎症

细菌、病毒、真菌、自身免疫疾病或是物理、化学因素的感染或刺激都可能导致炎症，发声器官的炎症类疾病包括咽炎、喉炎、肺炎等，患处会出现红肿、热感、疼痛和功能障碍，患者会表现出声音嘶哑、呼吸困难、呼吸急促等症状，病情发展严重后会出现失声、呼吸困难的情况。

（三）囊肿

声带囊肿是声带上出现的异常结构，通常是黏液囊肿，通常出现在声带的前部或者后部。上呼吸道感染、粉尘或有害气体的吸入都会导致声带囊肿，声带囊肿通常和声带组织的慢性创伤或慢性炎症有关。声带囊肿分为浅表囊肿和深部囊肿，浅表

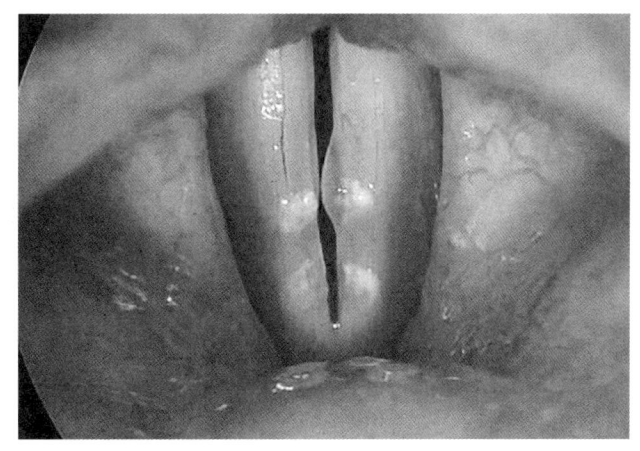

图 4-1 声带单侧浅表性囊肿[①]

囊肿通常不会对声音造成太大影响，而深部囊肿可能较大，有时会压迫声带组织造成单侧或双侧声带不完全或完全麻痹。

---

① Zhukhovitskaya A, Battaglia D, Khosla S M, et al., "Gender and age in benign vocal fold lesions". The Laryngoscope, 2015, 125（1）: 191—196.

（四）息肉

声带息肉发生在声带浅层的良性增生，病因常常是长期持续高声讲话或演唱，尤其是在有呼吸道炎症的基础上过度用声。声带息肉多见于更年期的人和暴躁易怒的人，可能和激素水平有关；某些导致喉部瘀血的全身性疾病，如肾病、糖尿病、风湿病等也可继发声带息肉。突然剧烈使用喉部后会突发血管瘤性息肉，声带游离边缘可出现紫红色肿块或血凝块。

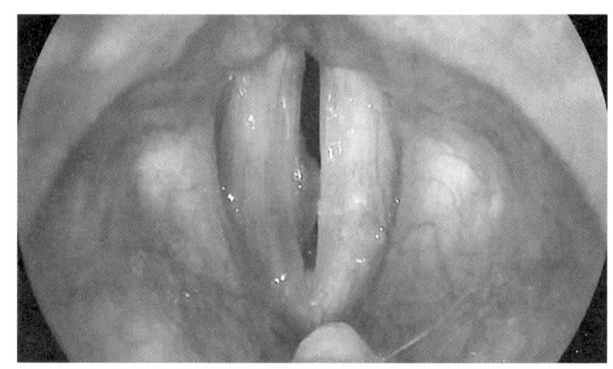

图 4-2 声带息肉[1]

（五）肉芽肿

声带肉芽肿分为接触性肉芽肿和插管性肉芽肿。接触性肉芽肿是因为使用过低的音调过度用嗓或慢性咳嗽、习惯性清嗓、咽喉逆流等引起的。主要发生在男性中的主要症状是嗓音嘶哑，咽喉部的疼痛、异物感等。插管性肉芽肿是喉部手术或支气管镜检查、支气管插管术后发生。主要发生在女性的是杓状软骨的声带突出部位出现黏膜损伤并形成肉芽肿。这种肉芽肿初期阶段会慢慢变大，一段时间后会自然退化。嗓音

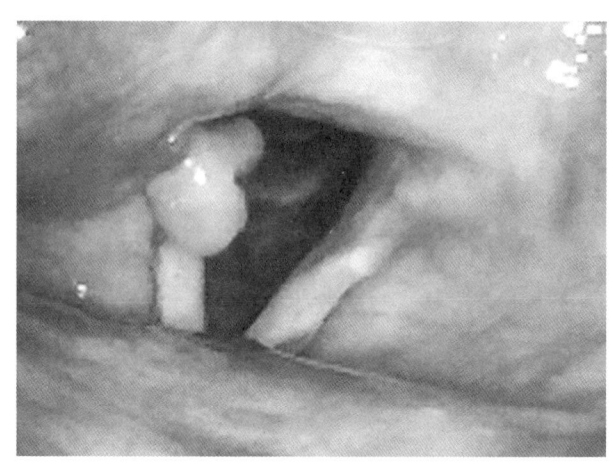

图 4-3 声带肉芽肿[2]

---

[1] Zhukhovitskaya, Alisa, et al. "Gender and age in benign vocal fold lesions." The Laryngoscope 125.1（2015）：191—196.

[2] 声带肉芽肿. [2024-05-29]. https://cn.yesonvc.com/page/2_2_5.php.

嘶哑不会太严重，但会出现咽喉部疼痛或异物感。

（六）结节

结节是一种声带某个点的坚硬化病变，最常由声音误用或滥用引起。通常与镜面畸形或对面褶皱上的凹陷（"杯碟"畸形）有关。结节有时需要手术治疗，但临床实践证明大多数人对言语治疗有积极的反应。

（七）结构异常

先天性异常：声带先天发育异常或者发育不良，声带麻痹和喉软化是最常见的。拉尼戈软化症是喉部结构软骨的软化，导致结构塌陷并造成声音和气道问题，可能出现声音嘶哑、出现复音或双音。

角化过度：由厚硬细胞组织分层堆积引起的声带角质过度生长，目前原因尚不完全清楚，可能和吸入刺激性物质有关，会导致喉咙不适、异物感、声带闭合不全和角化病引起的声音嘶哑，甚至可能癌变。

声带增厚：可能由于炎症引起的声带单侧或者双侧充血或者水肿，以及慢性增生。声带增大、增厚导致振动困难，出现持续性的声音嘶哑。可能与吸烟或饮酒有关。

声带沟：沿着声带膜中表面延伸的脊或沟，声带闭合不佳，常见的症状是声音嘶哑、饮水呛咳等。声带沟会导致声带闭合不佳，常见的症状是声音嘶哑、饮水呛咳等，影响声音的质量。

（八）肌肉紧张

多种因素可以诱发发声时喉部及周围肌肉过度紧张而导致发声障碍，精神、神经性病变可导致原发性肌紧张性发声障碍；声带麻痹、声带息肉等器质性病变也可能出现代偿性喉肌紧张，导致继发性肌紧张性发声障碍；过度用声、喉部长期处于高位发声的姿势也会导致舌骨肌肉组织的痉挛和僵硬。症状包括嗓子疼痛、发声费力、声嘶，还可能伴随颈部疼痛、颈部肿块感、颈部僵硬或酸痛。

（九）神经系统疾病

因为人体声音的产生和控制涉及多处神经和肌肉系统，所以多种神经性疾病都可能导致发声障碍。在教师群体，最常见的是痉挛性发声障碍。脑神经学认为，痉挛性发声障碍是脑基底的喉头感觉神经反射中枢神经核部位的抑制性神经异常，引起后神经调节和协调或喉肌非正常痉挛，从而使说话时细微调节声带肌的机能丧失后，诱发过度的声带肌紧张，导致说话时嗓音中断、吃力、有嗓音颤动。

另外还有多种类型的神经类疾病会影响到嗓音，如帕金森病，通常导致肌肉僵硬、颤抖和运动协调障碍，可能影响声音控制，导致声音低沉、模糊、不稳定；脑卒中可以损害与声音产生和控制相关的脑区域，导致声音颤抖、吞咽困难；免疫性神经系统疾病导致的多发性硬化也可能会导致神经传导问题，也包括声音控制的神经传导；运动神经元疾病，如肌肉萎缩、重症肌无力，也会影响到声带运动；神经瘤如果长在声音控制的相关神经或结构上，也会导致声音问题。

（十）癌症

发声器官，也就是口鼻、咽喉部、肺部的恶性肿瘤，如病毒引起的疣样病变，与基因、生活习惯、饮食、情绪、激素水平等因素有关。直接影响发声的典型癌症是喉癌，症状主要为声嘶、呼吸困难、咳嗽、吞咽困难、失声，手术切除癌变部位后还有可能直接失去发声能力；肺癌患者可能会经历呼吸困难，而手术、放射治疗也会影响制声相关结构，还会因为呼吸支持不足导致声带闭合不完全，从而致使声音不纯净，产生两种声音，也就是双音调发声；口腔癌虽然不影响发声，但是直接阻碍语音形成，干扰发声目标；鼻癌可能改变鼻腔形态而影响鼻腔共鸣，进而影响总体音色。

五、年龄因素

一般来说，儿童和青少年的声音相比成年人更高亢、清亮，随着年龄的增长，声音可能会变得较低，音色也会发生变化。这种变化不仅来自阅历对认知和语气的改变，也来源于发声器官的老化。最典型的变化就是喉头会在地心引力的作用下与身体的其他部分一样下垂，这会让声音的音调降低。随着年龄的增长，声带肌肉也会逐渐退化，导致声音的稳定性和强度降低，严重者甚至出现老年性声带闭合不全，出现声音嘶哑甚至失声。呼吸能力的下降也会让声音强度下降，动力不足更是让声音的表现力下降。口腔肌肉的退化会降低口腔控制力，导致语音清晰度下降……

当然，年龄对于嗓音的影响也不全然是负面的，对于发声位置原本很高的人来说，年龄增长带来的喉头的下降反而能缓解其喉部肌肉紧张，也让音色听起来更舒服。阅历增加带来的平静与宽容也会减少焦躁的情绪，平衡激素水平，减少嗓音滥用。年龄对声音的影响因个体差异、声音使用习惯和保养方式不同而有较大差异，但无论影响程度如何，声音都可以通过训练来改进。

第二节 教师嗓音保护的原则

嗓音保护的原则是指导教师所有训练和保护发声器官决策和行动的方向与核心理念，避免了用嗓和护嗓过程中的盲从和随意，增加科学用嗓的可靠性与一致性，解决过程中的困惑和争议。综合考虑所有策略和方法，让科学用声更加有效，延长教师职业寿命。教师嗓音保护要遵循以下六项原则。

一、避免过度使用

日发千言，不劳自伤。嗓音疾病之所以成为教师行业的职业病，嗓子的过度使用是首要原因。声带和相关的发声器官都由肌肉组成，就像其他部分的肌肉一样，都需要休息和恢复来保持健康。为了健康和职业的长期发展，教师要有意识地避免过度用声。

建立有效的课堂管理措施，减少不必要的噪声；使用声音放大设备减轻用声负担；调整讲课位置或学生座位排列方式增加声音的覆盖率；合理安排教学计划，让发声器官有时间休息和恢复；练习正确的发声习惯……避免声音的滥用是一种理念和态度，让教师在繁重的教学任务中平衡工作与健康的关系。

二、以用为养，"防"大于"治"

对于保护嗓音，最有效的方法是防患于未然。树立正确的用声意识和习惯能够在很大程度上规避嗓音疾病，但因为学科发展的滞后，嗓音问题在刚入职1—2年的教师中大量涌现。很多人在走上讲台之前并未系统了解过嗓音保护和训练的相关知识，等到问题已然出现才开始关注，并且关注点通常是诉诸药物。药物一般可以解决一时的咽喉疼痛、干痒等症状，但治标不治本，因为嗓音问题的诱因没有得到解决。

发声器官的使用需要循序渐进、以用为养，不可"突击式使用"。平时不训练，遇到集中授课时一连讲几个小时，喉咙容易出现不适。保养性的练声就像日常健身一样，需要日常进行，保持发声器官的弹性和韧性，这不仅有利于我们讲课更加从容，也能够让我们平时说话就保持好状态。声音的训练讲究是长期积累和保持，绝非一日之功。好的声音如果长期不练习也会衰退，也会像健身教练停止锻炼一样逐渐失去健硕的身形。日常练声的意义不仅在于提高用声能力，也在于预防嗓音问题。

有的老师一讲课就觉得嗓子疲惫，甚至是疼痛，就选择噤声（不说话，或只用气声说话），这样的做法是有问题的。噤声固然能够让声带休养，但更应该区分为什么会嗓子疲惫或者疼痛，更有针对性地去治疗或者训练。如果常常出现一讲课嗓子就不舒服，应该及时就医，诊断病因，及早治疗。盲目用药和"休息一下就好了"的想法往往使喉部炎症反复发作，导致更加严重的嗓音问题。如果检查后确定并没有发炎或者器质性的病变，讲课嗓子不舒服就很有可能是因为发声习惯不正确所致，积极的声音训练就要提上日程。

三、尊重性别差异

女性比男性更容易出现嗓音问题，原因是多方面的。首先，女性的声带通常较薄和短，相较于男性声带更加单薄的形态就决定了女性声带更加脆弱。然而，女性的声音音高通常较男性更高，女性声带每秒振动150至240

次，男性声带每秒振动110至120次①。这就意味着，同样的说话时间和音量下，女性的声带工作强度约为男性的两倍。其次，女性的荷尔蒙会经历周期性变化，如月经和妊娠，月经期间声带容易水肿，高强度用声更容易导致嗓音问题，并且荷尔蒙的变化也会导致女性的情绪波动，导致嗓音滥用。再次，女性在生活中常常吸入烹饪产生的油烟和二手烟，损害发声器官。

医学领域的实证研究也证明了嗓音问题的性别差异。例如，Zhukhovitskaya等人发现，假性囊肿和双侧中褶病变主要发生在18—39岁的女性中，声带水肿多见于39岁以上的女性，息肉、白斑和声带沟主要见于男性②，尤其是中老年男性。

声带白斑与吸烟、酗酒、慢性喉炎等因素有关；声带沟的形成原因还不明确，可能与慢性喉炎导致的声带萎缩以及先天发育异常有关。

从全球来看，女性在教师队伍中的比例越来越高。2017年，经合组织成员国的教师队伍中（从学前教育到高等教育），女性占三分之二以上；在俄罗斯联邦，五分之四的教师是女性，女性在高等教育学校中也占多数；欧盟近600万教师中有72%是女性。③2021年，美国的教师中有74.34%为女性④；在我国，2020年，小学、初中、高中专任教师中，男教师占比分别为28.83%、41.19%、44.37%，相较于2015年分别下降了7.44个、5.3个、4.29个百分点。⑤

---

① Hands, Brian W. "Finding Your Voice: A Voice Doctor's Holistic Guide for Voice Users, Teachers, and Therapists". BPS Books, 2009, p45.

② Zhukhovitskaya, Alisa, et al., "Gender and age in benign vocal fold lesions". *The Laryngoscope* 125.1 (2015): 191—196.

③ Ivana Katsarova, Graphics: Samy Chahri, "TEACHING: A WOMAN'S WORLD", European Parliamentary Research Service, March 2020, https://www.europarl.europa.eu/RegData/etudes/ATAG/2020/646191/EPRS_ATA（2020）646191_EN.pdf）; 2021.

④ "TEACHER DEMOGRAPHICS AND STATISTICS IN THE US", ZIPPIA, 2022, https://www.zippia.com/teacher-jobs/demographics/.

⑤ 《不应忽视男性教师比例逐年下降问题》，中国青年网，https://baijiahao.baidu.com/s?id=1711736331838690334&wfr=spider&for=pc.

四、尊重自身特点

每个人的声音都是独一无二的，这种独特性的基础是每个人发声器官在形态、大小、比例和质地方面的个性，或许教师们都有自己欣赏的声音典范，但模仿他人的某种音色不仅不科学，而且没必要。科学练声法完全可以在各自声音原本的基础上优化音色，并且在实际交流场景中，感受力和声音的表现力对于实际沟通效果更加关键。长时间模仿他人音色带来的发声器官压迫、形变是各种嗓音问题的重要诱因，得不偿失。

还有一些人的自然音色与主流声音审美不太一致，如天生鼻音比较重或声音比较低沉，或是某些男性声音偏女性化，或者女性声音偏男性化，被人诟病；还有有人天生自然音域很高，成为教师后被认为不够成熟稳重……这些声音特点只要不是病态或错误发声习惯造成的，不太影响交流就不需要刻意干涉。只要专业能力强，真诚对待工作和学生，总能得到社会的接纳与认可。

五、正视嗓音疾病

人的声音可以反映健康状况，如果突然出现了鼻音加重、摩擦声变大、声嘶、沙哑、说话使不上劲儿、音调奇怪、声音不稳、气声太重等问题，那可能提示发声器官出现了异样。嗓音问题也通常伴随着某种不舒适的感受，比如喉咙干、痒、灼热、疼痛、呼吸不畅、声音嘶哑、声音抖动、音调奇怪、漏气、喉部异物感、吞咽痛、咳嗽、发声困难、失声等，不要忽视这些外部表征，尤其是当不适的感受反复出现。因为嗓音问题的起始常常由慢性创伤和慢性炎症导致，而无论是慢性创伤还是慢性炎症都难以自行消除，只要刺激性因素还在，慢性创伤的部位就会反复受损，出现疼痛、肿胀、活动受限等不适症状，甚至程度加深。慢性炎症通常也不能自愈，致炎因子很难自然消除，自身免疫性疾病引起的炎症则更难康复。因此，不要试图通过拖延或单纯多喝热水来期待嗓音问题慢慢消解，更可能发生的情况是患者慢慢适应了这种低度不适感的存在，导致病情迁延，甚至加重，发展为息肉、小结、囊肿等病变。出现这些情况时，请及时咨询医生，综合治疗。

六、重视身体素质基础

良好的身体素质是嗓音健康、持久的基础，讲课属于中等强度体力工作，没有强大体能和心肺功能支撑就无法持续调动呼吸肌群，气息是声音的动力，动力不足导致喉部承受额外的压力，也让音色听起来紧张刺耳，非常容易造成声音疲劳。长期在这种虚弱的状态下讲课，很可能导致更加严重的嗓音疾病。

良好的身体素质有助于肌肉协调。声音的产生和协调同时涉及面部、喉部、腹部肌肉群，膈肌和肋间肌虽然不能直接控制，却也通过腹部肌肉的调控间接参与到发声过程中。强健的肌肉更容易实现精确的运动和协调，也才能够支撑讲课期间长时间的正确发声体态。灵活性也是肌肉协调的题中之义，伸展性和移动性更强的肌肉才能支持声音的灵活变化。

良好的身体素质还包括合理的体重。肥胖会增加气管压力，脂肪还会压缩共鸣空间的大小；同时，增厚的共鸣腔壁会增加声音沉闷浑浊之感。

良好的身体素质才能有良好的免疫力。空气中的刺激物、细菌、病毒等致病因素难以根除，人在健康状况良好的时候不容易产生自身免疫力疾病，也可以抵御病原体的侵袭。但焦虑、睡眠不足、缺氧、营养不良或水分不足等因素可能导致免疫功能减弱。

第三节　嗓音保护的方法

声带是我们身体的一部分，所以身体综合状态的好坏也会影响到声带的状态和发声效果。我们在用声时，也应该结合自己的身体状态综合考虑。比如，感冒时极易引发整个上呼吸道的感染，这时不宜过度用声，不可避免地要讲课，也应该控制音量，多喝水，注意教室的通风。头天晚上没有休息好，第二天觉得整个人都很累，嗓子同样也是疲惫的，这时也不宜过度用声。女生在生理期期间，声带容易出现水肿，音色也会受到影响，声音容易抖、卡，这时就不应过度追求声音的完美，也不宜过度使用声带。如果声带已经发炎了，或是已经出现其他问题了，就要以治疗和休养为主，不要因为过度用声而造成二次伤害，应该等到疾病康复以后再循序渐进地练习。

一、科学用声

在嗓音障碍指数（VHI）的报告中，身体因素对教师的社会心理功能影响最大，而在身体因素中，喉部肌肉的张力与VHI高分之间存在着显著关系[1]。科学用声并不是一个口号，需要正确认知和方法的支撑才能贯彻。对于教师，以及预备成为教师的人来说，系统学习人体发声原理、树立正确的用声意识和用声习惯应该成为一项必修课。练声的方法并不需要很多，掌握并反复练习第三章的内容，同时贯彻本章所述的嗓音保护理念，对整个教师生涯和生活质量都会有所裨益。

二、减少环境刺激

尽量减少环境中的刺激因素，选择相对安静的地方工作和休息，窗帘、隔音材料、白噪音器的使用可以有效减少噪声；在高污染天气出现时，尽量减少户外活动，出门时也可以选择佩戴口罩（标有防护$PM_{2.5}$或N95的口罩）来减少吸入颗粒物的风险；选择大功率的油烟机以减少烹饪时的油烟吸入，同时也要尽量避免吸烟或吸入二手烟；寒冷的天气中要注意保暖，减少冷空气对呼吸系统的刺激。

三、管理生活习惯

睡眠与人的发声能力关系密切。睡觉时，发声器官完全放松，气息对声带的摩擦也降到最低；并且，人体处于休眠状态时细胞分裂和修复加速进行，更有利于疲劳声带的恢复。睡眠不足导致血液中的乳酸含量增多，除了

---

[1] Kooijman, P. G. C., et al. "Muscular tension and body posture in relation to voice handicap and voice quality in teachers with persistent voice complaints." Folia phoniatrica et logopaedica 57.3 (2005): 134—147.

使免疫力、体力下降，也会削弱声带张力。另外，我们的听觉器官中包含20000个毛细胞，用来侦测声波，正常的血液流动和营养供给才能保证耳部功能正常。如果缺乏睡眠，血流减缓，耳部功能也会受到抑制而导致听觉敏感度降低。睡眠对声音的恢复作用是无可替代的。睡眠不足会让声音沙哑、虚弱。如果有睡眠呼吸暂停或大声打鼾的问题，请尽快就医，这两种情况都会给发声器带来难以置信的压力。

每天至少睡七个小时，并且尽量保证睡眠时间规律，不断改变作息时间或熬夜会导致睡眠质量降低，不利于发声器官和听力的恢复。

教师在生活中也要注意声音的保养，尤其是参加聚会和教育孩子时。当人们在聚会上说话时，由于气氛热烈、心情放松，大家相谈甚欢，不时大喊大叫，甚至玩乐到深夜。明明放松了一晚上，第二天却觉得更累了，甚至嗓子更哑了。如果第二天还有教学工作，就会觉得力不从心。老师们往往把耐心都献给了学生，在家教育自己的孩子时更容易焦躁，有时忍不住吼叫。

频繁清嗓子，或者清嗓子的力度太强也会给喉部带来很多不利影响，包括喉咙黏膜受刺激而引起喉咙痛、干燥和炎症，还可能导致声带损伤。清嗓子的是由多种因素引起的，紧张情绪、咽喉感染、过敏、饮食刺激、空气中的烟雾刺激等都是诱因，还有的老师会习惯性地使用清嗓子的声音来引起学生的注意，维持秩序。应尽量减少刺激因素，改变不良习惯。

四、注意饮食

饮食对嗓音健康和声音表现有着显著的影响。适量的维生素和矿物质，特别是维生素A、C和E，以及钙、锌、镁、铁、硒、钾等，有助于维持声带的健康，维生素C和E有助于保护声带和喉部组织免受氧化应激的损害。比如胡萝卜和南瓜富含维生素A，有助于维持黏膜的湿润和免疫系统的正常功能；番茄、芹菜、甘蓝富含维生素C和抗氧化物质（如β-胡萝卜素），有助于抵抗喉部感染；洋葱和大蒜具有抗炎和抗菌的性质，有助于减轻炎症。水果中也富含维生素和矿物质，如柠檬、橙子、葡萄柚、草莓、樱桃、荔枝、蓝莓、石榴等富含维生素C、维生素A和抗氧化剂，木瓜和杏子是维生素A的良好来源，水果还含有大量的水分，让发声器官维持湿润，但水果含有较高的糖分，尤其是为了迎合人对糖分的偏好而改良出来的水果品种，打破了野生水果的甜酸比，过分摄入容易导致脂肪肝、糖尿病、肥胖等问题。高糖饮食还容易引发慢性炎症，因此水果摄入适量即可。银耳、川贝、杏仁、蜂蜜、薏米、粳米、莲子、百合、绿豆、梨等食物因为在中医中被认为具有滋阴润燥的作用，实践证明有利于缓解喉咙干燥、肿痛的症状。

水不是营养成分，但却是生命中最基本、最重要的物质之一，对于维持细胞结构和功能、调节体温、消化排泄、关节润滑等都起到至关重要的作用。对于嗓音保健来说，喉室中的声带需要保持湿润，振动时才能更加顺畅，减少摩擦，减少刺激和不适感，也有助于产生更好的声音。喝水还有助于清洗咽喉中的刺激物和污垢，减少感染的风险。水分摄入不足会导致声带干燥和脆弱，增加声带受损的风险。正常成年人每天需要的水量约为1500—2000毫升，这些水量不仅包括饮用水，也包括自身代谢产生的水、食物中包含的水。饮水量还和天气、空气湿度、运动量、生活方式、身体状况等内外部因素有关。教师在讲课时会加速流失水分，可以在工作过程中随时补充水分，而不是等到口渴了才喝。

除了多摄取饮食中的有益物质，还需要注意饮食中的不良影响。从生理结构上看，食道起始于第六颈椎体的下缘，食道和气管相邻，并且共用喉咙，人所吃的食物会直接刺激到咽喉，有时候会厌软骨关闭不及时，还会导致食物直接呛入气管。当我们食用辣椒、芥末、生姜、生蒜、生葱等刺激性食物时，出于机体的自我保护原因，咽喉部分泌的黏液会增加，甚至直接诱发咽喉炎，导致咽喉部的异物感。肥肉、花生、葵花籽、豆类等富含油脂，热量高，过多食用易上火，引发喉咙肿痛；油炸、烘焙、烧烤的食物容易导致上火，引起嗓子干痛、刺痒。口味重的人喜欢吃腌菜、咸鱼等含盐量高的腌制品，长期食用盐过量，除引发心脑血管疾病外，还会抑制呼吸道细胞的活性，减少口腔唾液及溶菌酶分泌，使人口干舌燥、咽喉肿痛，口腔及呼吸道的免疫力下降，增大咽喉感染、发病的概率。

饮食的冷热也需要注意，有的人喜欢喝热茶、热咖啡，吃火锅、麻辣烫等温度太高的饮食，人的食道黏膜最高能承受五十多度的食物，太烫的饮食会对口腔、咽腔等器官内的黏膜造成不同程度的烫伤，引发炎症、溃烂等。

过凉的饮品，生的、冷的食物使声带、呼吸道及胃骤然降温，使血管收缩，血流减少，引发消化动力不足，也会刺激喉部收缩，长期吃冷食还可能导致消化功能下降，不利于健康。对于常用的饮品来说，咖啡中含有咖啡因，并且咖啡豆一般需要烘焙，过量饮用咖啡可能会导致喉部干燥和紧张，还可能会刺激胃肠道反酸，灼伤声带。另外，咖啡因还是一种利尿剂，在上课前或上课期间喝咖啡容易造成身体水分的大量流失，导致声带脱水；碳酸饮料会对嗓子产生负面影响，其中的碳酸、磷酸、柠檬酸等酸性物质会对发声器官造成一定刺激，咖啡因和糖分含量太高的还会导致脱水，让喉咙变得干燥。喝酒导致的问题是多方面的，喝酒会对咽喉部的黏膜造成直接损伤，醉酒后较容易导致扁桃体出现急性炎症，出现声音嘶哑的情况。

五、调节情绪

情绪对于声音的影响更是直接，或者说，声音是情绪的外部表现形式之一，"凡音之起，由人心生也"。（《礼记·乐记》第十九）一般情况下，情绪会直接体现在声音之中，尤其是面对面交流时，发声者的情绪会在表情的帮助下被听众更准确和快速地接收到。管理好情绪是提供良好声音表达的必要条件，因为带有消极情绪的声音容易引起听众同样消极的情绪，不利于教学和沟通。另外，情绪还影响到人对声音的理解，心情好的时候人比较容易对外部的声音做出积极的理解；而心情不好的时候，对不良声音和话语的容忍度大幅下降，说话者的表达能力也会变差，因为负面情绪会直接影响到思考能力。长期情绪低落、悲观的人，对周围的很多事物都感到烦躁，更愿意找一个安静的地方待着，觉得任何声音都会给自己增加烦恼。长时间情绪不稳定还会导致大声说话，损伤声带；长时间生气还会导致上火，引起口舌生疮、咽喉肿痛。所以对于教师来说，保持良好的心态、保持情绪积极平稳是长期健康从教的重要基础。

调节情绪是一种高级能力。一般认为，积极情绪会激发人的动力和创造力，而消极情绪会影响人的健康和社会关系，但调节情绪并不是指人不能有负面情绪。情绪反映着个体对外界事物的态度和评价，现实生活中难免遇到不顺心的人和事，如何认识负面情绪是处理负面情绪的第一步。首先应该认识到每种情绪都是有价值的，不要忽略或抵触自己的消极情绪，而要认真反观每种情绪背后内心的声音。比如，焦虑反映着重要目标下解决问题方法和行动力的匮乏，它催促人细化目标、积极行动；生气反映着认知的偏执和处理关系能力的不足，它指导着人们去理解周围的人和事，并优化和周围的关系；恐惧反映着某方面的匮乏与软弱，让人提高警觉，认真准备，弥补不足；妒忌反映着内心的渴望，让人看清自己究竟要什么；郁闷可能反映着压力过大而能力不足，提示人去优化工作、有针对性地提升能力……尝试直面消极情绪，为每一种消极情绪构建意义，解决引起消极情绪的现实问题或认知偏差而不是企图忘记它们，消极情绪才能真正得到缓解。

学习表达情绪也是职业教师的必修课。长时间的负面情绪会影响健康，还容易把不良情绪带到工作中，影响教学，也会影响教师的职业发展。教师工作繁重，在"为人师表"和"身先垂范"的社会要求中常常找不到情绪的出口，表达情绪不等于发泄情绪，表达情绪的目的在于沟通，合理表达自身诉求。表达情绪需要一定的技巧，可以在适当的时间和场合向引起负面情绪的人陈述自己的想法和感受，避免语言中夹带攻击，以解决问题为导向，明确自己的底线和需求，以尊重、协商的语气与对方真诚交流，很多误会和矛盾都可以迎刃而解。压抑自己的情绪往往是进一步深化矛盾的心理基础，不良情绪需要疏导而不是堵塞。

一个人越能够自我悦纳，就越可能以健康的方式表达和处理情绪。不能够接受自己导致诸多情绪困扰，随时可能自我否定、自尊水平下降，引发焦虑、抑郁等情绪问题。能够接受自己的人也更可能建立积极的人际关系，因为他们不太会把自己的不安投射到他人身上，也更容易接受差异。教师总是把爱和耐心都给了学生，化小爱为大爱会带来道德高感提升，有利于产生积极情绪，但这个过程中别忘了给自己更多的尊重、理解和照顾。长期稳固的自信需要自我成长的支持，给自己设定具体、可实现的目标，不断追求自我成长能够增加自信和成就感，形成持久的积极情绪。

通过运动来放松心情也是不错的选择。运动可以促使大脑释放多巴胺、内啡肽和血清素等神经递质，这些物质有助于提升心情、减轻焦虑和改善情感状态。运动还有助于降低皮质醇水平，减轻压力感。同时，让注意力集中在活动本身可以分散注意力，暂时摆脱令人困扰的思绪。团队体育活动还可以增加社交互动的机会，对于开放心态有积极影响。运动还能提高能量水平、促进睡眠，快速缓解负面情绪。

食物与情绪也存在着密切的联系。令人愉悦的食物会带来情感安慰和满足感，某些食物中的氨基酸还是神经递质合成的前体物质，鱼类、亚麻籽、核桃等富含Omega-3脂肪酸的食物对情绪和认知功能有益，肠道中的有益微生物也与改善情绪有关。但暴饮暴食和情绪性进食可能血糖水平剧烈波动、肥胖等其他方面的健康问题。适当用喜欢的食物满足自己，注意均衡饮食。

六、喉周按摩

喉周按摩可以帮助放松喉部及周围肌肉、缓解喉部不适的声音问题，特别对于不正确的姿势导致的喉肌肉组织痉挛和僵硬有较好的治疗效果。但喉部是一个敏感的区域，包含软骨、声带、气管、交感神经等重要生理结构，按摩需要很谨慎。按摩之前，双手应彻底清洗和消毒，防止感染；可以在喉周涂抹按摩精油或润滑剂，使按摩更加顺畅；手法要柔缓，逐渐加压；尤其注意保护喉结区域。喉周按摩的方法主要有以下几种。

（一）吞咽

吞咽是一个涉及喉头、声带、喉咙等多个喉部结构的协调动作，重复吞咽动作可以刺激喉部肌肉运动并提高喉部的血液流动。

（二）热敷

用热毛巾、热敷袋或热水袋轻敷在喉部，热敷的温度注意控制在38—45℃之间，可以促进血液循环、舒缓肌肉而不至于造成烫伤。热敷的时间为每次20—30分钟。

（三）喉部按摩

1. 推舌骨

推舌骨是喉部按摩的核心环节。舌骨在甲状软骨的上方，用拇指和食指轻捏住喉结两侧往上移动即可摸到甲状软骨和舌骨之间的空隙，吞咽口水时能明显感到舌骨上移。舌骨的下缝隙越窄，则说明说话压喉的情况越严重。推舌骨即是让两指合拢于甲状软骨与舌骨的空隙外，往内上方推动舌骨，同时舌头往外伸出，松手时舌头收回。舌体始终保持放松，判断舌头是否放松。反复进行此动作重新定位（降低）喉部被认为是减少肌源性紧张的最佳方法。每次按摩大约二十分钟，每周重复三次以上，建立肌肉记忆，帮助找到发声时正确的喉部位置。

2. 推揉咽喉

用手指自上而下按摩咽喉部的气管两侧，左右手交替进行至皮肤微微发热。

3. 揉按天突穴

天突穴位于颈前区，胸骨上窝中央，前正中线上。中医学认为，刺激天突穴具有宣通肺气、消炎止咳的作用。用指腹揉按天突穴对提振嗓音有益。

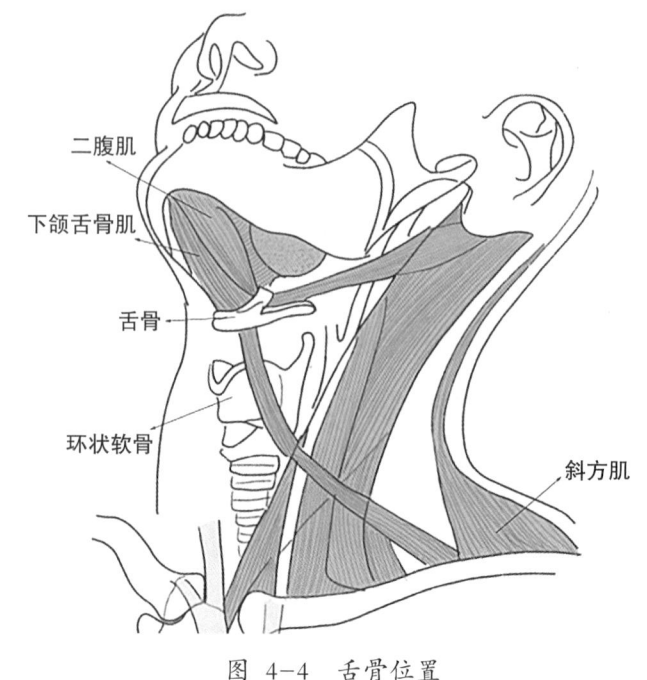

图 4-4 舌骨位置

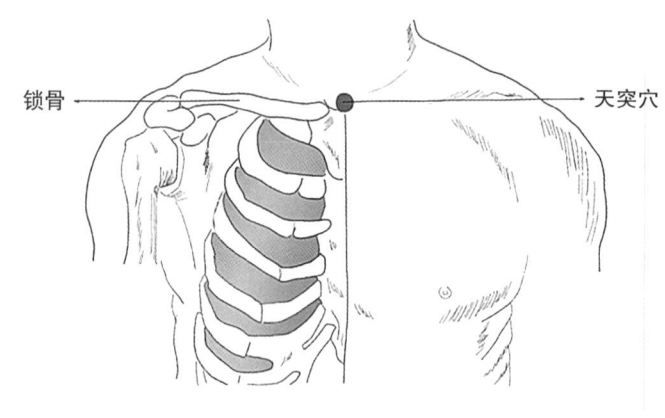

图 4-5 天突穴位置

4. 喉部拉伸

从后方、侧后方仰头，每个方向保持头部最大仰角20—30秒，这有助于拉伸喉部、面部、下巴肌肉。

（四）颈部按摩

用指尖点揉颈部的侧面和后面，遇到特别紧张或酸痛的部位可以增加揉按的时间，缓解颈部肌肉紧张和疼痛。

七、咽音练习

咽音练声法是古代意大利人为了训练歌唱强度、高度和持久度而创造出来的练声方法，在20世纪30年代传入我国，现在我国已经在声乐和嗓音康复领域得到应用。咽腔包括鼻咽腔、口咽腔、喉咽腔，分别对应高音共鸣、中音共鸣和低音共鸣。咽音的形成依靠会厌的收窄，强调会厌括约肌[①]的开放和收窄的分离控制。低音发虚、低音下不去时使用喉咽音，启动低音共鸣；音量小，声音没有穿透力时，使用口咽音，启动中音共鸣；高音上不去，高音太散，声音不集中时，使用鼻咽音，启动高音喇叭。咽音的基本练习方法如下。

（一）大开口吐舌

打哈欠是一种有困意时的生理现象，在没有困意时也可以刻意练习打哈欠的动作，在打哈欠动作的基础上，用力往外伸出舌头，放松下巴，注意检查保持喉部放松，没有下巴前突、喉部紧张僵硬的现象。这个动作可以缓解二腹肌、前腹肌、前腹和颏舌骨肌的紧张，张口吐舌的动作可以在自己的承受范围内循序渐进地练，每天坚持练习500次以上，3天左右可以完全放松下巴。

（二）张口甩下巴

张大口，抬高舌骨后部，尽量往外伸出舌头，以脖颈和脊柱为轴心，以下巴为前导，左右甩动，舌头也处于松弛状态，跟随下巴左右摇动。做一次张口练习，快速摇动三四次。注意，甩下巴的重心是下巴，而不是脑袋，注意掌握节奏，不要把自己甩得头昏脑涨。这个动作的主要功能是放松下巴、舌头和喉部肌肉，每天坚持练习100次。

---

① 会厌括约肌是一块位于喉部的小肌肉，在吞咽时会关闭气管以防止食物或液体进入肺部。它位于会厌软骨上方，由杓状软骨和会厌软骨组成。

（三）舌头成沟

把舌尖用力顶在下门齿的下面，舌尖折叠成一个横的小直沟。舌头的后三分之二处向后退，同时舌中间凹下，两侧窝起，舌头形成直沟。衡量这个动作正确与否的标准在于，舌头成直沟的时候，舌骨后面没有上下移动。这个动作较难，需要慢慢体会，练到至少十秒钟可以做十个回合才算熟练。舌头成沟的动作可以放大音量，也可以增强舌体的力量。

（四）"狗喘气"

"狗喘气"是利用腹式呼吸法训练，也就是用小腹核心肌肉的快速收紧和放松带动横膈膜迅速弹动，从而可以像跑累了的小狗一样快速呼吸。如果闭上嘴巴做"狗喘气"，用一条2厘米左右宽的纸条放在鼻孔下方1—2厘米处，会看到纸条快速上下抖动。这个动作主要用于锻炼呼吸肌力量，每组坚持30秒，坚持4—5组。

（五）低咽音练习

在以上无声练习的基础上就可以开始有声的咽音训练。先在大张口的基础上发出"哈、哈、哈"的"将军笑"，"将军笑"意思是笑声像一位得胜的将军一样自然、豪爽、响亮。如果有压喉的音色出现，可以稍微伸出舌头，配合腹式呼吸，让喉部完全放松。这样的将军笑虽然音色洪亮，但丝毫不会使喉部疲劳。低咽音练习可以拓宽低音音域，同时增强喉部肌肉控制力。

（六）中高咽音练习

保持肩背直立，舌头呈直沟状，张大口，在低音区、中音区、高音区分别发出"a——o——u"，全程保持咽壁挺立、下巴放松、气息充沛、声音洪亮，像是在喊10米外的人。注意在发"u"音时要依靠咽部去形成u的音色，嘴巴依然保持张大，声音要流畅通顺。中高咽音练习可以拓宽中高音域，让声音明亮、高亢，也是咽音练声法的核心步骤。

另外，一些情景性声音的模仿也可以练习不同声区的咽音。比如，用声音模仿一头生气的牛，闭上双唇，挺立咽壁，拓宽喉头，保持气息强大，声音厚重而洪亮，练习中低部咽音；又如，模仿一只委屈的猫咪的声音，依然是闭上双唇，挺立咽壁，拓宽喉头，保持气息充足而有变化，声音婉转而流畅，练习中高部咽音；再如，模仿阴险女巫的声音，保持微小的口腔开度，依然保持喉头宽度，气息上行，声音高亢而滑腻，在鼻腔共鸣的加持下练习高部咽音。

不同的职业对声音使用的目标不同，咽音练声法的运用也不同。教师用声并不追求歌唱家那样宽的音域，咽音练习的使用更多地强调强化喉部控制力、呼吸协调控制和放松下巴，每次练习10—15分钟即可，咽音也可以帮助教师大大增强用声的持久力。另外，咽音练习对于声带无力、喉部慢性炎症有一定的疗愈效果。但咽音练习有比较大的难度，最好在专业教师的指导下进行，如果练完出现嗓子疼等不良症状，那很有可能说明练习的方法有误，需要及时停止练习，寻求专业指导。

八、体态管理

教师的工作常常需要长时间站立或者静坐，良好的体态和姿势是科学用声的重要一环。圆肩驼背、前倾头都是长时间使用电脑、看书存在的不良姿势，弓腰驼背的站姿或坐姿通常还伴随着圆肚子，经常背单肩包、惯用手使用过度常导致两侧肌肉不均衡，造成斜肩……这些不良的体态和姿势会导致肺部容量受限或腹部控制受限，从而让呼吸控制和声音投射变得更加困难；肩颈肌肉不平衡还会直接增加喉部肌肉紧张，加速声音疲劳。

不良体态的改变需要改变意识，更需要强韧的肌肉支持。圆肩驼背通常和背部肌肉力量不足有关，背部的斜方肌支撑肩胛骨维持正常的位置，斜方肌无力或者不活跃，肩膀容易前倾。上斜方肌连接着肩颈，长时间的伏案工作常致使上斜方肌过度紧张，牵引肩膀升高。背阔肌是背部的大肌肉，背阔肌无力就无法支撑肩背挺直。颈部肌肉和脊柱伸展肌群也维持着人体上半身的形态挺立。改善不良体态需要肌肉平衡和姿势训练，强化肩背部肌肉群，修正体态习惯。改善圆肩驼背的练习很多，这里介绍几个在家就可以随时练习的动作：

（一）后支撑马步

找一面墙或者桌椅等稳固的支撑物，头部向上挺立，后背部向后夹紧，肩膀下垂贴实墙壁。双腿打开到与肩同宽，下蹲至大小腿呈90°夹角。双臂下沉，手掌贴墙面。配合胸腹联合式呼吸，保持20—30秒，每天重复3—4组。这个动作可以在舒展肩颈、强化背部肌肉的同时锻炼大腿肌肉，也有助于增强腹部核心力量。

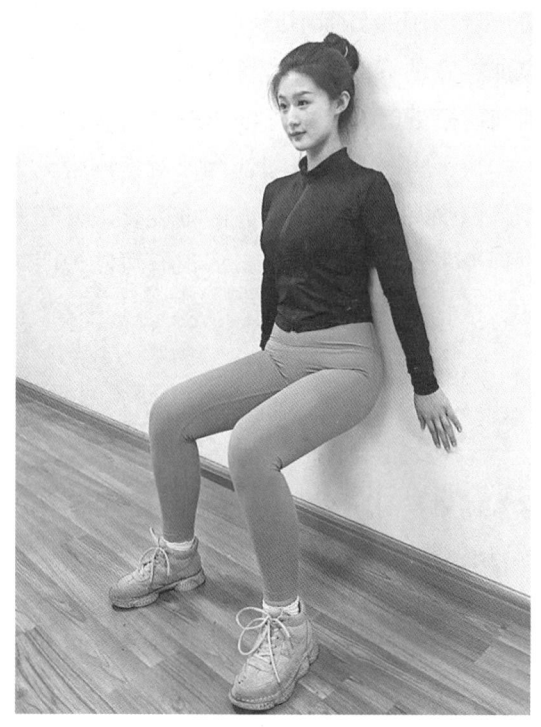

图 4-6 后支撑马步

（二）扶墙压肩

双手贴于墙面，双臂伸直，臀部向后，上半身下压，延伸脊柱，下肢分开、保持直立。胸部尽量向下，平稳深呼吸。保持20—30秒。这个动作可以拉胸部、肩部、颈部和腿部后侧肌肉，帮助打开胸廓。

图 4-7 扶墙压肩

（三）俯卧抬肩

俯卧于瑜伽垫上，双手平放于身体两侧，呼气的同时背部发力牵引头颈部向上后方延伸，使胸部抬离垫面。不要憋气，保持20—30秒，练习2—3组。这个动作有助于增强背部、臀部、大腿后侧部肌肉。

图 4-8　俯卧抬肩

（四）仰卧抬髋

仰卧在垫面上，双脚分开与肩同宽，屈膝，让脚掌着地、脚跟靠近臀部，手臂平放于垫面支撑身体重量。呼气的同时髋部上抬，让大腿和身体保持一条直线。均匀呼吸，保持20—30秒，重复练习2—3组。仰卧抬髋可以增强肩背部力量，也能够锻炼臀部、腰部、腿部、腹部和盆骨内部核心肌肉的力量。

图 4-9　仰卧抬髋

（五）支撑圆背

在双手俯卧撑基本姿势的基础上加入上举时的举肩弓腰动作，举到最高点时再让胸膛下压，依此往复。做这个动作要保持较快的速度，提升胸椎的灵活度，同时放松肩颈和背部肌肉。做这个动作的时候不要耸肩或者低头，眼睛直视地面，动作与呼吸节律相配合。这个动作每天重复4—5组，每组做10次，有助于增强肩背部力量，打开胸廓。

图 4-10　支撑圆背

（六）跪立压肩

双膝略打开跪立于垫面上，在保持大腿与垫面基本呈90°的基础上，让手臂、下巴、胸膛尽量贴合地面。均匀呼吸，保持一分钟，其间也可以把头转向两侧保持，可以拉伸颈部不同方向的肌肉。支撑压肩对于放松紧张的肩颈肌肉有很好的效果，常做让人挺胸拔背。

图 4-11 跪立压肩

（七）后支撑耸肩

用一把椅子作为后部支撑，双手分别从后侧支撑在椅面上，双脚立于地面，打开至与肩同宽。双臂弯曲，让上身在尽量保持直立的条件下尽量贴近

图 4-12 后支撑耸肩

地面，到达最低点后主要依靠手臂力量把身体撑到最高点，依此往复。这个动作是为了锻炼斜方肌和颈部肌肉，改善探颈的问题。

（八）L型伸展

身体直立，大臂自然下垂，小臂上抬至与大臂保持90°，掌心向上。手臂保持L型姿势，保持大臂贴近身体，小臂围绕大臂做左右钟摆运动，让小臂向外扩时尽量向后。L型伸展每天做2—3组，每组20次。L型伸展可以调动下背部肌肉协同，牵引双肩打开，减少含胸驼背的概率，也可以帮助肩颈和腰椎放松。

图 4-13　L型伸展

（九）"山"字伸展

身体直立，上臂打开180°并保持平举，下臂弯曲与上臂保持90°夹角，手心向前。以大臂为轴心，小臂围绕大臂做上下钟摆运动，尽量增大摆动的幅度。"山"字伸展可以增强背部力量，调整肩颈位置，还可以缓解久坐带来的肩周疼痛。"山"字伸展每天可以训练2—3组，每组20次。

第四章　教师嗓音的保健

图 4-14　"山"字伸展

通过训练，应在讲课中保持长时间正确的姿势，因为疲劳导致的体态变形不仅会影响教师的整体气质和美感，也为错误用声方式提供了前设条件，还影响骨骼和肌肉的整体健康。

九、注意特殊时期的声音护理

女性在经期、孕期、更年期期间，体内激素水平波动，声带会出现充血、水肿的情况。这些特殊时期里，身体的整体免疫力和耐受力都会下降，需要特别注意嗓音的保护。在感冒、咽喉炎发作、声带问题或呼吸道感染时，要尽量减轻声带负荷，保持水分充足。

运动时和刚运动完后应避免大声说话，因为运动导致呼吸急促，此时大声说话让人感到气短。运动时，为了适应较快的呼吸速率和身体活动水平，声带会产生额外的振动和紧张，并且运动后肌肉疲劳，大声说话会增加声音问题的风险。另外，运动时大量流失水分，口干舌燥，大声说话会感到不适。所以运动时和刚运动完后说话声音尽量保持轻柔,给身体一些时间恢复正常状态。

十、药物治疗

嗓音疾病很多时候需要药物的及时干涉,但科普性质的药物知识并不足以作为具体的用药指导,当嗓音问题超过两天没有缓解,应及时寻求医生的专业诊疗。嗓音疾病的治疗药物因疾病类型、严重程度和个体差异而异,自己盲目用药有可能会掩盖真正的病因,导致病情迁延、病态升级。但了解基本的药物知识有助于帮助教师们做出更加明智的健康决策,也有利于安全用药和发挥药物的最大疗效。以下是一些常见的嗓音疾病的常用药物知识普及。

(一)抗生素

如果喉部感染是由细菌引起的,在不发生药物过敏的情况下可以使用红霉素、青霉素、阿莫西林等抗生素治疗。但服用抗生素须按照用药疗程,不要因为症状有所好转而提前停药,中途停药会导致细菌产生耐药性。并且抗生素对于每天的服药时间有比较严格的要求,足够的药物浓度才能抑制细菌生长。抗生素可能引起明显的副作用,如皮疹、呕吐、腹泻、过敏、食欲不振等,部分抗生素还与酒精不兼容,所以在服用抗生素期间应该杜绝酒精,注意保护肠胃,如果过敏反应严重需及时就诊。

(二)抗病毒药

如果感染是由病毒引起的,则抗生素没有治疗效果。对于病毒引起的呼吸系统疾病,主要的治疗目标是缓解症状、提高舒适度,促进康复。非甾体抗炎药(NSAIDs),如布洛芬和吸入型类固醇药物,可以减轻喉咙炎症和肿胀,缓解发声不适。温盐水漱口和涮喉咙也有一定缓解喉部不适、清理病毒的作用。也有一些相对的广谱抗病毒药物可以抑制多种病毒的活性,比如,奥司他韦主要用于治疗甲型和乙型流感病毒,瑞德西韦在设计之初主要是为了治疗埃博拉病毒,后来在新冠病毒中也得到了应用。抗病毒药需要专业医师针对特定感染来选用,同样需要按周期和时间服用,可能出现肠胃不适、头痛、皮疹、腹泻等副作用,需要及时咨询医生。

（三）抗酸药

对于胃酸或食物倒流导致的咽部刺激、声带灼伤，可以使用抗酸药物，如铝碳酸镁和胃复安；也可以使用质子泵抑制剂，如奥美拉唑、兰索拉唑，改变胃内的酸碱度，减少胃酸的产生和反流。声带的疼痛和炎症问题还需要借助止痛药和抗炎药。同时，胃酸反流还要调整饮食习惯，注意避免刺激性食物和太油腻的饮食，少食多餐，以免胃膨胀增大胃酸逆流风险。睡前勿大量进食，餐后保持一定活动量。

（四）抗过敏药

如果喉部问题是由过敏反应引起的，如过敏性喉炎，需要先识别过敏原，采取措施避免再次暴露于过敏原中。如果过敏症状严重或者反复发作，可以考虑使用抗组胺药帮助减轻症状。常见的抗组胺药包括氯雷他定和洛莫洛昔。

（五）止痛药

如果喉部疼痛影响正常生活，可以使用止痛药帮助缓解，如乙酰氨基酚、布洛芬等，也可以选择西瓜霜含片、银黄含片、清咽滴丸等疏风利咽剂缓解症状。但疼痛只是一种症状，还需要找到引起疼痛的原因，祛除病因。

无论是抗炎药、抗酸药、抗过敏药还是止痛药都不宜长时间服用。一方面，嗓音疾病的用药需及时、准确、适量。另一方面，预防比治疗更加重要，解除致病原、科学练声才是长久之计。

十一、手术治疗

在嗓音疾病症状严重且保守治疗无效时，医生会建议手术治疗。大体来说，对于嗓音疾病的手术治疗可以分为声带整形、声带重建、声门手术和喉切除，具体的治疗方法因具体的声音问题和病因不同。

（一）声带整形手术

声带整形手术按照病因不同可以分为两类，一类是用于处理声带结节、囊肿、息肉、麦芽肿等异常组织，或是处理声带白斑、喉血管瘤、喉部毛细血管扩张等声带病变，以恢复正常的声音的功能。另一类是通过在声带上注射生物制品,或通过调节声带肌的长短来让声音更符合自己的理想目标,如将声带黏膜和声带固有层的三分之一部分剥离后进行永久性缝合,使声带变短、变薄,从生理上具备发出女声的条件;也可以通过注射脂肪或者胶原质等物质让声带膨胀,让其恢复柔软和弹性。

(二)声带重建手术

在声带严重受损或丧失的情况下,可能需要声带重建手术。如对于喉癌的治疗通常采取全喉切除、喉部分切除(如喉裂开和声带切除)的手段,术后就需要喉部重建手术来恢复发声功能。这种手术包括使用自体或异体移植物来重建声带,以恢复声音功能。科学家也在研究使用生物工程和材料来重建声带的方法,包括人工声带材料和支架,用于支撑喉部结构和功能。使用异体移植和生物工程材料可能导致患者身体产生排异反应,需要考虑材料的选择、个体差异和免疫抑制药物的使用。

(三)声门手术

声门是喉部的两条声带之间的空隙,是喉腔最狭窄的部分。一些声音问题涉及声门的异常,声门整形可以用于声门的修补和调整声音,通过调整声门的形状和大小改善声音的音质。

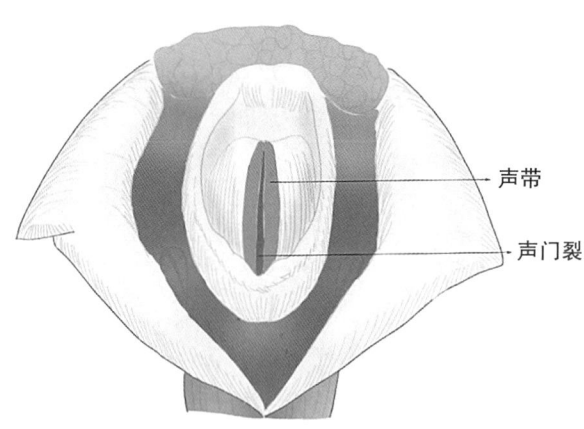

图 4-15 声门

电子喉内镜、喉显微镜、激光等医疗设备和新技术的出现,嗓音手术已经相当成熟,具有高成功率,甚至可以在优化嗓音音质方面实现较为精细的调控。但手术效果因主治医生的技术有较大不同,患者个体之间也存在个体差异。同时，喉部手术也会伴随着一些副作用，比如，咽喉疼痛、舌体麻木、声带粘连、声带麻痹、发声困难、声音嘶哑、术后出血、血肿、感染、声带损伤、皮下气肿、气胸等。大多数不良症状可以在适当的处置后得到恢复，也可能出现由于局部神经受损而出现长时间的嗓音问题。但一般而言，患者的音色在术后会发生变化，使个人声纹发生改变。

因为手术都会伴随一定的风险，并且术后数周的康复时间，治疗效果也有比较大的个体差异，因此在非必要的情况下不建议贸然采用手术的手段来治疗嗓音疾病。并且如果引发嗓音疾病的诱因没有改变，结节、息肉、囊肿等嗓音疾病术后也有可能会复发，所以嗓音问题要尽早治疗，避免拖延到不得不手术的境地。

教师的嗓音保健需要伴随整个职业生涯，嗓音保健的细节可以贯穿到生活的各个方面。嗓音保健是科学，更是生活理念。坚持不懈，必会有所收获。

第五章

教师声音形象塑造

语音交流包含着高度复杂和可变的情感信号，可通过分析其声学特性和声音模式直接了解不同形象的声音特点。我们从日常经验中了解到，说话者会在话语表达中提供关于他们情感的信息。

这些信息可以从语音的声学特性来陈述。例如，我们中的许多人都经历过，在感到愉快的时候会不受控制拔高自己的音量，用响亮的声音说话；在情绪低落难过时会用低沉，软弱无力的声音表达自己的诉求；在众人面前表达时，因为准备不充分或情绪过于紧张会出现声音明显地颤抖，上气不接下气的慌乱感。其中我们获取到说话者或愉悦，或悲伤，或紧张的情感状态。简单来说，听众似乎善于利用语气对说话者的情绪状态进行准确的评估，即使是在没有视觉线索的情况下，就像在电话交谈中经常发生的那样，说话者在言语表达时，听者可以察觉出其开心、愤怒抑或者是低落的情绪。而这样的产生和感知现象都是超过话语内容的提供说话者的个人信息的方式[①]。

第一节 声音、认知与情感

一、声音与认知

声音是我们日常生活中不可或缺的一部分，它不仅能够传递信息，还能够影响我们的情绪和思维。声音对于人类的认知能力有着直接的影响。人类的大脑能够通过声音来感知周围环境的变化。例如，当我们听到突然一阵尖锐的刺耳声时，我们的身体会自动做出反应，比如眨眼或者退后一步。这种反应表明声音在我们的认知中起到了警示作用，使我们能够更好地适应环境。

---

① Bachorowski J A. Vocal expression and perception of emotion. *Current directions in psychological science*, 1999, 8(2): 53—57.

声音能够影响我们的情绪和情感。不同类型的声音会引发不同的情绪反应。比如，悦耳的音乐会让人感到愉悦和放松，而刺耳的噪声则会让人感到不安和烦躁。这种情绪的变化会进一步影响我们的认知能力。研究表明，当人们处于愉悦和放松的状态时，他们更容易集中注意力和进行创造性思维。相反，当人们感到不安和烦躁时，他们的认知能力会下降。因此，声音感知对于我们的情绪和情感起到了调节作用，进而影响我们的认知能力。比如在跑步运动时听一些欢快型的音乐会使人内心愉悦，呼吸顺畅平稳、运动起来就会充满韵律节奏。还有在看影视作品时一些画面情景配以或悠远绵长、或欢快明朗的音乐，会让人有一种身临其境的感觉，跟着影视作品当中的人物故事，情绪也跟着起起伏伏。当我们听到一段激励人心的演讲、一首动人的音乐或者一段鼓舞人心的对话时，我们会被激发出积极的情感和动力。这些声音可以激发我们的激情和创造力，让我们更加努力地追求自己的梦想和目标。声音的力量是无穷的，它可以改变我们的思维和行为，让我们变得更加积极和自信。

声音与认知能力之间存在着密切的关系。据美国《科学》周刊报道，鸟类以其鸣叫而闻名。尽管许多人认为鸟的鸣叫出于本能，但实际上很多鸟类都是后天的声学学习者，而人类也具有这个特质。复杂的声学学习是人类口语语言的重要组成部分，与更高级的认知能力有关。研究人员测量了23个鸟类物种中的214只个体的认知能力，包括问题解决、联想学习和反向学习以及自控能力。结果发现，物种的声学学习能力越强，它们的问题解决能力就越好，相对于体型而言拥有更大的大脑。在控制非认知变量和种系发生等参数的情况下，这些结论仍然成立。

声音感知与我们的语言能力密切相关。语言是人类重要的沟通工具之一，而声音于语言尤为重要。通过声音，我们能够听到他人的语言并理解其含义。婴儿在出生后不久就能够辨别出母语和非母语的声音，并逐渐学会模仿和使用语言。这表明声音感知对于我们的语言能力的发展至关重要。通过声音认知，我们能够识别语音中的细微差别，进而理解和使用语言。

声音还与我们的记忆力、智力有着密切的关系。具体来说，声音能够激活大脑中与记忆相关的区域，从而提高记忆能力。比如，在我们背诵一段文章时，反复大声诵读对于很快背下这篇文章是很不错的方法。声音还能够唤起我们的记忆。"知了、知了、知了……门前的柳树上，又有一群知了在不知疲倦地叫着，叫出了盛夏，也唤起了我儿时的记忆。"不论这个声音是一段对话，还是一首歌曲，当我们听到熟悉的声音时，我们的大脑会立刻与之相关联，唤起我们对过去的记忆。美国加利福尼亚大学的戈登·肖教授还曾做过这样的一个实验，将78名3—4岁的幼儿分成三组，第一组让他们学习莫扎特和贝多芬的音乐曲，第二组学习计算机，第三组不接受训练。九个月后他用拼图游戏测试这三组幼儿的智力，而实验表明，第一组学音乐的孩子的得分平均提高35%而另两组却没有提高，这是为什么呢？其实耳朵除了具有"听"这个功能以外还有能够将声音振动的能量转化为大脑的必需能量，也就是耳朵可以看成一个能量转换器，声音通过耳蜗的时候频率会变成和大脑相同的频率，被大脑吸收从而活化大脑，让人变得聪明。

声音不仅能够直接影响我们的认知能力，还能够调节我们的情绪和情感，促进我们的语言能力、记忆能力和智力的发展。因此，我们应该重视声音的作用，通过合理利用声音来提高我们的认知能力。

二、认知与情感

情感是认知的一种特殊形式，认知建立于情感感受，同时会影响人的情感表达。认知与情感是相互作用、相互影响的。在表达的过程当中，认知可能会触发情感感觉或行为，而情感同时也可能影响认知过程，如注意力，感受力等。情感不仅是人的意识体验所必需的，而且也是正常语言功能的一个组成部分。所有词语都具有情感维度的意义。父母有时会因对子女的偏爱而不能很好地识别后者的缺点，甚至对后者的弥天大谎也信以为真，实际上就是情感支配认识与信念的典型事例。罗森伯格（M. J. Rosenberg）曾进行过一项实验，证明在一个人对另一个人的态度中，感情的改变能引起随后的认知改变。他先对一些白人被试者进行全面调查，了解他们对待黑人、对待种族平等以及白人与黑人关系等问题的态度。然后使被试者进入催眠状态，并告诉被试者，他们对黑人进入其社区已有和先前情况相反的态度。比如，如果被试者先前对不同种族同居一社区持反对态度，如今则告知他对合居有好感。相反，对先前持支持态度的被试者，则告诉他如今对黑、白人种合居很反感。也就是说，在催眠中，被试者原来关于黑、白人种合居的感情被改变，这种感情的改变完全是靠催眠诱导做出的，而不是由于增加任何新的认识或改变旧的认识使然。最后，被试者被从催眠状态中唤醒，并要求他们表达对黑人和种族合居问题的态度。结果发现，催眠状态下诱发的感情改变，在被试者关于种族合居的认识方面带来许多显著的反向变化。例如，原来反对合居的被试者，开始相信合居对于消除种族不平等和维持种族之间关系的和谐是必需的。之所以出现认知上的这种改变，原因是感情的变化使得原有认知与新的感情不相符合，减少认知与情感不吻合的压力导致了认知上的变化。[1]

总之，认知和情感是复杂而互相影响的心理过程。情感不仅影响认知过程，如注意、记忆和决策，认知过程也能调节和改变情感反应。

三、认知、情感与声音

声音在认知和情感中扮演着重要的角色。通过对声音的感知和处理，大脑能够将声音信息转化为有意义的认知内容，同时声音也能强烈地影响我们的情感体验。同时，声音是一种具有表现性的运动，是由音高、节奏、强度、音高、音量和声音模式等不可分割的因素组成的个体模式，声音也在一定程度上有情感与认知决定。

在电影《一代宗师》中有这么一句话"在我最美的时候遇见你，是我的幸运，但是我却没有时间了"。低沉缓慢、软弱无力中带有坚定的说话声音再加上哀鸣回环厚重的背景音乐，这样将认知、情感与声音的艺术合奏，处理效果直击人心，收获了不少人的眼泪。王家卫的电影善用声情画的结合，往往感觉每一部都充满了诗情画意，美得就像一个梦。把喜欢一个人可以做到这么从容这么不动声色，哭也只是静静地流泪，于是眼泪似乎也成了一段情话，慢慢说着爱而不得。

---

[1] 符国群：《21世纪经济学管理学系列教材消费者行为学》（第二版），武汉大学出版社，2004年版，第135页。

声音是情感的外部形式。当声音中的某种特质与内容中的相应情感发生共振的时候，该情感就能得到最大化的增强，内容的表现效果也最好。为了达到在教学语言当中最大化传播教学内容的目的，往往不同的内容，教师会设计不同的情感表达，在设计过程当中，认知提供选择的思路，匹配最合适的情感表达，进而确定声音类型和语言表现方式，使其课堂活动能够让学生最大化地汲取课堂的内容和知识。

第二节 声音形象的社会意义

一、声音与性格

实证研究支持了声音和性格的关系。例如，一项研究发现，通过分析声音和语调可以预测一个人的性格特征，如外向性、神经质和开放性等。声音会反映出一个人的情绪变化，不同的情绪下声音的音高、音量、音高等也会有不同的表现。久而久之，形成了一种声音类型，而形成的声音类型和人本身的个性有着十分密切的关系。因此根据个性分析，人的声音大概可以分为以下几种类型：

（一）高亢尖锐的声音

一般会发出这种声音的性格外向。情绪容易波动，控制好自己的情绪对于他们而言是困难的。容易起伏不定的情绪致使他们对人的好恶感也非常明显。这种性格的人是固执的，一旦认定于某一事物，会抛开一切后果、不顾一切去达到目的和要求。同时，情绪容易改变的他们也常常会因为一点鸡毛蒜皮的小事就生气，与人争辩。声音高亢的人一般比较敏感，也很容易察觉出环境的变化，也很容易被变化的环境条件等影响自己的情绪和发挥。但是此类性格的人是富有创造力与想象力，并且有着不服输的精神，说起话来滔滔不绝，很喜欢向别人输出自己思考后认为正确的观念，讨厌向别人低头。如果是男性发出高亢尖锐的声音，这种人通常个性比较狂热，很容易兴奋同时也容易疲倦，也会不加掩饰地表现出自己的心意。高亢声音的男性从年轻时代开始，就很擅长发挥自己的个性特点而去了解和获得合适的机遇，这也是他们的特征之一。

图 5-1 部长夫人

勃芒尼斯拉夫·努希奇所创作的《部长夫人》当中塑造的角色席芙卡·波波维奇，就可以让我们更直观地认识到此类声音所传达的性格形象。在音乐剧里，为更好地塑造席芙卡·波波维奇有野心、想法多变、不服输的性格特点，选择赋予席芙卡高亢而又尖锐的声音，塑造的效果也获得了观众的认可，深入人心。剧中席芙卡敏锐地察觉环境变化，不知疲倦地想尽办法达到自己的目的，剧中一段经典台词就可以体现出席芙卡性格多变、固执己见的特点：

哎呀，糟糕了，我前几天做的连衣裙，是用假缎子镶的边儿，这怎么能穿得出去呀。（高声地）安卡，快去告诉裁缝，换真缎子边儿。哦，上帝呀！还有好多事要办呀，得赶快记一下：嗯，去照相，先洗十二张六寸的和一张特大的，这个专门给陈列橱窗用的。另外……还得去镶金牙。哼，德拉加大人有一颗金牙，纳塔夫人有两颗，就连司祭长的老婆都有一颗金牙，而我却没有。现在，我要把两边都镶上金牙！……啊，还得印上……六百张名片。好多的亲戚呀！还有社交活动呀，总得每人送一张留作纪念嘛。（忽然从窗外发现）哎呀，孩子们，瞧，你爸爸从那边来啦！（忐忑不安地）孩子们，孩子们，快！统统站到我的后边，去迎接你爸爸。我的老天爷，早晨出门儿的时候还是普通人，可回来的时候竟一步登天，当上部长啦！……（激动得直擦泪）①

在《部长夫人》中这一段落是极其重要的，勃芒尼斯拉夫·努希奇所创作的《部长夫人》当中塑造的角色席芙卡·波波维奇她那高亢尖锐，极具穿透力量的声音表达，将喜剧性讽刺，揭露"吃人的社会"封建官僚制度，一

---

① 冯明义：《话剧表演艺术概论》，中国社会科学出版社，2012年版，第233页。

位小官吏的夫人、小市民出身、三年级的文化素养；丈夫平庸，家境窘迫，眨眼之间，内阁倒台了，丈夫受命入阁，神话般地成了部长；夸张的声音塑造甚至有点刺耳像激素一样注入"部长夫人"她的体内，那种被压抑的贪婪、虚荣、野心发酵，膨胀展现得淋漓尽致。

（二）温和柔弱的声音

音质柔和、声音高值低的人通常性格内向。他们会察言观色，随时会观察周围的情况和其他人的情绪变化而去压抑自己的情感，但同时也会在内心深处渴望得到能够表达自己的情感的时机。拥有这种声音特点的女性一般都极其富有同情心，也很愿意主动地去给他人提供帮助。这种性格的人大多数会选择循规蹈矩，努力脚踏实地朝自己的目标前进，甚至会伴有一定的拖延习惯，是属于慢条斯理型的个性。日常生活中，经常会上午有气无力，下午却变得活蹦乱跳，精神极佳。这种温和沉着声音出现在男性身上，给人的第一印象就是老实本分，其实他们也会有顽固的一面，一旦有自己的想法就会固执己见、决不妥协，不会为了讨好别人而改变自己的意见，也不会被他人的意见所影响。

图 5-2 林黛玉

《红楼梦》中的林黛玉就是此类声音最典型的代表，林黛玉的声音温婉柔和，讲话慢条斯理，不会过分流露出自己的情感变化，但同时希望得到他人的理解，也渴望有人能够听到听懂她的倾诉。《红楼梦》有很多情节可以体现出她的性格特点，在第二十六回的片段：

晴雯偏生还没听出来，便使性子说道："凭你是谁，二爷吩咐的，一概不许放人进来呢！"林黛玉听了，不觉气

怔在门外，待要高声问他，逗起气来，自己又回思一番："虽说是舅母家如同自己家一样，到底是客边。如今父母双亡，无依无靠，现在他家依栖。如今认真淘气，也觉没趣。"一面想，一面又滚下泪珠来。正是回去不是，站着不是。正没主意，只听里面一阵笑语之声，细听一听，竟是宝玉、宝钗二人。林黛玉心中益发动了气，左思右想，忽然想起了早起的事来："毕竟是宝玉恼我要告他的缘

故。但只我何尝告你了,你也打听打听,就恼我到这步田地。你今儿不叫我进来,难道明儿就不见面了!"越想越伤感起来,也不顾苍苔露冷,花径风寒,独立墙角边花阴之下,悲悲戚戚呜咽起来。原来这林黛玉秉绝代姿容,具稀世俊美,不期这一哭,那附近柳枝花朵上的宿鸟栖鸦一闻此声,俱忒楞楞飞起远避,不忍再听。话说林黛玉正自悲泣,忽听院门响处,只见宝钗出来了,宝玉、袭人一群人送了出来。待要上去问着宝玉,又恐当着众人问羞了宝玉不便,因而闪过一旁,让宝钗去了,宝玉等进去关了门,方转过来,犹望着门洒了几点泪。自觉无味,方转身回来,无精打彩地卸了残妆。那林黛玉倚着床栏杆,两手抱着膝,眼睛含着泪,好似木雕泥塑的一般,直坐到二更多天方才睡了,一宿无话。[①]

林黛玉在《红楼梦》中是一个悲剧性的人物。这个角色是一个富家小姐,她的性格复杂而矛盾,既有温柔善良的一面,又有悲观厌世的一面。心思细腻、敏感多疑,声音柔美又带有一丝忧郁,总有一种回环哀怨的色彩。她时常抱怨人生的无常和不公。她的声音总能够传达出这种哀怨和不甘的情感。在面对生活的种种困境时,她的声音带有一种深深的无奈和伤感,让观众感受到她内心的痛苦和无助。

(三)沙哑的声音

女性如果发出沙哑的声音,通常表明这是一个有个性、有想法的人,即使外表上给人的印象会是柔弱、娇小的,但事实上她们往往会具有强硬的性格。虽然她们对待任何人都亲切有礼,却很少流露自己的个人情感,也会给人一种难以捉摸的感觉。她们虽然有可能因个性过强而与共事者观念不合。她们对服装有独特的视觉审美,也往往可能具有音乐、绘画等艺术创作方面的才能。而当沙哑的声音出现在男性身上时,第一感觉往往是此人是耐力十足又富有行动力的人,即使是一般人觉得很难完成的事情,他们也会干劲十足地往前冲。其实不论男女,一般具有这种音色的人,都会凭借个人的力量去拓展自己的能力,在团体之间也能以卓越的领导力去吸引更多的合作者。在遇到困难时他们会越挫越勇,全力以赴,直至达到最后的目标。

---

① 方伟:《舞台艺术语言技巧》,文化艺术出版社,2001年版,第177页。

影视女演员周迅的声音特点就是比较沙哑，且独特。从性格上看，周迅性格豪爽，不管是角色塑造还是脱离荧幕背后的性格，都是以有个性、有目标的形象出现。周迅在影视剧《红高粱》中饰演九儿，而九儿的个性就是活泼、敢爱敢恨、率真、向往自由、随性；她那甜美的长相、娇小靓丽的外表，加上沙哑的嗓音，这极具矛盾、艺术碰撞般的特点。之所以能够把九儿的形象塑造成功，与周迅本身的性格和声音特点之间有着不可脱离的关系。

（四）粗而沉的声音

这种声音是很沉稳的，底气十足，就像是从腹腔当中发出的一样。拥有这种音色的人，一般都是具有乐善好施、成熟稳重的性格。日常喜欢外出，四处活动，不愿意长久地待在家中。一般这种音质的女性在同性群里人际关系较不错，容易让人信任。而有这种音质的男性一般会选择的职业为政治家或实业家，而且也能够获得想要的成就。不过，此类人在很多时候感情是脆弱的，心中又有着强烈的正义感，轻易就会因为不公平的现象而与他人争吵，甚至做出一些冲动的决定，但又在决定之后有懊悔不已的想法。

图 5-3　张飞

名著《三国演义》中张飞的声音就是典型的粗犷音，而张飞的性格是勇敢正直讲义气的，同时也是粗鲁以及冲动的。在书中也有很多情节可以体现出张飞的性格：

虎牢关遇到吕布，他讨厌吕布乱认干爹的做派，直接骂吕布为三姓家奴。刘备被督邮索贿羞辱，张飞直接把督邮绑在柱子上鞭笞。徐州之战，刘关张三兄弟被曹操打败，关羽尚且投降曹操，张飞却是宁愿在山中飘零，也谨守和刘备的兄弟情义，不投降任何一个强大的诸侯。关羽被东吴杀害后，张飞因为关羽之死训斥刘备不为二哥报仇，更因急兄仇乱了分寸被小人弑杀。

这所有的一切都可见张飞是一个重情重义的人。特别在当阳桥面对曹操数十万大军追赶，张飞立马横枪于桥头之上呵斥曹军，竟把曹操几十万大军吓退，这份胆量着实令人敬佩。这一声大喝，吓退百万曹军，张飞声音粗而沉响度大、咆哮如雷，这样才能够真正地还原出张飞的形象和特点，让观众感受到他的豪迈和霸气。

（五）铿锵悦耳的声音

这种人的性格刚硬，话语具有说服力，表达能力强，也较容易取得他人的认同和信任。此外，他们人缘很好，能够很好地处理职场或者人际交往，待人处世圆滑，能够细心观察在各方面都能巧妙应对。在处理和表达《满江红》这首诗词时，我们选用的声音就是铿锵有力的类型，因为此类声音最能够代表岳飞的个性和特质。

图 5-4　岳飞

岳飞在历史上的形象是忠君爱国、正义正直，忠于国家和人民始终秉持正义和忠诚的原则是一位备受尊敬和信任的将领。善于指挥军队善于运用各种战术和策略率领军队取得了许多胜利是中国历史上著名的将领之一，也有一群忠心跟随自己的将士，卓越的领导能力也让岳飞赢下了一场场战争。声音状态坚定有力、坦诚无畏，也体现出岳飞是难得的好脾气，敦厚寡言，不善言辞。

二、声音与人格

人格指个体在思维、情感和行为上的相对稳定的模式，这些模式使个体与他人区分开来，是个人带有倾向性的、本质的、比较稳定的心理特征、兴趣、爱好、能力、气质、性格等的总和。一个人的人格表现在知、情、意等心理活动的各个方面，包括个人的认知能力的特征、行为动机的特征、情绪反应的特征、人际关系协调的程度、态度和信仰的体系、道德价值的特征等。一般说来，人格是在一定社会历史条件下，通过社会实践活动形成和发展起来的。一个人的人格是他过去的整个生活历程的反映。人格的形成也和人的生物遗传因素有关，因为人与人的个体差异从诞生的第一天起就有所表现。作为区别人与人的不同特征的人格，正是在这种先天生物学差异的基础上，在某种社会文化环境的影响下，通过不断的社会性内化过程而逐渐形成起来的人格是一个人对现实的稳定的态度，以及与这种态度相应的、习惯化了的行为方式中表现出来的人格特征。性格则是一种具有自我意识和自我控制能力，具有感觉，情感，意志等机能的主体，是人所具有的与他人相区别的独特而稳定的思维方式和行为风格。[1]人格是人类独有的、由先天获得的遗传素质与后天环境相互作用而形成的、能代表人类灵魂本质及个性特点的性格、气质、品德、品质、信仰、良心以及由此形成的尊严、魅力等。人格的特征主要有四个，它们分别是人格的独特性、稳定性、统合性、功能性。[2]

声音和人格之间的关系是密切的，我们也常常在第一印象当中通过声音看出讲话人的特质，从中判断他的人格特点。马斯洛提出的需求层次理论认为，人类的需求可以分为五个层次：生理需求、安全需求、社交需求、尊重需求和自我实现需求。这个理论可以用来解释为什么人们在语音中表现出不同的人格特征。

（一）匀速稳重型

说话速度不快不慢，话语沉稳，说话干脆不犹豫的人，通常都是极具旺盛的精力，同时有一定领导欲望和控制心理，有勇气和自信心，通常会追求成为领导者或者主导者。

我们观察生活中出现的领导人物，小到班级里的班长、学习委员，大到负责管理大型企业的领导人、决策者，往往会发现他们普遍的特点。首先，说话语速通常是缓缓道来，不拖泥带水，主要因为其工作的性质要求此类说话者的语言信息必须传达明确，不能有异议存在。其次，当处于领导的地位或者以领导者的标准要求自己之后，他们会选择将任务尽快完成，也常常不会抱怨工作任务的繁重，而更多地选择自主去完成。最后，在于气质的显露，领导者和被领导者的气质是完全不相同的，出现这一现象的原因主要在于领导者会更有自信和勇气，因为他们需要得到追随，便会去追求塑造出有信服力的声音状态和气质。

（二）快速尖锐型

说话速度偏快，讲话声音听起来尖锐刺耳的人，一般性格比较令人捉

---

[1] 时蓉华：《社会心理学词典》，四川人民出版社，1988年版，第24页。
[2] 武光路，李剑锋：《大学生心理危机的预防与干预》，国防工业出版社，2016年版，第8页。

摸不透，复杂的性格会使他们很难听进去别人的意见，也很难合理把握自己的言语举止，容易给人不好的印象。

在许多影视作品当中，为了塑造一些不讨喜或者是反派的角色形象，扮演者会选择用语速较快声音，伶牙俐齿，已达到角色形象的突出。从生理上看，所有生物都有讨厌某特定频率范围的本能。尖锐声是超高频率的声波，声音高频振动到耳膜后利用神经传到大脑。首先是耳膜振动太快会痛。其次就是脑神经无法愉快地接受这种频率，所以会产生抗拒的情绪。从心理上看，我们听到的不符合心理预期的信息，通常是以此类的声音形象出现。比如当你正在熟睡时，窗外突然传来孩子们吵架、追逐打闹的声音，这样的声音通常聒噪并且让人无法产生与之沟通的欲望，所以极其容易给人留下不好的印象，使人感到疲惫、易怒、焦虑不安。

（三）沙哑洒脱型

声音属于比较沙哑的类型通常具有潇洒追求自由的个性，认为生活就是应该随心随性，心中有很大的野性成分。

大多数艺术家的声音类型会偏有磁性且伴有一定的沙哑，他们往往会经常思考人生的真谛和存在的意义，向往大自然和美丽的事物，不愿意被束缚，也不愿意被人管束，也通常不理会世俗的看法和想法，遵循自己的内心，选择适合自己的生活方式。这种声音给人的第一印象会认为有故事性，有独特性，也可以在很多摇滚歌手、表演艺术家身上找到这种共性。

（四）粗犷率真型

声音如果更偏向于粗犷低沉的声音，往往也会具有男性的部分强硬性格特点：性格率真，但做事粗心。

生活中我们会发现有的人，异性朋友居多，而有的人则拥有更多同性朋友。而偏向男性化的女性声音，往往是会拥有更多的异性朋友，我们也常常评价此类人率真、大大咧咧、性格豪爽、藏不住心事，想到什么说什么，不太容易有细腻的想法和作为。于是会产生不理解同性之间的想法而导致与异性之间的话题更多、更相似。

（五）匀速高亢型

语速适中，声音嘹亮且言语真诚的人，一般藏不住心事，很容易将自己的真实想法流露出去让外人知晓。

这种个性的人是常常存在于我们身边,以第一想法为主,不太会深入思考事物,往往在遇到问题时以自己的主观意见去思考,容易冲动行事。我们也可用"口无遮拦"来形容此类人格,他们普遍声音会缺乏厚度,比较明亮。此类人基本没有什么坏的想法,而更多的是想获取他人的认可,经常发表自己的建议,喜好"路见不平、拔刀相助",拥有热忱的心肠,容易对身边的人和事产生共鸣,并希望自己能够改变一些现象,但往往最后无法改变。

(六)匀速平稳型

说话声调平稳一致,语速稍慢的人,具有正直之性格。

说话平静的人往往性格也会比较稳定,不容易发脾气,语句中不会有声调明显变化,反而在同一水平线上,此类声音会让人难以分辨情绪的变化,也会难以猜中其想法和行为。这类人适合成为倾听者,会让人有倾诉的欲望,也能够很好的顾及他人的感受。一般情况之下给人的形象会偏向于"知心大姐姐""暖心大叔"的类型,成熟稳重,会热心于帮助他人走出困境,指明方向。适合于从事有导向意义的职业,能够很有说服力,也能够轻易获得他人的信任。

(七)缓慢无力型

说话语调有气无力,语速缓慢,同时语调不甚明了的人,性格较内向而胆小。

说话无力一般情况之下说明生活中此类人是不爱说话的,恐惧社交,害怕人多的地方,害怕与陌生人接触,更害怕被人看穿内心。而这样胆小内向的性格就会导致他们与人交流的时候无法清晰地直截了当表明自己的想法和需求,也没有明显的语调、语气的变化。但一般此类人会在文学方面有自己的见解,也容易构建属于自己的独特的精神世界,可以很好地胜任写作等需要静下心来用文字表达的工作。虽然恐惧人群,但热衷于观察人群,分析人群,所以这类人格会更适合幕后类、创作类的工作,会给人意外的惊喜。

(八)"罗曼蒂克"型

说话语气抑扬顿挫,像唱歌一样的人,是幻想家,擅长创作极具浪漫色彩的想法和创意,而且讲究"罗曼蒂克"气氛。

这类人格就是天生的表演者、演讲者，他们在表达的时候像发光的星星，会让人产生浓烈的兴趣。不仅在于他们的话语起伏变化大，能够更好地还原场景变化，更在于他们处理的语言会更有趣生动，常常能够活灵活现地让听者产生身临其境的感受，所以此类人格和声音特点就是天生的好演员。也适合从业于需要有很多想法的团队之中，能够给人意想不到的收获。因为本身有趣的个性，富有诗意，充满幻想，很容易得到异性的青睐。

（九）快速强硬型

说话语气刚强坚硬、声音音量很大、语速偏快的人，一般性格比较冲动，是行动派，想到的事情就要马上去做，不成功了也不容易气馁，继续前进。

说话会略带攻击性，第一印象会给人不容易相处的感觉，是所谓的"先开枪，后瞄准"型。一般目标明确，只要有想法就会马上付诸行动，不会去思考后果如何，只管付出。优点是做事不会拖泥带水，不会一拖再拖，缺点就在于行动太快，不会去过分地考虑得到的结果，做事粗心不细致，但也不畏惧失败。此类人格需要一位领导者来给自己提意见，把握方向，分清楚利弊关系。

（十）铿锵有力型

说话语气坚定有力度，音量适中，语速稳健，是勇敢且具有精力的人。

我们会在恐惧的时候发出掷地有声的声音以此来给予自己勇气，而此类人格的声音就是如此，会感觉到明显的力度，也会让听者得到安全感，在团队一起工作的时候会更偏向于采纳此类人的意见。而这样的声音特点也会给人公平正义的形象，所以这类声音适合的工作类型偏向于主持公平正义的职业，例如律师、法官、警察等。

三、声音与情感

声音是一种重要的情感表达方式或者工具，人们通过声音来识别他人的情绪状态。情绪感染理论认为，人们的情绪可以通过社交互动传播。这个理论可以用来解释为什么一个人的声音和情感状态有关。例如，一个人如果说话时充满热情和兴奋，可能会使听者也感到兴奋和愉悦，而一个人如果说话时低沉和消沉，可能会使听者感到沮丧和不满。研究表明，不同的情感状态会导致声音特征的变化，愤怒时声音更为尖锐、悲伤时声音更低沉；在授课中，教师可以通过声音的变化来增强表达的感染力和说服力。因此，人们能够通过听取他人的声音来判断其情感状态。

声音的音强可以表达出人的情感状态。音强是指声音信号中的强弱。音的强弱是由机械波振幅的大小决定的，两者成正比关系，振幅越大则音越"强"，反之则越"弱"。人在情绪激动、特别开心时，声音发出全实声，会充满力量力度；而当人感到悲伤或沮丧时，声音发出半虚声或全虚声，会变得有气无力。这是因为人的情绪状态会影响到整个人的身体肌肉力量从而带动声带的振动，从而改变声音的强弱。

声音的音高可以表达出人的情感状态。一项研究发现，声音和音高的变化可以预测一个人的情感状态和行为特征，如焦虑、抑郁和决策能力等。声音的高低叫作音高，振动得快，发出声音的音高就高；振动得慢，发出声音的音高就低。我们人体发声大致分为头腔共鸣、口腔共鸣、胸腔共鸣三个部分，相对应的音高就是高、中、低，一个人的音高高低会随着情感的变化而发生变化。当人被惊吓时，心情慌乱不确定"啊"的那一个尖叫，身体当中的气息会往上直冲到人体的头腔共鸣，那是最高亢的声音；当人感到恐惧或紧张时，无助地发出"怎么办？"这三个字的音高会变得很低沉，身体当中的气息会往下沉到胸腔共鸣，那是身体发出的最低音；而当人感到放松或舒适自如时，说出"在家里呢"的声音时，身体当中的气息会以口腔共鸣为主，音高也在你发声的中音区域，会变得轻松而柔和。因此，在交流中，我们需要注意自己的音高，发声位置，使用正确的共鸣腔体，用合适的音高来表达自己的情感，以便更好地与他人沟通。

声音的音量可以表达出人的情感状态。音量是指声音的大小，是人耳对所听到的声音大小强弱的主观感受。当人感到激动或兴奋时，开心得"哈哈哈……"狂喜的声音就算相隔一定的距离之所以也会被听到；而当你感到疲惫不堪，心情低落时，叹了一口气说"好累啊"，若不在你的身边一米以内是听不到的，更像是自言自语似的，那个声音的音量会变得小而柔和。因此，我们需要注意自己的音量，用适当的音量来表达自己的情感，以便更准确地与他人进行沟通。

声音的语速可以表达出人的情感状态。语速是指表达意义的语言符号在单位时间内所呈现词汇的速度，也就是说话的快慢。当人感到急躁或紧张时，因为内心的迫切，语速会变得很快；而当人感到悠闲或放松时，因为心情愉悦放松，语速会变得慢悠悠。因此在交流中，我们需要注意自己的语速，用适当的语速来表达自己的情感，以便更好地与他人进行沟通。

声音通过音强、音高、音量、语速等多种手段来表达情感。在我们的日常生活中，正确地运用声音来表达自己的情感，不仅可以更好地与他人进行沟通，还可以让我们更好地理解他人的情感状态。在教学过程中，了解声音对情感的影响机制具有重要意义。教室中选择适宜的声音能够帮助学生调节情绪、提高学习效果，并创造积极愉悦的学习氛围。

四、声音与自我

声音是具有独特性的，在追寻"大我"的同时，我们也需要维持"小我"的状态——语言和声音也需要有自我的表现。自我则是指个体对自己身份和存在的认知和体验。每个人都拥有自己独特的自我概念，包括对自己是谁、自己的价值观、信仰、兴趣爱好等方面的认知。这些认知和体验会影响个体的行为和决策，从而影响其与他人的交往方式。

声音与自我之间存在密切的联系。一方面，声音是表达自我的一种重要方式。人们通过声音来传达自己的情感、思想和意图，从而让他人更好地了解自己。在交往中，人们也会通过声音来传递自己的个性和态度，从而影响他人对自己的认知和评价。另一方面，声音也受到自我概念的影响。人们的自我概念会直接影响其声音的表达方式和效果。例如，一个自信、开朗的人通常会用比较洪亮、自信的声音来表达自己的观点，而一个内向、羞涩的人则可能用比较微弱、犹豫的声音来表达。

自我表达并不仅仅是为了得到他人的关注和认可，更重要的是要表达自己的真实想法和感受。在自我表达过程中，我们需要保持真实和坦率，追寻自己本我的声音，不要为了顺应或过分追求课堂效果而改变自己的声音。只有这样，我们才能找到自己的独特的声音表达方式，并且收获良好的课堂效应。

总之，要找到自己的独特声音并不是一件容易的事情，但只有找到了自己的独特之处，才能更好地表达自己的思想和感受，才能够使课堂内容和自己的情感和声音融合一体。要找到自己的独特声音，我们需要了解"本我"和"自我"的概念，培养自己的独特性，发掘自己的潜力，并保持真实和坦率。只有这样，我们才能成为真正的自我表达者。

五、声音与外貌

声音和外貌之间存在一定的关系，且这种关系并非是绝对的。

当听到一个清脆响亮而又偏高、稚嫩的声音，听众的脑海中可能会出现一个活泼的小姑娘的形象，这是现实印象和媒体印象的综合结果，不一定和发声之人的真实形象一致。在《美学实验室》栏目里做过有关声音与外貌的实验。其中一期让一位女孩蒙眼，听5位男嘉宾的声音，选择最心仪的那个。这位女孩将最高分给了5号。因为5号的音色是几个人中最低沉的，而且他还有微微膛音，磁性最重，所以女孩得出结论：他是个高个子、帅、浓眉大眼。在摘下眼罩后，她认为声音的主人却是中间个子最高、面部立体度最高的那位。那女性为什么会把低沉嗓音和帅气的脸结合在一起？因为低沉通常和较为健壮和大的共鸣腔相关。在人类择偶基因中，女性需要寻求更可靠、强大的伴侣。而科学家的社会调研显示，声音低，意味着胸腔宽、手臂力量足，甚至在某些时候还代表社会地位高、有领导力、会赚钱。反之，对于男性来说，他们在基因里更喜欢音高偏高、温柔音色的女性。因为音高偏高会被认为年纪小，而男性比女性更看重对方是否年轻美貌。[1]

不过在实验过程中发现，男生对声音取向并没有基因里刻画得那么绝对。反过来，让男生听声音盲选女生。男生率先淘汰了声音偏低，语气直爽，声音像男孩的女生，理由是"太哥们"。不过音高最高的女孩和声音听起来就不好靠近的"傲娇"女孩，也相继被淘汰。最后男孩选择的是声音不尖锐、嗓音偏哑的女孩。为什么女生嗓音并不够高亢，反而会成为第

---

[1] 江那特·巴合提亚尔：《大学生择偶中面孔吸引力对嗓音吸引力的影响》，《心理学进展》2023年第13卷第7期，第2621—2627页。

一选择呢？这就涉及声音对外貌影响的第二个维度：语言习惯对个人魅力的作用。

在《美学实验室》的实验里，发现影响个人外貌魅力的声音首先是方言，说方言对外貌感知的影响，其实是一个心理暗示的过程。因为方言展现了一个人的地域标签，而地域又与大众对某地外貌的刻板印象有关。女生在听到某网恋对象说山东方言，那么就更容易想象他是个子高、浓眉大眼、粗犷健硕的男性；说杭州方言时，就容易想象他是一个皮肤白净、个子纤细、体贴温柔的男性。在实验中还发现，方言习惯其实也会扎扎实实影响面部肌肉，影响外貌。在河南组男生在说"我的个亲娘嘞"时肌肉夸张，比说普通话时面貌要放大稍显狰狞。但是相对之下，男生在择偶时，会比女生更在意约会对象的方言问题，容易因为方言给对方扣分。女生在听到方言后对男生再次评分平均下降1.3分，男生则下降3.6分。

我们再试着再从以下几个点去讨论声音和外貌之间的关系：

五官特征：五官中的鼻子、喉咙和口腔等结构会影响声音的共鸣和音色。例如，拥有更宽大的嘴巴和更大的鼻孔的人往往能够发出更响亮的声音。此外，嘴唇的形状和厚度也可以影响声音的音质。曾经央视有个节目叫《挑战不可能》，里面有一个挑战者是川大教授王英梅。她在节目里只通过听声音来判断一个人的长相，十选三，三个全对了。王英梅教授是通过说话的发声方式、语言逻辑来判断外貌的。比如在判断第一位的时候，她认为这个女孩说话力度靠后，那么说明下颌有力，应该是一个偏方的脸型。第二位是个女博士，且说话条理清晰，王英梅教授凭经验判断，有逻辑的人，眉周肌肉通常偏紧，所以对应找到了照片。

身高和体重：身高和体重也可能与声音有关。人的声音主要由声带产生，声带的长度、厚度和紧张度等因素都会影响声音的音高。声带越长、越厚，产生的声音音高就越低；相反，声带越短、越薄，产生的声音音高就越高。较高的人往往拥有更长的声带，因此他们的声音可能更低沉。而体重的变化也会影响声音的音质，因为体重的增加可能会导致声带振动频率下降，从而使声音变得更加低沉。姚明，中国著名的篮球运动员，他的声音相对低沉，这主要和他的生理结构有关。他身高2.26米，其声带相较于普通人来说更长、更厚，因此他的声音自然会相对较低厚重。其次，姚明的体型较大，这也是他声音较低的一个原因，大型的身体结构会导致他的声道，包括口腔、喉咙等比一般人更大，这也使得他的声音更低沉。

年龄：随着年龄的增长，人的声音也会发生变化。一般来说，年轻人的声音更加清脆、明亮，而老年人的声音则更加低沉、沙哑。这是因为随着年龄的增长，喉头会下降，还可能积累各种声带创伤，从而出现声音嘶哑的情况。一般情况，30岁左右的人的声音通常会在35岁左右时变得更加嘶哑，而到了40岁左右，声音嘶哑的程度会有所减轻。但也有部分人的声音会发生变化，可能会从嘶哑变为沙哑。到了50岁左右，由于声带的老化，声带的振动会逐渐不明显，从而出现发声困难的情况。在男性中，随着年龄的增长，喉结会变得更加突出，声带也会变得更加僵硬，这些因素都会导致声音变得更加低沉。而在女性中，卵巢逐渐停止分泌雌激素也会使得声音变得低沉。

社会期望与审美观念：在不同的社会和文化中，人们对外貌和声音的审美观念可能存在差异。这些社会期望和审美观念可能会影响人们对声音和外貌的看法和评价。因此，我们应该意识到，对于什么是"好听"的声音或"好看"的外貌，并不存在一个普遍适用的标准，这些观念可能因文化、地域、时代等因素而有所不同。

总之，声音和外貌之间的关系是一个复杂的问题，受到多种因素的影响。虽然存在一些普遍性的规律，但每个人的声音和外貌都是独特的，因此不应该轻易地将它们作为判断一个人价值的唯一标准。但了解了社会对声音形象的刻板印象，有助于我们更好地塑造自己的职业形象。

六、声音与审美

审美亦称"审美活动""审美实践"，是"发现美、构建美、传播美"的过程，是感知、欣赏、评判美和创造美的实践、心理活动。在教学活动当中涉及的声音、情感表达、语言、风格韵味等都贯穿着审美要求，可谓"审美无处不在"。声音审美能力，指的是将声音作为审美对象，建立起对声音的正误、美丑、优劣等的鉴别、判断、塑造能力。

人的心理是"人脑对客观世界的主观反映形态"。审美，实际上就是人作为审美主体对审美客体的主观反映。所谓"萝卜青菜，各有所爱"，每个人的偏爱、认知都不一样，喜好不同，选择也就不同。由于成长环境、思想文化、风俗习惯等多种因素的影响，人们对声音的喜好也没有统一、精确的标准。有的人喜欢实声偏多的混合声，觉得又脆又亮；有的人喜欢气声偏多的混合声，觉得柔和、剔透。这些表述是以审美主体的感觉为依据的，属于主观感受的范畴。当不同的声音以对比的方式呈现时，多数人在声音审美上的追求是相对一致的。比如，从声音的质感、色泽、宽窄、性格等方面来判断，声音纯净与浑浊，年轻与苍老，集中与发散，有光泽与苍白无力，水润、剔透还是干瘪的，柔和还是尖锐、刺耳，灵动的还是笨拙的。大多数人会更喜欢前者，这是一种主观选择，体现了艺术审美的普遍性和共通性特征。声音的美是相对的，没有办法用对错来判断，分歧也就在所难免。[1]

人们在接触视听作品的过程中，由于视觉的直观性，审美对象仍以承载意义的文字为主，而声音的审美价值可能被有意无意地忽略。虽然智能音色做出来的信息产品不像绘画、音乐那样被大家认为是艺术，但它们还是会在某种程度上改变我们的想法、态度和行动。

不同的音色呈现多元的个性风格和审美特征："动漫音"可以活泼、年轻化；"播音腔"可以庄重，凸显专业度；"方言"可以亲切，消解距离感。和能够辨别方向的眼睛相比，耳朵是一种情感性媒介[2]，利用好个体间独特的声音审美，作为我们的交流手段，达到声音传递的目的和意图，声音审美的价值也从中体现出来。

罗斯福的"炉边谈话"至今仍是广播史中具有里程碑意义的事件，他利用声音所具有的身临其境的亲切感，以陪伴的方式与美国民众进行了三十次谈话，成功地拉近了与民众的距离，成为美国人民所信赖的总统。而希特勒采用与之相反的模式，将自己奉上神坛，他的声音则成为他"神圣"意志的再现，德国人民透过收音机集体聆听着他那慷慨激昂的演说。丘吉尔一向以

---

[1] 邹爱舒：《论声音审美》，《歌唱艺术》2022年第10期，第4—10页。

[2] 许加彪，张宇然：《耳朵的苏醒：场景时代下的声音景观与听觉文化》，《编辑之友》2021年第8期，第12—17页。

口若悬河、妙语连珠的形象示人,他在二战期间曾多次借助广播并辅以大喇叭在公共空间发表演说,凝聚人心,带领英国人民走过战火纷飞的年代。声音不仅具有解释画面的功能,更能够呈现人的回忆与想象。[1] 人的审美,除了存在很大的个体差异外,同一个人的审美也是永远在不停地变化的。但是无论如何变,基本的审美要素和审美的规律是不变的。其中对声音的审美标准,也深深地影响着日常生活当中的语言表达。我们先简单把声音分为两种形式:有表现力的声音和无表现力的声音。有无表现力具体就是由声音的个性音色、音质、音强、音长,以及声音与逻辑、情感的契合程度所决定的。日常生活中,我们每个人讲话的声音音色、音质、语速等都不一样,人们自然都能辨别,任何一个听力正常的人都能记忆和辨别不同人的声音,这就是人本能对声音的辨别能力和审美。说话的声音是最原始和最本真的乐音。没有对声音的审美,就没有办法创造出好的声音特点和形象。只有闻其声能识其音,才能识音赏乐。这好比,知识、文化、思想三者之间的关系,知识不等于文化,文化不等于思想。

在科学的解释中,人的声音审美过程需要考虑社会因素和历史因素。社会因素则指,声音除了带来了身体的信息,还承载着社会文化赋予的意义。比如:我们该怎么定义性感的声音呢?心理语言学家Gene教授说:"对性感声音的认知,离不开社会文化对声音含义的解释。因为日本人期待女性的声音是听起来尖的高频声音,低沉沙哑的女性嗓音在日本人听起来就不性感。"Babel等人的研究表明,男性比女性更不容易觉得同龄男性的声音性感,而女性对女性声音的性感程度评分和男性相似。研究者指出,可能是男性气概的要求,让男性不能表示"男性的声音是性感的"。这种社会禁忌的存在,也限制了男性对"男性性感的声音"的了解和评价。[2]

听觉积累是提高声音审美的主要途径。朱光潜以不同人对一棵古松的三种态度说明了人们的视角不同,对待相同的对象会产生不同的态度和反应。蒋孔阳先生也曾提出:"美虽然是客观存在的,但是如果主观上没有这种感

---

[1] 王珍,胡锐:《声音景观建构视角下短视频AI配音滥用行为研究》,《电声技术》2022年第10期,第31—33页。

[2] Babel M, McGuire G, King J. "Towards a more nuanced view of vocal attractiveness". PloS one, 2014, 9(2): e88616.

受能力，对于这样的主体美等于不存在。"这说明在面对同一审美对象时，审美视角和水平的不同，同样会得到不同的评价结果。马克思说"最优美的音乐对于非音乐的耳朵没有意义。"可见，审美能力的重要性。由于"审美判断联系于主体，因此它表面上是审物（判断一个对象的美丑），实际上是审人（判断内心世界的美丑）"。不论是教师，还是学生，都需要建立良好的声音审美。沈湘先生提出，"如何鉴别正确的声音概念，办法很简单，两个字：多听。"可见，感性认识——对优质声音的听觉积累是建立良好声音审美能力的主要途径。但是这种听觉的积累不同于一般意义上的赏析，而是一种专业的听辨能力的培养。比如，听什么、如何听、听多少，需要目标明确、方法得当，才能获得良好的效果。[1]

声音是语言艺术，同时又是听觉艺术。语言表达拥有独有的美学特点，其中包括音韵美、专业美、节奏美等，给受众带来了美的享受。教师在进行有声语言传播的过程中其作为有声语言的传播者在主持过程需要具备音韵美，进而才能够让受众在获取教学信息的过程中感受到听觉美感，获得听觉享受。塑造音韵美，第一，注重情感。在表达过程中每个字，每句话都是包含着蕴意的，因此在表达过程中要准确把握字句的情感，生动有力，在准确理解教学内容的基础上来将语句整理通顺，恰到好处地运用情感。第二，音韵美讲究吐字准确，发声优美。在发声时要叼住字头，处理字尾，声母要发声准确，韵母要归音到位，避免在教学过程中出现同一个调，以增强变化与新鲜感。第三，要实现音韵美还要注重表达中的气息，要求利用胸腹联合式的呼吸方式，延长发声时间，在气息的支撑下将声音发出得更加平稳有力。节奏律动是在进行过程中有规律的、有秩序的连续，要形成节奏必须要注意运动过程中的时间关系以及力的强弱变化，将运动中力度的强弱变化有规律地组合起来，加以反复出现便成为节奏。在教学过程中，不能将内容表达得过于平淡，而是应该在过程中把握律动，避免死气沉沉的情况出现，把握好抑扬顿挫的节奏，以充分体现内容与内容之间的区别与变化，层次与层次之间的递进，观点与观点之间的关系，这样的教学才是有律动的，有节奏的，能够生动起来的。那如何把握"节"的分寸？最重要就是承上启下，不可扭

---

[1] 邹爱舒：《论声音审美》，《歌唱艺术》2022年第10期，第4—10页。

曲。我们说停顿的第一要义，是它的"顺流而下"，从哪里来，到哪里去，让它"水到渠成"，停而不断，不可空泛。"声断气不断，声静情不静"，停中有连，若即若离。不是此处无声、无语、无意、无情、无艺的无奈之举；听觉上似乎停顿了、无声了，但是情意、技艺却在流淌滋润。要善于长停，意在言外。奏，是推进的意思。声音上的贯通、行进。不能是单一独立的；必须是一连串、一段时间的时间，而且要有变化，显示出某种走向、某种态势。"不断推进、前后贯通。"那要怎么推进怎么贯通呢？那就是抑扬使然。"上提下松"把握状态。"以点带面"把握主次。"蓄势行腔"厚积薄发。"参差错落"转变态势。节奏，节与奏的融合，造就有声语言的"抑扬顿挫"，形成有声语言的"回环往复"。"回环往复"就是某个单元的形态多次呈现，反复出现。共有一个基本形态，所有反复之处，都与基本形态大同小异。这里基本形态指的是：基本语气、基本语势、基本转换和基本格式。犹如一唱三叹，犹如一波三折，对于某种心境一而再，再而三地进行冲击。从而留下深刻印象。节奏合以成文那就需要节奏的整体和谐，讲究分寸，及"度"。高低、长短、快慢、轻重、虚实、远近……既指感情又指声音；既指气息又指吐字；既指刚柔又指明暗；既用于空间又用于时间；既用于外形又适用于内心；既可造句又用于谋篇。不过要注意的是："物极必反"，轻重缓急，抑扬顿挫，不能越过极限。"欲速不达"，主次之间，回环之内，不能强加外力。不可"感情泛滥"，感情要具体引发，具体落实。不可"自以为是"，以己之心，度人之腹。

总的来说，声音和审美的本质不是单独存在的，而是与其他领域相联系的。教师在教学过程中承担的责任与扮演的角色不容忽视。将声音与审美相联系主要目的是在于能够利用美学理论更加科学地指导教师在教学活动中，提升教学发声、语言表达的审美能力，让教学在传播实用信息的同时给学生一种美的精神享受。

七、声音与人际交往

声音是我们交流的媒介，通过声音，我们可以传递信息、表达情感、建立起人际关系。你被声音触动过吗？无论是被好听的声音打动，还是被难听的声音打扰,或是因乡音难改而尴尬、因持续用声而嘶哑、因含混不清影响交流、因缺乏感染力而扁平。总有一些时刻,我们本可以魅力四射,却因声音扣了分——声音是让人形成印象的重要一环。

在奥黛丽·赫本主演的电影《窈窕淑女》中,声音粗鲁、说话粗俗的卖花女,在语言学教授希金斯的帮助下,练出了动听的声音和优雅的表达。无独有偶,电影《国王的演讲》讲述了二战前夕的一个真实故事,英国国王乔治六世患有严重的语言障碍,在语言治疗师罗格的帮助下,他克服障碍,发表了鼓舞人心的战前演讲,成为英国乃至世界反法西斯战争的英雄。无论是爱情还是事业,好声音总能为我们创造出关键价值,甚至改变命运。

以中国科学院成都生物研究所方光战老师团队为首的科学家团队,就有一篇论文专门分析雄性竞争和雌性选择中的"声音"要素。在这篇严谨的学术论文中,通过精确的科学实验,以仙琴蛙为实验对象,分析雄性和雌性相互吸引的关键原因。其中发现大多数男性偏爱女性化的声音,而大多数女性则偏爱男性化的声音。所谓声音的男性化或女性化,就是指发声音高的高低、低沉或尖细。越男性化的声音就越低沉稳重,越女性化的声音就越尖细温柔。这里我们可以回想一下,那些广受关注的国民女神的声音,比如说林志玲女士,她的声音就是纤细的。而我们认为非常有魅力的男生,大多数是有那种特别浑厚的声音,比如说姜文先生。男性更喜欢高音高的女性声音,而女性更喜欢低音高的男性声音。声音好听的人往往收入更高,社会地位更高,在公司的职位更高。关键点在于男性的声音直接关系到他人对声音主人的社会认知。浑厚的声音还代表着男性拥有好资源。随着我们的年龄增长,声音会逐渐变低,这就象征着成熟。而通常随着年龄的增长,人们大概率上会拥有更高的社会地位,积累到更好的经济资源,同时具有更强的获取资源的能力。在生活中,如果同为男性,他们其实不喜欢那种声音太浑厚的男声,因为那种声音有操控感。这种感觉也叫支配性。在漫长的人类历史中,支配性恰恰是社会地位的一个重要指标,男性化的声音跟男性的领导力也有着一定的联系。大家普遍都认为,拥有浑厚低沉的男声的领导能胜任岗位,他会更可信、更称职、更有领导力。2013年,美国杜克大学的科学家们考察了792名男性CEO的嗓音,研究嗓音跟他们的经济状况以及商业成就的关系,在控制了从业经验、学历水平等变量之后,选取了同样的样本,只考察嗓音的音色特征这一个变量。结果发现，男性的CEO嗓音越低沉，他们越可能执掌大公司，而且也可能会挣到更多的薪水，他们的嗓音每降低22.1Hz，他们公司的营收就会增加4.4亿美元。相应地，他们的年薪也会增加18.7万美元。声音低沉的男性有可能更出色，更加值得合作信赖，更有钱。所以去强化这方面的特质，让你的嗓音配得上你的专业形象。

虽然声音有"领导力法则"，但低沉的嗓音可不是包治百病，变化中蕴含着更多机会。男性低沉浑厚，女性高细柔美，这么标准的好声音有坏处吗？比如你的声音太有魅力，会招致同性的排斥。你的嗓音越有吸引力，人们就会对这种嗓音带来的威胁越警惕。国外有一个实验非常有意思，假设你要选择一个同性陪自己一块儿出门，那么你会选择什么样的人呢？结果表明男性会选那些音高很高的男人，女性会选那些音高很低的女人。翻译一下就是，找不那么有男人味或女人味的同性一起。所以你的嗓音越是有魅力，你的同性就会越把你视为关系当中的危险竞争者。在有大量人喜欢你的同时，也许有同样多的人讨厌你、嫉妒你。

在我们日常有声语言的交流中一般会面对三类人群，首先是面对比自己年长的，比如长辈、领导、老师，声音状态就应该是谦卑诚恳、严肃恭敬的，多听少说，音高不可太高，尽量是中低音，音量不可太大，有失礼数。再是和自己年纪和地位相仿的，比如同辈、同事、朋友，声音状态就应该是尊重坦诚、亲切友好的，不可盲目强调自我，应该是平等的，音高音量可以根据具体表达的意思内容丰富变化，不死板、轻松自如即可。最后是面对比自己小的，比如晚辈、孩子、小朋友，声音状态就应该是和蔼可亲、容易亲近的，不能盛气凌人、自大自傲，音高、音量可以柔和舒缓，充满趣味。

在声音交际过程中逻辑是很重要的。一位领导在大会上做报告说："有文凭的和尚/没文凭的干部……"现场哄堂大笑，领导发现错误后，赶紧改口说道"有文凭的/和/尚没文凭的/干部"，这才让人听清楚了他要说的内容。文字无声，是声音停顿处，划开了是与非的界限。生活中常常有这样的情况发生：你明明按照语法规则，找准了停顿、连接、抑扬顿挫的方式，但说出来的话，却会造成误解。这是因为没有掌握话语中的声音逻辑。

第五章 教师声音形象塑造

生活中我们常常讲"说话要有逻辑",说话因果关系是否严密,推导出的结论是否让人信服,这是人类语言的一个重要特点。说话时,别忘了语言包含两大符号——文字符号与声音符号。文字为声音提供了依据、材料、情绪的出口,而恰恰是声音逻辑,搭建了言语流动的结构和形式。声音逻辑由停连(pause)、重音(stress)、语气(tone)、节奏(rhythm)构成,简称"PSTR"。掌握了声音逻辑,就能发出条理清晰的声音,美化、增强内容的力量。运用声音停顿可以产生一种强烈的骤然紧张的气氛。而停顿以后,听众绷紧的心弦也会突然松开,从而获得一种快感,更容易领悟到演讲要传达的内容和感情。停顿的过程便是对听众的启发引领,听众随之进入演讲者的情绪场,感受到一种很强的控场力的包围。声音逻辑,无时无刻不在支配你说出口的思想。

生活也好,职场也罢,大多数时候,我们沟通的核心目的,是获取资源。而沟通的过程如果缺乏"影响力",就容易碰壁。所谓影响力,就是"把自己的目标转化为对方的目标"的能力,其实也就是"说服力"。我们的表达,如果想让对方听得进去,在自己这一方面,就要作充分而细致的准备,这项工作的具体措施分三步:确定自己的目标,了解对方的需求,架设沟通的桥梁。

第一步,确定自己的目标。很多时候我们总是滔滔不绝,以为自己在目标明确地努力沟通,其实不然。比如《西游记》中的唐僧,面对妖魔鬼怪的阻拦,他的说服语总是以"贫僧自东土大唐而来,去往西天取经"开始。看起来目的够清楚,其实正好相反。如果他明白自己取经路上的目标是要少生枝节、顺利过关,就不一定会把自己的来龙去脉交代得这么清楚。不该说的话,多一句都会招灾惹祸,妨碍目标达成。

第二步,了解对方的需求。唐僧说服的对象主要是妖魔鬼怪。表面上看,妖魔鬼怪的需求是要吃唐僧肉,长生不老,这是强烈的自我提升、自我发展的需求,好像毫无沟通余地。但再想一层,妖魔鬼怪其实还有一个"高高兴兴上班去,平平安安回家来"的生存安全需求。针对这个需求,唐僧最应该做的,是"秀"自己的高配安保团队——以孙悟空为首的徒弟们。如果对方不买账,还可以展示一下从太上老君到观音菩萨的庇护。毕竟,妖怪想吃唐僧肉,是为了享受美好生活的,并不想丧命或者被擒。所以我们应该了解自己，了解对方。在了解的基础上再做取舍和组织，在沟通中把同样的一手牌，打出不同的格局。

第三步，架设沟通的桥梁。明确了自己的目标并了解了对方的需求之后"讲故事"。确定情境，厘清冲突，从而收获。通过情景化的情感召唤，合理分析冲突关系，明确矛盾和得与失，从而说服对方，达到目的。

八、声音与修养

人与人之间彼此的最初感知由三部分内容构成：视觉感知、声音感知和内容感知。这意味着，当你说话时，声音这张名片可以成倍数地提升或拉低你的形象。声音的修养，随时随地将人从粗野而凡庸的生存之域提升到美好的境界。

声音，不只是声波的物理现象，不只是来自我们的喉咙，也是心灵仪态的呈现，体现出一个人修养。修养越高的人，内心就越强大，自信谦卑、落落大方，在不同情境之下都能善用正确的语言表达方法，适当的声音音量。音量大小没法决定一个人的能力本领，却能表现一个人的修养。大声放肆、不顾及他人是自私自大，不尊重他人。大音量大嗓门可以是一种本能，若能控制好自己的音量那就是一种本领、一种修养。

声音，作为口语交流的一种形式，能够展现出个体的独特特质。同时，修养作为一个综合性的概念，涵盖了教育水平、社交技巧、文化素养以及个人品德等多个方面。为了深入理解声音与修养之间的关系，我们可以从以下几个层面进行探讨。

（一）说话的内容

一个人的语言选择是衡量其教育背景、知识水平和文化素养的重要指标。使用恰当、有教养的语言，不仅能够避免误解和冲突，还能够提升交际效果。一个有教养的人通常会选择使用清晰、准确、有礼貌的措辞，尊重他人的观点和感受，这使得他们在与人交往中更加得心应手，更容易获得他人的认可和尊重。相反，如果一个人经常使用粗俗、侮辱性的词汇，不仅会给人留下不好的印象，还可能引发不必要的争端和冲突。这种行为不仅缺乏社交技巧，更暴露了其缺乏文化素养和教育背景的问题。

（二）说话的方式

清晰表达，保持适中的音量和语调，注意听者反馈，有效沟通。在不熟悉的环境当中，人们往往先入为主，从对方清晰准确的发音与表达，了解到对方良好的教育背景和专业素养。在交流过程中，应保持适度的音量和温和的语调，这有助于展现个人的自信和情绪管理能力。音量过高或过低可能会给听众留下不适当的印象。尊重听众是有效沟通的基础。通过调整语速、语调和用词，可以更好地适应听众，这既体现了良好的社交技巧，也展示了对他人的尊重。

（三）说话的礼貌原则

经常使用"请""谢谢"等礼貌用语，显示了良好的家教和尊重他人的态度。在对话中给予他人发言机会，不打断对方，展现了良好的交流习惯和尊重。

在人际交往中，礼貌用语的使用是一种基本而重要的沟通方式。通过使用"请""谢谢"等礼貌用语，人们能够展现出良好的家教和尊重他人的态度。这些简单的词汇不仅传递了友善和谦逊的信息，还为对话创造了一个和谐、积极的氛围。

当一个人在对话中经常使用"请""谢谢"等礼貌用语时，这往往意味着他们受到了良好的家庭教育，并且将这些价值观内化为了自己的行为习惯。当我们使用礼貌用语时，我们向对方传递了一个积极的信号：我们重视他们的意见和感受。给予他人发言机会和不打断对方也是良好交流习惯的表现。在对话中，我们应该尊重每个人的发言权，给予他们充分表达自己观点的机会。这种尊重会激发对方与我们建立更加亲密和信任的关系。相反，如果我们缺乏礼貌，可能会给他人留下冷漠或傲慢的印象，从而阻碍人际关系的建立。

（四）情绪表达

即使在压力或挑战面前，也能保持声音平静和礼貌，反映了成熟和自我控制能力。保持语调稳定，语气平和是成熟和自我控制能力的体现。在面对压力和挑战时，这种能力使我们能够冷静分析问题，有效解决问题，并给予他人可信服的形象。

声音所承载着的，不仅是一个个词汇，而且是一种"听得到的仪态"。

决定人成为什么样的人的，是他看到的东西，也是他听见的声音。如果一位农人在田里干活，从村这头到村那一头，从山这头到山那头，从河此岸到河彼岸，要说什么事一定得扬声呼喊，否则可能别人听不到。在大自然的环境里，无拘无束地大声说话，放声唱山歌，天真淳朴，与环境亦是相和谐的。

而在现代的都市环境，到处都人满为患，人们一方面时刻捍卫隐私，另一方面，也不愿做他人私事的无奈听众，因此压低声音说话是现代社会人人需要遵守的基本修养。保罗·福塞尔在小说《格调》里有一段关于两个家庭的生活的描述：蓝先生夫妇常冲着彼此大喊大叫，声音传遍所有房间，而白先生一家总是控制着自己的音量，有时小到互相听不见。两家人音量大小的不同，这里的蓝先生和白先生喻指蓝领和白领，他用音量来剖析阶层的差异性，区分了他们素养之间的差异。

由此，我们也可以拓展出声音修养所体现的几个方面：

音量控制：懂得在不同的场合使用适当的音量，既不会打扰到他人，也能确保自己的话语能被清晰地传达。在公共场合，比如餐厅或图书馆，应该控制自己的音量，避免成为噪声制造者。而在需要被注意或听清的情况下，如正式场合的发言，应确保声音洪亮，让人听得清楚。

语调与节奏：良好的声音修养也体现在语调的控制和节奏的把握上。语调适中，不会过于尖锐或低沉，可以使人感到舒适。而节奏的掌握则能确保谈话流畅，不会让人感到拖沓或急促。稳定的声音给人一种稳定和可靠的感觉。无论是语速、音量还是语调，都应该保持在一个相对稳定的范围内，避免忽高忽低，忽快忽慢，这样可以使听众更容易理解和接受你的信息。

清晰度与准确性：说话清晰、准确，不含含糊糊，这也是声音修养的体现。清晰的发音能让人更容易理解你的意思，而准确的用词则能确保你的话语更具说服力。

适应不同情境：在不同的情境下，声音修养也要求你能够适应并调整自己的声音。例如，在正式场合下，可能需要更加庄重和严肃的声音；而在轻松愉快的社交场合中，则可能需要更加轻松和活泼的声音。

倾听与回应：在与人交谈时，懂得倾听并适时回应，也是声音修养的体现。这不仅能让对方感到被尊重和理解，也能使谈话更加顺畅和深入。

好声音对人的作用，就像婴儿哭泣时听到母亲的声音会安静下来。"闻声识人"，似乎是一种本能，且人们对于"耳福"的追求总是孜孜不倦。长大后，我们进入知识课堂"听"课。老师的声音，宽严相济，这种美好的声音，是一种"听得到的仪态"，安静之美、激励之态，让我们在课堂汲取知识，如沐春风。

在亲朋好友前、在集体办公室里，千万不要肆无忌惮地大声打电话，你这样的行为，下意识地说"你们在座的所有人都不重要！"这样不尊重人的行为，同样你也不会得到他人的尊重。特别在公共场合，比如餐厅、电梯里、机场候机室、地铁上等，当你旁若无人地大声聊天、把自己手机音乐外放到最大、有意无意制造一些不和谐的噪声时，这里可能很多人在休息、处理工作，或在电讯设备上看节目。这些随意的声音表现都暴露了一个人的真实教养。

总的来说，声音修养不仅仅是一种技能，更是一种艺术。它需要我们在日常生活中不断练习和提高，通过不断学习和实践，我们可以逐渐提升自己的声音修养，使自己的声音更加具有魅力和影响力。

尽管声音可以提供有关一个人修养的线索，但这种判断不应该是唯一或决定性的。人的复杂性意味着他们的修养和个性不应仅凭声音或初次印象来评断。文化背景、个人经历和当前环境等因素都可能影响一个人的言语表达和交流方式。

九、声音与距离

声音是一种在空气中传播的波。声波会随着它在空气中传播的距离加长，声波强度会随着它空气中传播距离的加长而越来越弱，直至完全消失。在生活中我们也会有这样的体会，那就是距离越远，声音越小。

人与人之间亲疏程度或身体距离与声音距离的关系，体现在空间高低、远近等之中，空间距离不同，声音距离则不同。不同的方位，也会对这种关系有影响，而空间距离也会反过来影响声音控制。人们身体的空间距离，是一种无声的语言。

北京故宫太和殿高高的九龙宝座依存于空旷的地面形成的高低空间感，

使来者的朝拜之声肃然洪亮而悠长，显示着皇权的至高无上。而恋人之间身体的近距离接触，使得双方声音低软，节奏绵密，跟他们之间的亲密关系有关。

不同的身体距离与声音距离，也会彰显出文化差异。从接受美学看，声音的修养不来自声音本身，而来自声音与人类之间的相互作用。如果一位美国人准备和一位巴基斯坦人交谈，因为大多数美国人愿意相隔一臂之距，或是喜欢站到离对方3—4米远的地方来交谈，而巴基斯坦人会因此感到与对方距离太远，谈话不尽兴，想凑近些。这样继续下去可能会把美国人挤到一个墙角。最后的结果是，巴基斯坦人感到美国人太冷漠，不够友好，而美国人则感到对方过于亲近热情，于是在声音控制上极力保持距离。而中国人则较为含蓄，在与异性交流时，彼此的身体距离一般大于欧美人。

空间关系的研究也表明，无论种族、肤色、性别，每个人在空间距离与声音使用上的原则都是一贯的，但不同的种族、肤色、性别，也是存在区别的，人们谈话时的距离的确影响着交流的感情与意愿。所以在跨文化交流中要了解对方的国家或民族的文化禁忌，对其身份与文化背景有一个全景式印象。充分理解不同文化背景的人在交际时对身体距离有哪些不同的偏好。英国人、美国白种人、瑞典人彼此站得最远，意大利人和希腊人的人际交流距离比较近，南美人、阿拉伯人和巴基斯坦人站得最近，我们大多数人把拉丁美洲人和阿拉伯人的正常谈话距离看作亲密的标识，真有可能造成意义不清的传播。

在我们自己的文化中，我们会根据掌握信息的不同，对对方了解程度不同、情绪不同而在身体距离上有变化，一般我们同陌生人说话，要比与友人说话时站得远一些。身体距离上的不同偏好，会使声音送达的距离不同，这种差异在跨文化交流时容易引起误解。因此，生活中，控制好自己的声音，意味着掌握自己的空间表达权。

在全球跨文化交流中，为了避免误解，需要了解不同国家和地区或不同文化背景的人对不同场合不同关系中身体距离与空间的诉求。比如，英国、美国、加拿大、新西兰和澳大利亚的中产阶级的空间范围圈大致相似，可分为以下6个区域：

1. 最密切区：0—15厘米，只有当身体拥抱或接近时，人们才能进入的区域。声音送达距离最近，音量最小，音高最低，相当于"耳语"，语速可以达到最快。

2. 一般密切区：15—46厘米，亲人和密友活动的区域。声音送达距离很近，相当于眼神送达的距离，音量宜小，音高偏低，语速仍可以加快，以不干扰密切区之外的人们交谈为宜。

3. 个人区：46厘米至1.2米，办公室开会、宴席聚会、鸡尾酒会等社交场合，人们彼此保留的距离。音量适中，音高不低，语速放缓，温和松弛，营造和谐氛围。

4. 社交区一：1.2—2.1米，办公室与同事站着说话的距离。声音送达1米开外，交流感强，声束集中，音量不大，有利于营造友好的氛围。

5. 社交区二：2.1—3.6米，声音送达3米左右的范围，音量保持不变，声送全场。有利于让全场听到清晰的声音，声束集中，语速变慢，营造友好庄重的氛围。如果加大音量，会显得粗鲁生猛，冒犯对方，但可以改变声音距离——不变音量的前提下声送全场，受过训练完全可以轻松驾驭。

6. 公共区：3.6米以上，人们在疏朗的广场、清净的公园等更大范围的公共场合所保持的距离。声音若送达3米外，交谈声音一定会影响其他行人，所以非紧急情况，交谈时尽量避免大音量，避免音高过高，最好将身体距离及时缩短为密切区或个人区，短距离交谈为宜。

现实生活中，不同文化背景的人对身体距离的偏好，没有对错，只有适不适合、是否得体的问题。更重要的是，每一次聚会，在实际交往中文化背景不一定能够对号入座，得体的声音，应来自现场观察。观察对方习惯的距离，谈话时，你可以试探性地凑近对方，礼貌观察。若对方身体原地不动，音高、音量不变，说明距离合适；若对方身体后倾，随之音量变大，音高变高，说明你侵犯了他的密切区，他正抬高声音与你拉开间隔。这时，应该相应地迅速调整你的声音，拉开身体距离。

第三节　教师声音形象的类型

声音形象就是由音色、话语表达内容以及话语表达方式等多种因素所形成的一种综合印象。声音形象中的特质对内容有某些情感的定向强化功能，也有着不同的内容诠释力。只有当声音形象的特质与内容的特质相匹配的时候，才能得到最佳的表达效果。

声音形象这个概念不仅可以运用于音乐领域，人的语言表达同样适用。而"形象种子"这一概念不仅在表演方面适用，人物角色的声音也有"形象种子"，即声音的形象。也就是说表演者在舞台上除了运用肢体、表情表演外，还需要用声音来塑造形象。而根据人物角色的性格特点和形象分析感受去捕捉人物角色的声音形象，表演者就能赋予角色更多的色彩，呈现更加生动、立体的人物角色。

教师们需要在正确的声音形象审美观指导下建立美的声音形象，同时对这一声音形象进行内化、想象、感觉，通过训练，使发声机能的控制做到自然协调，进而发出想象的声音，即实现想象的声音造型、音色，再经过主、客体对声音进行审美检验，最终形成自我的美的声音形象。

教师的声音形象是教师在长期的职业生涯当中不断磨炼、创造而形成的相对稳定的积极独特的言语风度和言语格调，它是教师在职业生涯当中言语运用稳定、成熟的标志，是教师教育风格的重要组成部分，不同的教师有不同的声音形象特点。同一教师在不同的教学环境当中也会因为教学的需求而展现出不同的声音形象。

声音的类型是可以根据身形大小、音色控制等等形象以及自身的条件控制的，而相同身形下，性别上的差异也会让声音形象的塑造有所差异。

基于性格特点，有的教师比较感性，而感性的思维方式会促使去选择用感性的方式去表达自己的情感和教学内容，也形成一个特色的教学声音形象在课堂活动当中，以娓娓道来、亲切的声音形象讲述内容。有的老师习惯以理性方式思考，这也会使得此类型教师大多以干练、干脆利落的声音形象出现。这种声音形象的特点就是有权威感，同时也有较强的说服力，比较适用于一些理论知识概念为主的课堂之中。在课堂活动当中，具体分为以下几种：

一、温柔亲切型

这种类型的语言特点就是说话的语气温柔，并且说话内容容易让人产生亲近感，在平易亲切的音高当中诉说一些生活的道理、教学的内容，音色比较柔和，语调平稳。

温柔亲近型的声音形象大多与原本的声音条件和本人性格有着极大的关联性，他们不会在说话时刻意地去表现自己声音的特色，也不特意地去强调自己的语言表现能力。这样的声音形象可以在一定程度上缩减和学生之间的交流距离，亲切的语气也会让学生放下对教师的戒备心理。在课堂活动当中，温柔的语气也可以很好地鼓励学生在课堂的活跃程度，也可以保护学生的自尊心，增强自信心。同时这种语言的弊端在于震慑力比较弱，对于活泼好动的学生说服性较弱，课堂纪律的维持也是一个不稳定的因素。

二、厚重沉稳型

此类声音形象听起来声调沉稳，音高较低，同时有一定厚度。一般常见于年迈的教师或是声音先天性条件较好的教师，厚重沉稳型有着语气沉着冷静、稳当，音质醇厚的特点，而这种厚重沉稳的声音形象常用的教学效果是对于讲解学术色彩较重以及理论性占比较大的问题和知识当中；不仅可以表达出教师语言的可信度、说服力，同时也表达了理论支撑的严谨性，说服力更强，也更容易让人接受和吸取。

三、抑扬顿挫型

这类型的教师语言特点在于音高高低起伏变化，语言生动形象，不是固定的格式和停连节奏。抑扬顿挫型的语言形象可以提高教学时学生的专注度、感染力，在教学环境当中多使用于讲解一些理论性稍弱、生活性较强的知识描述，其中也会使用大量的修辞手法。

四、干脆利落型

这类教师声音十分简洁、干练，表达也通常言简意赅，直截了当地抛出知识点；其特点就是言语简单、道理清晰。在教学活动当中，教师利用此类言简意赅型的教学表达，有利于我们在讲解知识点的时候进行直接鲜明的表达，让学生更容易抓住重点，理解所说的知识点以及内容，也可以有足够的空间给学生自我思考。

五、激昂澎湃型

这种声音形象的停顿连接，节奏快慢十分明显、语流变化强烈、此起彼伏、语言携带的感情色彩十分浓烈，不仅可以非常有效地调节学习氛围，增强感染性，也极大程度上调动了学生学习的积极性。其缺点在于需要教师有充沛的体力状态和科学的发声方法，不然会很容易疲惫。

六、严肃庄重型

课堂态度明显，语调平稳。基本不会有起伏和明显的变化，有一定的震慑性，语言内容紧紧与课堂内容相贴合，此类声音形象最大的特点在于课堂上严谨的态度和其庄重的个人形象，一般这种声音形象多见于教育经验丰富的教师身上。适用于理论知识、科研研究等学术性的教学活动当中。其缺点在与学生交流感变弱，课堂氛围不太活跃，不适用于低年龄段学生的教学活动。

七、风趣幽默型

课堂态度轻松自然，语调多变，常常带着微笑和幽默感。此类声音形象最大的特点在于能够激发学生的学习兴趣，使课堂氛围变得轻松愉悦。他们会用幽默的方式解释复杂的概念，让学生们在笑声中掌握知识。这种声音形象多见于年轻、充满活力的教师身上，也适用于低年龄段的教学活动当中。在使用风趣幽默型声音形象时，教师需要把握好度，既要注重课堂内容的传授，又要注重课堂氛围的营造。同时，还需要根据学生的年龄、性格和学习习惯等因素进行适当调整，以确保教学效果的最大化。

合适的声音形象除了给学生听觉上的享受，体会语言的美感；也可以在停连节奏、重音、音高、音色、语流、语调等等不同的变化当中增强对事物的诠释力，对美的感知度，激发学生在学习过程当中的求知欲。只有教师秉承"言传声教"的理念，在语言的活跃当中构建一个新的独特的环境，让学生更深层地接受不同声音形象下的知识概念，才能够达到教育的目的。在教学活动当中，不能够随意选择声音形象，需要根据不同的教师性格特点、教学类型、教学环节、教学环境等来选择教师语言表达的类型。既要注重课堂表达的效果，又要利于学生对教学内容的理解和接收。

第四节　教师声音形象的定位

教师是人类文化知识的传承者，也是语言工作者，明确教师的声音类型，确定适合教师独特的声音形象，对于提高教师的教学质量具有重要的现实意义。交流过程中，人的声音在人与人之间的信息沟通中起着重要作用。而我们从语言当中获取的信息，不仅可以通过声音去修饰和美化，同样也可以被声音弱化。

在教育传播中，言语授课是教师在课堂内的主要方式，因此很多教师都十分注重自己语言的内容，也会偶然关注到自己的声音，但是大多数教师都是以自己不经训练和修饰的声音去进行教学。教师的教学语言发声，不应是非常纯粹的生活语言，或者是简单地根据内容改变，而是深层次地分析教学内容，明确个人声音类型，定位属于自己的独特声音形象。

一、定位自身声音形象的原则

自身声音形象的重要性在于它能够影响他人对你的认知和印象，甚至会影响你的个人品牌塑造和职业发展。你的声音形象也是你个人品牌的一部分。通过精心塑造你的声音形象，你可以传达出你的价值观、风格和特点，使你的个人品牌更加鲜明、突出。可以帮助你更准确地传达信息，减少误解和歧义，使沟通更加高效、有力。

（一）适配性

每个人都有自己独特的音色和声线，所以定位自身声音形象时首当其冲的就是考虑个人总体上的风格条件与所选择的声音形象适配度是否恰当。但是运用声音的目的和途径都必须在基础形象之内，不能凌驾于声音形象之上，最大程度地展现其声音适配程度和声音原本特质才是达到协调性的重点。

（二）积极性

定位自身声音形象时，所传播的方向一定要以积极的教育目的为出发点，以正面的传播内容为标准，同时以生动而有趣的传播形式为前提。教学一旦进入积极的互动状态，就会产生一种动态生成的活力表现，呈现一种鲜明风格的个性教学。无论选择怎样的教学方法，无论开展怎样的教学活动，都有赖于对学生的学习未来充满憧憬，让教学的魅力弥漫在每一个学生成长的时空之中。

（三）舒适性

舒适的用声，是指说话人喉部比较放松，气息比较通畅，旁人听起来音色自然、舒服。反之，不舒适的用声，会让旁人听起来感觉别扭、造作。当我们需要长时间发声的时候，如果一直处于不合适的声域，或者是盲目地去追求传统层面中好听的声音，不顾及自己自身的条件，这样不仅容易疲惫，长此以往更容易损伤自己的发声器官。捏挤、压紧喉部的用声习惯，给喉部加了额外的负担，会使声带的自如运动受到影响，久而久之便会引起嗓音疾患，比如声带结节、喉咙嘶哑等。如果日常教学工作时候，都会过度用力，教学时间稍长，声音便力不从心。一旦适应了这种不自然发声的方式，在改换了教学环境或需要较大幅度的教学声音变化时，会无法适应教学工作的需要。所以定位声音形象一定要追求舒适性，契合自身的条件，选择确定适合自己的发声音域范围内，定制合适的方案，建立符合自己的发声习惯，才能够做到科学发声，长时间不疲惫，舒适自如，保护好脆弱的发声部位。

（四）独特性

千篇一律的好声音总是比不上属于自我的个性化声音。在建立科学发声系统时，会出现模仿阶段，可以从具有优秀发声经验者身上学习方法技巧塑造声音形象，但切勿照搬模仿他人的音色，要在科学发声方法中寻找自己独特的声音。也为了让自己所表达的内容更具有独特性，可以更大程度地吸引学生，在进行声音形象定位时需要挖掘自己的声音特点，找准自身声音特色，突出自己的个性，制定具有独特魅力的声音形象。

（五）稳定性

稳定的声音对于教学传达信息和表达感情非常重要。稳定的声音可以增加学生的理解和接受度，使授课内容更具有说服力。教育传播的主要途径就是靠语言输出，在定位自身声音形象时，着重关注的点在于传播内容是否可以稳定地输出，在输出的过程当中不仅要保证内容的出彩、语言的得当，更要通过根据自身特点设计的声音形象来稳定地输出内容，才能够最大化地保证传播的效果。要增强声音的稳定性，首先需要正确发声。掌握正确的发声技巧之后，合理利用胸腹式联合呼吸，从而保持气息声音的稳定。此外，养成良好的发声习惯，避免过度用力或慌张时声音颤抖。

（六）恰当性

自身的教学声音形象并不是一成不变的，教师需要根据不同的环境、不同的对象、不同的内容等等客观情况做出恰当的调整。对自己的声音有高度的把控力，并且根据情况选择恰当的声音形象是追求高效传播的基础要求。

二、影响声音形象定位的要素

声音形象的塑造会受到很多要素的影响，高昂的音高可能表示兴奋或紧张，而低沉的音高可能表示悲伤或沉思。在日常生活和工作中，我们可以根据自己的需求和目标，灵活运用这些要素来塑造出符合自己期望的声音形象。

（一）自身声音条件

1. 高亢嘹亮，声音质朴

嘹亮高亢的声音类型会凸显出教师鲜明的个性，也更能体现出教师本色的质朴声音条件。这种声音风格以实声为主，在中高音区，在运用过程当中需要全部发声器共鸣官配合运动，并且要基于熟练运用胸腹式联合呼吸法，科学的用声习惯，以足够的腹部气息支撑为条件。在授课过程中，爆发力极强，变化丰富，也会遇到一个两个突破稳定音域的高音、低音，如若根据课堂教学内容予以配合，会产生记忆点，让学生能够更深刻地记忆所授知识，起到意想不到的效果。

2. 沙哑低沉，有一定磁性

低沉又沙哑的声音类型因为声带闭合不严，有明显的漏气音，声音有一定的力度，音高领域处于中下区，但是在相对正常的声音音色中具有独特的味道和表现力，沙哑的声音状态听起来是不光滑的、光泽度较弱，但是运用得当会出现很有磁性且有力量的声音。有磁性的声音，是指一种令人舒适、愉悦和放松的声音特质。其特点为清晰、柔和、低沉、温暖、有节奏感、感染力及说服力，容易引发共鸣和信任。在物理学上，有磁性的声音指某人的"音色"符合大众心理需求，令人舒适并乐于接受。在心理学上，它能直指人的感官快感，让人不由自主地被吸引。这种声音通常源于说话人发声部位靠后，具有厚度和低沉特质，能在他人胸腔引起共鸣。这种类型的声音在一定程度上也比较吸引学生的注意力，运用得当会使教学成果事半功倍。此类声音条件发声时摩擦音较为明显，所以会在长时间的使用之后对发声部位造成较重的负担。为了保证其声音的风格和声音的力度，同时维系健康的发声部位，应当适当地学习科学的发声方法。

3. 尖锐纤细，音频偏高

一般环境中，音频较高的尖锐纤细的声音引起关注。这种声音在发声时会更多借助鼻腔共鸣和头腔共鸣，在气息经过口腔后会直接冲击鼻腔头腔，使声音尖细高亮。此类声音条件会给人紧张，时刻绷着一根弦的感觉。因为教师的工作需要大量地说话，这类声音会给声带造成较大的负担。长时间听这样的声音也会让学生躁动不安、产生排斥心理。这类声线的老师要注意锻炼下部共鸣，降低音高，放松喉部。

4. 清新柔美，音色纯净

音色清新柔美，干净无瑕，一般来说听感上会给人舒适愉悦的心情，如沐春风也是一种独特的声音风格，让人回味其中的韵味。但是缺点在于音量较小，课堂环境当中需要借用话筒来扩大音量。此类声音容易缺乏力度和变化，长时间容易让学生走神游离其外，课堂教学效果就会打折扣。这类声音的老师要注意气息力度和声带强度的训练。

5. 明亮甜美，洋洋盈耳

明亮且甜美的声音条件大多出现于年轻的教师之中，比起温柔平和型感受上会更加的轻松快活，给人青春靓丽的体验。此类型的声音以中高音区为主，较为洪亮，给人激情与力量，具有很强的感召力，但是缺乏稳健厚沉的中低音。教学过程中，学生会容易忽略课程的重点内容，教师需要通过加强语言表达重音停连技巧、声音立体感训练，方可达到"锦上添花"的效果。

6. 气大于声，虚幻缥缈

气大于声的发声方式常称为"气声""虚声"，是一种气与声不按发声规律而组合的样式。正常的发声规律是要求气息振动声带时，两片声带要磨合且发声，而气声则是有意不让声带完全闭合，让气流通过未完全振动的声带发出。此类型的声音一般会"气先后声"发出声音前会有气息先跑出来，或是"先声后气"在说完一句话后会很明显地叹出一口气。在这种声音中，因为带有明显的气流声，而使声音色彩虚幻缥缈，甚至带着一些哑声，有时这种声音相比实声反而更显自然亲切，也能够表现内心情感，具有特殊的感染力。但是因为气多实声少，容易产生虚幻缥缈的感觉，很难给予学生踏实感、安全感，不易让学生信任。

声音的自身条件是一个人发声器官形状、身体健康情况、审美和语言素养的总体体现，受到诸多条件的影响。在教学教育活动中，各种声音条件都有一定的用武之地，明确自身声音条件的优势和劣势，一方面能够更好地扬长避短；另一方面能够更有针对性地选择适合自己的练声方法来补齐"短板"；再者，声音条件在声音形象中很重要，但不可单独论之，必须要和整体形象契合、相辅相成，才能让整体效果最大化。

（二）教师性格

一个人的性格在很大程度上会表现在声音中。"未见其人，先闻其声"

是文学作品和影视作品中常见的人物出场方式，可见声音对于塑造人物形象、表现性格特征有着举足轻重的作用。反之，人的性格也是声音形象的一大底层逻辑与建构要素，就像同一把乐器，在不同性格的乐手手中会演奏出不同的风格和底色，相似声音条件的人也会因为性格不同而呈现出完全不同的声音形象。

性格一经形成就相对稳定，但也并非一成不变。现代的教师一般都是经过高等教育的成年人，除非遭遇重大变故，否则一般来说性格底色是比较稳定的，但也会随着年龄、教学经验的增长而有所变化。正确感知自己的性格和变化是塑造恰切声音形象的一个前提。

教师的性格特征大致（但不仅限于）以下几类。

1. 刚正不阿型

坚守自己的底线，不会轻易地因为他人的想法和话语动摇自己的念头，设定目标之后希望能够尽快完美地完成，并且希望把每件事情都做得滴水不漏。原则性极其强烈，对自己和他人的要求很高，极致的完美主义者。他绝不会对不公之事视而不见，常因考试答案"不规范"或学术观点与老师同事激烈争论，也会就国内外时事发表独到见解，不同于一般老师。刚正不阿型的性格会让他的感受力减弱，共情能力低。但他们有着较高的耐心和耐力，设定的目标一定要有结果，适合当领导者，做事也会光明磊落。

这类性格的教师声音会比较严肃和板正，以发"直声"为主，声音不善于起伏。同时，音色可能会偏硬，有时给人强硬之感。刚正不阿是内核和态度，如果能在表述语气上稍加柔和，语速放缓一些，学生也会更容易接受。

2. 温和友善型

平时的形象是温和的、友好的，也会为了一段良好的关系去迁就他人，不擅长拒绝、反驳他人，常常因为他人的需要而忽略自己的感受，十分愿意付出，表达需求婉转含蓄，愿意大方地表达自己的爱，会觉得他人需要自己就是生活的价值。温和友善的性格让他们在日常生活当中"以人为本"，随和友善、慷慨大方。

一般声音形象会很温柔端庄，比较擅长给学生建立亲切友好、平等互信良好的课堂氛围和学习环境。

温和友善型的教师声音多为暖声、起伏柔缓，如果声音细腻动听则会为总体形象加分。但这类型的声音如果长期不变，容易给学生造成一种软弱可欺的印象，不利于教学和督导。因此，这类性格的教师有时需要在声音中加入干脆和强硬。

3. 果敢自信型

非常自信，做事也果决，认为自己一定能够胜任工作，也希望让所有人都相信和认可自己。这类型的人往往会以成功与否来标榜自己的价值，所以会表现得野心勃勃，活力四射，积极进取。对于所选择的事物，总是胸有成竹，通常也会敢作敢当。

果敢自信的人发声不犹豫，以实声为主，声音干脆利落，掷地有声。在教学过程中会给学生树立一定的威严形象，也更容易让学生对学科和专业产生自信，但有时会给人一定的距离感。如果能够择机放慢语速，语言中增加留白让学生多思考和发言，反而能取得较好的教学效果。

4. 自成一格型

自成一格的人比较专注于自己的想法和精神世界，较为情绪化，追求生活中的浪漫。对于感情十分珍惜，并且愿意付出时间和精力去实现维护情感良性发展的目的。喜欢思考生命意义，爱好创作，热衷自我探索，追求各领域独特风格，在自己的领域也容易有独特的理解和建树。这类老师在创作型的课堂活动中会有很好地发挥，与学生之间也会有更多交流的话题，能够很轻易地拉近与学生之间的距离。

这种性格类型的人声音会虚实结合，大起大落，言语中包含丰富的感受，讲课时情境性和代入感很强，但交互性可能较弱。如果能够在声音变化中找到更多的外部依据，多关注交流的情境和对象，让声音的变化更加自然流畅，交流效果会更好。

5. 冷静理智型

冷静理智的教师更可能具备较为系统扎实的理论知识基础，清晰的语言逻辑，但表达普遍含蓄，生活中以温柔儒雅的形象出现，能够理智地面对生活中的大风大浪，处世不惊。但冷静理智的人性格偏内向，缺少活力，说话较为简洁。

这种性格类型的教师很少会无目标地主动和学生交流，声音比较冷峻平直，平缓直叙。这种声音形象容易给人造成距离感，让人觉得"难以焐热"，如果在语言中有意识地加一些情感化的表达，声音暖起来、动起来能够在一定程度上弥补这种感觉。

6. 郑重其事型

这种性格类型的人注重工作和生活的细节，对自己和他人的要求都可能较高。日常当中不会轻易相信他人，对各种事物需要一再验证，做事往往都是小心并且谨慎的，答应的事情也会尽心尽力地去完成，不太喜欢受人关注，喜欢熟悉安全的环境。不做没有把握的事情，一般会选择跟随着权威的引导来行事，同时又会去质疑权威，形成了很矛盾的性格特点。这类教师团体意识和荣誉感很强，但又难以和学生、同事建立亲密感。

郑重其事型的教师一般声音会保持低沉、语速缓慢以保持缜密的逻辑和权威感。如果能够在声音中加入一些柔缓和互动的语气，把拘谨的声音稍微放开一些，允许活泼的音色出现，对于团队和学生的吸引力和凝聚力都会有所改善。

7. 乐观活泼性

乐观，喜欢有新鲜感，追得上潮流，怕负面的情绪，想过愉快的生活，想创新，自娱娱人，渴望过比较享受的生活。他们喜欢投入情绪高昂的世界，所以他们总是不断地寻找快乐，生活当中快乐热心，不停活动，不停地获取。怕严肃认真的事情，通常多才多艺，熟悉玩乐的事情，也会花精力去钻研。喜欢用嬉笑怒骂的方式来对人对事。教学当中会有很好课堂氛围，容易与学生打成一片，缺点是学生在学习中容易忽略掉重点，被热热闹闹的场景带偏。

乐观活泼的老师声音中也会带着喜悦的色彩和跳动的节奏，感染力较强。声音会实多虚少、语速轻快，充满律动。这种声音特征的老师在教学中的难点在于使学生的情绪能够收放自如，恰当地掌握节奏，让课堂该活跃时活跃，该严肃时严肃。

8. 正义凛然型

追求公平，强硬实力，不靠他人，有正义感，凡事要说了算，喜欢做大事，是绝对的行动派，碰到问题就马上采取行动去解决，想要独立自主，一切靠自己的能力做事，要建设前不惜先破坏，想带领大家走向公平正义。生活中具有攻击性，自我中心，轻视懦弱，尊重强人，扶正不扶歪，为受压迫者挺身而出，冲动，有什么不满意当场发作，主观凭直觉。

正义凛然的老师一般都用实声，铿锵有力，掷地有声，突出的重音彰显着明确的价值取向，也震慑着课堂中的小动作。这类型的声音容易吸引价值观相似的学生，而使另一部分学生自动疏离。如果能在语言表达和声音中刚柔相济，教学成果会事半功倍。

9. 平静随和型

这类性格类型的人需要花长时间做决定，难以拒绝他人，不懂生气，显得十分温和，不喜欢和人起冲突，不自夸，不爱出风头，想要和人和谐相处。倾向于避开所有的冲突和紧张情势，忽视逃避会让自己不愉快的事物，希望能维持美好的现状，并尽可能让自己保持平稳、平静。生活中温和友善忍耐随和，怕竞争，无法集中注意力，非常依赖别人的提醒，注意力集中在细节，对大多数事物没有多大的兴趣，不喜欢被人支配，绝不直接表达不满。

平静随和的老师一般声音温柔，以虚声为主，音量通常不大，语速较慢，在大多数时候给人传递平和温暖的气息，讲课娓娓道来，效果会不错。但是长时间的细声细语容易让学生困倦，并且可能不易维持课堂秩序。这类性格类型的老师需要注意在讲课中设计一些节奏变化的段落，加强声音表达的生动性，调动学生的情绪和兴趣。

老师是人类灵魂的工程师，老师的性格往往影响着教学效果。每个教师都有自己独特的性格特点和教学风格。了解并尊重这些差异可以帮助教师更好地适应和满足学生的个性化需求。而确定教师的不同性格和风格对于教育环境和学生发展有着多方面的重要性，对于设计个性化教学、建立良好的师生关系、提升教学效果、应对职业挑战、促进教师专业成长等方面有着启发式的关键作用，认识到自己的性格特点和局限性，可以激发教师自我反思和改进的动力。

（三）教授学科与教学方向

所教授的专业学科不同，声音形象的定位也是不同的，哲学类的学科要求声音形象信服度更高一点；科研类的学科要求声音形象更严谨缜密；美学类、鉴赏类的学科则要求声音形象更端庄典雅。在定位前期，一定要了解自己所教授的学科更适用于怎样的语言，进而设计出合适的声音形象。教师的声音与教授学科的关系可以从多个角度来分析。首先，教师的声音对于传授知识、引导学生思考和激发学生学习兴趣至关重要。同时，教授学科的不同也会对教师的声音提出不同的要求。不同学科对于语言表达的要求各有不同。比如，在文学、语言学等人文类学科中，对语音的音高、韵律、语速等方面的要求可能更为注重；而在理工类学科中，可能更注重语音的准确性和清晰度。因此，教师需要根据所教授学科的特点，调整自己的语音表达方式。不同学科对情感表达的要求也有所不同。例如，在社会科学类学科中，对于情感的表达可能更加丰富和灵活，而在自然科学类学科中，可能更注重逻辑性和客观性。因此，教师需要根据学科的特点，在教学中灵活运用情感表达，使之符合学科的特点。教师的声音与教授学科密切相关，教师需要根据所教学科的特点，灵活调整自己的语音表达方式，情感表达方式以及声音保护方法，以提高教学效果和保护自身声音健康。

根据教学方向不同所选择的声音形象也不尽相同。在知识理解、方法运用、技能训练、态度引导、过程熟悉、情感共鸣、创新创造等不同的目的当中选择合适恰当的声音形象才能够更好地达到教育教学目的。教授语言类学科时，教师的语音表达需要准确、流畅，并且语调、韵律和语速等方面的要求较高。他们需要特别注意发音的准确性和语音的清晰度，以便学生能够正确理解和模仿。此外，语言类学科的教师还需要注重语音的地域特色和文化背景，以更好地传达语言的魅力和内涵。音乐、声乐等艺术类学科的教师需要对自己的声音有着更高的要求。他们需要通过专业训练来提高自己的声乐技巧，保护自己的声带，以确保能够达到高水准的演奏和表演要求。在教授理工科类学科时，教师可能需要进行长时间的板书讲解或实验演示，因此需要特别关注声音的保护。此外，他们的语音表达需要注重准确性和清晰度，以确保学生能够准确理解教学内容。在教授社会科学类学科时，教师可能需要更多地运用情感表达，以激发学生的兴趣和参与度。因此，教师需要灵活运用声音表达技巧，使之符合所教学科的特点。不同的教学方向对教师的声音提出不同的要求，教师需要根据所教学科的特点，灵活调整自己的声音表达方式，以提高教学效果。

（四）教学内容与学情

在日常的教学当中，我们按照内容分为传授经验类、情感内容丰富类、技能学习类、道理讲解类等不同的类型，其中传授经验类应选择实声为主、娓娓道来的声音形象；技能学习类应选择中低音区为主，语速适中的声音形象；道理讲解类的内容大多选择说服性强的声音形象；情感内容丰富类应选择虚实结合、变化丰富的声音形象。最终根据所教授的内容选择匹配的声音形象。例如，在教授理工科类学科时，教师的声音形象可以表现为严谨、清晰和准确，以展现出对知识的权威性和专业度；而在教授艺术类学科时，声音形象可能更加灵活多变，能够表达出对艺术作品的感受和理解。一些教学内容需要教师展现出亲和力和温暖感。在教授社会科学类学科或心理辅导时，教师的声音形象可以体现出亲切、耐心和关怀，这有助于建立良好的师生关系，促进学生的学习和成长。教学内容中涉及情感表达的部分，教师的声音形象需要具备表达情感的能力。比如在文学作品的诵读或戏剧表演中，声音的形象可以通过音高、节奏和情绪的把握来传递作品所蕴含的情感，从而激发学生的共鸣和情感体验。其中一些教学内容需要教师通过声音形象来启发学生的思考。在进行辩论或思辨性讨论时，教师的声音形象可以展现出冷静、理性和思考性，以引导学生进行深入的思考和讨论。

教学内容与声音形象之间相互影响，教师需要根据不同的教学内容，灵活运用声音形象来展现出相应的专业形象、亲和力、情感表达和启发思考的能力，从而提升教学效果和学生的学习体验。

学生受众分析是指针对特定学生群体进行的细致研究和分析，以便更好地了解他们的需求、特点和学习习惯，从而有针对性地进行教学和学生管理。根据年龄段和年级来说，不同年龄段和年级的学生具有不同的认知水平、兴趣特点和学习需求。因此，针对不同年龄段和年级的学生进行分析可以帮助老师更好地设计教学内容和教学方法。一般参与到教学活动中的受众可以根据年龄分为幼儿、儿童、少年、青年、中年、老年这几个段，也有按照学习科目、学习目的等分类不同的授课对象，同时，观察授课对象的心理年龄和接受度。目的并不是差别对待，而是确定好授课的对象，才能够选择适合的声音形象开展教学活动。其中根据受众接受、感受理解、反应不同可以将幼儿、儿童、老年化为一组，声音形象可以采用虚实结合方法，以中高音区为主，语速不宜过快、过慢；又以少年、青年、中年为一组声音形象可以采用实声为主，以中低音区为主，语速、重音等表达技巧可以根据教学内容采用丰富多彩的变化。根据学习能力和学习风格来说，学生的学习能力和学习风格各不相同，一些学生偏好视觉学习，一些学生偏好听觉学习，还有些学生更喜欢实践性的学习。了解学生的学习能力和学习风格可以帮助老师选择适合的教学方法和教学资源。对于相对学习能力较弱的学生要用虚实结合的发声方法，中音区为主，低音区为辅，语速要稍慢，循循善诱，娓娓道来的，抑扬顿挫的表达，让学生感觉到老师对他的尊重，对他没有放弃，依然在信任他，帮助他走出困境。不可实声过多，发声位置不可以过高，会让学生有强大的压迫感，害怕胆怯，更无法学进去；也不可使用过多虚声，位置过低，会让学生感觉老师已经对他失望，没有好结果了。对于相对学习能力较强的学生要使用干净利落、中音区为主，虚实结合的声音状态，或鼓励，或批评都会给予他不骄不躁的声音力量，让他始终充满力量，去继续叩开未知的门扉。通过对学生受众的深入分析，教师可以更全面地了解学生，有针对性地制订教学计划、教学方法和教学资源，以提高教学效果和促进学生的全面发展。

（五）教学环境

一般我们的授课的课堂按照学生数量分为：小班、中班、大班。一般小班人数在二十人以内；中班人数在六十人以内；大班人数在六十到一百二十人；也会出现更大的课堂，如汇报厅、舞台等讲座现场，学生可能多达上千人。也可按照课堂环境分为室内和室外教学；以及线上和线下教学等。

环境与教学内容密切相关，根据环境确定好授课选择的表达形式。因为人体本身的听觉限制，如果在小班里采用高亢激情型或是在大班的环境下选择娓娓动听型的声音形象，那势必是不可行的，所以授课环境对于声音形象的选择也起着至关重要的决定性作用。室内室外授课中，我们以小班二十人为例，如果是在室外，因为太多不可控的噪声背景下，需要教师应以实声为主，语速稍慢，中高音区发声，关键点可以采用停连方式中的多停少连，然后重音精而准的方式去授课。如果是在室内，声音的力度、音量相对减半就可以符合教学环境。线上授课因为通过网络媒介传播授课，声音形象当中的音量大小可以根据硬件设备进行调整，所以教师本身在这个环境下只需要注重语言表达技巧了。由于隔着屏幕网络，在教学表达过程中教师需要根据教学内容将在声音形象当中展现丰富的表现方式，增加语言技巧，不然学生会很容易走神，教学效果也会不尽如人意。比如有声语言的"抑扬顿挫"，形成有声语言的"回环往复"。"回环往复"就是某个单元的形态多次呈现、反复出现。因为没有面对面无法看到学生实时上课状态,所以"回环往复"是对教学重点夯实的不错选择。加强基本语气、基本语势、基本转换和基本格式变化。犹如一唱三叹、犹如一波三折,对于某种心境一而再,再而三地进行冲击,这样才能达到教学目的。

(六)尊重信仰,接纳多元化审美

在不同国家、社会、民族中,生活的习惯、审美以及信仰都不尽相同,在教学中要遵循的原则就是尊重不同信仰,接纳多元化的审美,不盲目地选择千篇一律的教学方式,坚持语言的大方得体。面对学生的差异,很多时候老师们会尽量避免歧视性的语言,尽量展示尊重和包容,但声音和表情相对于语言更能够表现出教师的真实态度,但这些细节又最容易被自己忽略。一个轻视的叹气,一声大嗓门的批评,一句阴阳怪气的表扬……都会在学生的心中被放大——教师的态度对学生的影响比我们想象中要大。良好的师生关系不仅是教学效果的需要,也是老师和同学们在学校快乐生活的重要土壤。对于教师来说,在学校和社会要求范围内接纳多元化的审美和习俗,保持积极温暖的声音是职业要求的题中之义。

第五节 不同教师声音形象的塑造方法

声音是个人的一张形象名片,可以为人们预留无尽的想象空间。教师的声音形象绝不仅仅是一张声音名片,而是蕴含着教师的职业要求、审美取向、学识修养和生活工作习惯。打造声音形象并不只是一个理念,而是从思想到方法的一套系统知识。

一、教师声音形象塑造的基础要求

(一)教师的声音形象要体现思想道德修养

教师担负着传递社会文化价值与准则的任务,他对学科、学习以及学生的态度,直接影响学生的学习态度。因而教师应具有较高的文化艺术修养和思想道德修养。"言为心声",教学语言折射着教师的思想感情,体现着教师的修养水平。首先,教师必须热爱学科,热爱学生,对教育抱着最大的热忱,并在教学语言中体现出尊重和信任学生的原则,使学生感受到老师的亲切关怀。其次,教师应精通他所使用的语言,注意锤炼教学语言,有较好的语言修养,能将抽象的文字转化为形象可感的直观言语,做到讲解清晰准确,条理分明,提问或回答明确,使学生能通过教师的教学语言获得知识,并借助已有的经验进行再创造。讲课时语句要流利清晰,语调和谐亲切,音量适中,言语流畅。总之,教学语言或生动活泼,或含蓄幽默,或慷慨激昂,或平实质朴,都体现着教师的文化艺术修养和崇高的思想品德。

(二)教师的声音形象要体现文化艺术素养

一个人的文化艺术修养会充分体现在言语之中,久而久之,显露无遗。从根本上提升声音形象的文化艺术素养感需要长期的学习、欣赏和练习。文化艺术门类有其相通之处,看得多、听得多、学得多、练得多都会形成对文化和艺术更深刻的理解和感受。教师传道授业解惑,书本上的知识并不是唯一的教学目标。提升自己的文化艺术修养应该成为教师的日常功夫和积淀。

具有一定文化艺术素养的人言语往往更加平和、从容。从外部表现来看,悦耳的音色、适合的音量、应景的语速和融情的语气都是文化艺术素养在声音形象中的体现。

悦耳的音色是平稳气息和健康发声器官的结果,如果心浮气躁,声音也不太可能悦耳。适合的音量是对环境和他人的理解和体谅,教学中音量控制好,强弱有变化,起伏不突兀的声音,能在不知不觉中洞穿学生心灵,为学生构建知识内化的空间,提高语言修养,优化教学效果。语速是性格的一种表征,也是对教学内容和学情的态度和掌握情况的一种反映。语速太快,信息如泉涌而来,让学生措手不及,从而产生烦躁、抑郁之感,造成生理上的疲劳;语速太慢,学习失了几分趣味性和挑战性,学生大脑皮层转入抑制状态,注意力容易分散。语气是情感和思维在语言中的体现,只有倾注了情感的声音才有熠熠之辉,贯注了情感的语言才有生命之采,饱含人格真情的语气才能使学生"亲其师,信其道"。但语气不能一成不变,要做到"稳中有变"。

首先,说话要有"底气"。所谓"底气",就是把肺吸进的气体沉至丹田（横膈膜），让气从丹田处发出。将气息调整得均匀、细缓、深长，用肚皮说话，在眉心发声，这样才能字正腔圆，不费力而又能效果良好。其次，掌握"共鸣"技巧。声带本身发出的声音是微弱的，只有经过喉腔、咽腔、口腔、鼻腔、胸腔的共鸣，才能使声音洪亮、圆润、有厚度。一般要领有三：一要扩大共鸣腔，找找打呵欠的感觉，放松口腔、咽腔、舌头；二要控制好舌头，因为它能改变口腔的形状，影响共鸣；三要肌肉张弛适中，肌肉过于紧张，声音僵硬，没有弹性，肌肉过于松弛，声音不集中，没有力度。

融情的语气。讲授内容决定说话语气。语气要根据授课内容来"量体裁衣"。叙事说理强调逻辑性，因此要条理清晰，周密严谨；描人状物突出形象性，因此要绘声绘色，融情于景；表情达意要有感染性，情真意切，委婉动人。再辅以自然的体态，微笑的面容，必然能让学生产生共鸣。

交流目的决定说话语气。树立学生的自信心，维护自尊心，请用信任的语气；增强学生的自我意识，培养独立能力，请用尊重的语气；避免学生的逆反心理，乐于接受建议，请用商量的语气；激发学生的表现欲望，体验成功的快乐，请用赞赏的语气；提高学生的耐挫能力，勇于尝试创新，请用鼓励的语气。教学中，富有魅力的声音是不尽相同的，或浑厚有力，给人力量；或清脆明亮，令人振奋；或甜美委婉，使人陶醉。只有重视声音形象的塑造，我们的课堂才会让学生多一份怀想。[①]

（三）教师的声音形象要准确、规范、生动流畅，富于启发性

准确规范地使用教学语言是课堂教学对教师的最基本要求。教师是知识信息的传播者，要最大限度地避免科学性、知识性以及思想性的错误。如果教师的教学语言隐晦，讲述含糊，词不达意，言不由衷，则会导致学生产生误会或错误地接收信息，这必将影响学生知识的获得。要使教学语言准确、精辟、富有文采，教师对教学内容必须融会贯通，能运用通俗易懂的贴近学生知识水平和生活实际，深入浅出地讲清每个问题，切忌模棱两可。教师还要能根据学生的反馈信息不断地调整教学语言，如当学生课堂上答非所问或回答含混不清时，教师要能用十分精确的富于启发性的语言点出问题的本

---

① 赵云：《教学因"有声"而"有色"——由窦桂梅老师〈秋天的怀念〉谈教师声音形象的塑造》，《华夏教师》2014年第7期，第40页。

质。这样，师生之间的交流才能真正达到心有灵犀，并使课堂充满和谐的审美气氛。中学生具有好奇的特点，因而教学语言要有新鲜感，要有启发性。一句话，就是要切近学生的生活实际，使教学语言富有生活气息。从学生的心理实际出发，从知识的原意和学生现有水平能力出发，采用多种方法组织教学内容，使每节课都让学生感到新颖，有美感。这样才能吸引学生的注意，调动他们的学习积极性。

（四）教师的声音形象应该有积极的审美价值，形成独特而富有成效的语言风格

当今时代，什么都讲究特色，没有特色，似乎就失去了生命力。教师要按照自己的个性特长、兴趣爱好、能力修养、音色特性等条件，自觉锤炼语言，提高语言修养。首先，教师从气息控制到音量把握，从语音辨识到词汇积累，从语调变化到节奏处理，从语速调整到修辞运用，都要根据不同的教学内容和所要表达的情感而灵活运用，以形成自己独特的教学语言风格。在声音形象方面，有的教师的声音高亢响亮，有的教师的声音清脆悦耳，有的淡雅柔美……无论声音特点如何，教师都要凭借适当的语音、抑扬顿挫的语调、整散结合的句式，通过感情去打动人，使美从教师口中流出。教学中，教师先根据教学目的对教学内容进行理解把握，对学生的能力和教学过程中可能出现的问题进行估计，设计教学语言，设计各种能激发学生思考的问题，才能将自己对知识的领会借助文学性的语言渗透着自己的情感传递给学生。这样的教学语言就有了教师自己的个性。无论哪一种语言风格，都要讲究表达技巧，善用修辞，并且始终以良好教学效果为前提。总之，教师要努力塑造自己富有特色的语言风格，让学生在美的语言氛围中汲取知识，健康成长。

二、不同声音形象的类型以及塑造

教师要改进自己的声音，首先需要知道自己嗓音的优点、缺点以及与众不同的特点。由于我们听到自己的声音，是先通过自己内耳的骨传导，会与外耳听到的声音有所差异，所以为了能够更清楚了解自己的声音条件，需要借助外界手段比如录音设备，记录下自己的声音，分析自身的语音和嗓音的缺陷，由此根据发声状况进行有意识的训练，也会改善自己的声音形象。呼吸的气流是制造声音的动力，有了强有力的呼吸，才能发出理想的声音。气流的强弱与音高、音响及音色都有关系，所以教师要想自己有一副好嗓子，就必须首先锻炼呼吸。解决了基础的发声训练，练好呼吸，建立好的共鸣腔体，做到吐字归音清晰明了的基础要求之后，分析个人性格、课堂内容等因素，选择合适个人特色的声音形象，并根据不同声音形象的要求进行塑造。

（一）温柔亲近型声音形象的塑造

温柔亲近的声音形象的内核是包容和尊重，松弛感很强，声音厚度也较为宽厚，具有磁性和内在的张力，授课过程中可以让学生感到轻松，接受度更高。也会提升课堂的互动率，比较适合于包含情感内容较多并且表达形式内向且含蓄的课堂活动中。这种声音形象给人的体验是舒适自如、如沐春风的，让人不自觉产生亲切的情愫。

要形成温柔亲近的声音形象，在发声共鸣方式当中多以口腔共鸣为主，胸腔共鸣为辅，音量相对要小，音强力度要弱。语速适中，在虚实结合的发声中，虚声或气声会多于实声。语气温柔舒缓，以上扬的语势为主，语句末尾收音徐缓。此类声音形象多出现需要讲述分享在生活道理感知、人生情感丰富等教学和教育过程当中，渲染能力强。温和友善和随和平静性格人比较容易形成温柔亲近的声音形象。

（二）言简意赅型声音形象的塑造

言简意赅型的声音形象意味着性格干脆，思维清晰简洁。所以该类型的声音形象语流多连少停，声连气连，语速较快，实声为主，强化中音区，表达节奏也相对较快，需要着重注意的点在于转换的速度需要和内容相匹配，并且语速不超过受众的生理、心理接受程度。言简意赅并不等于语速快，即便是快，也应该建立在清晰明了之上，快而清楚、快而不错、快而不乱、快而有变。此类声音形象要求气息有足够的支撑，在词与词之间、句与句之间要能够熟练地偷气、换气。

言简意赅型的声音形象需要鲜明的语气，这时发挥语气技巧能够揭示逻辑关系，表现情感色彩的作用。言简意赅型的语流曲线一般较小，较为平稳，如果没有语流曲线就会让内容平且没有层次，也没有主次之分。塑造这类型的声音形象语流一定要有此起彼伏的感觉，一字一句向前推进，这样课堂的表达才能够明白晓畅。要想语速加快，吐字归音到位，就要改变咬字的幅度，既不能够咬得太死，导致字音拙滞；也不能够咬得太轻，致使听不清。因此可以将字头、字腹、字尾的音程按比例缩短，保证每个字不但快速而且清晰。

（三）厚重沉稳声音形象的塑造

厚重沉稳的声音状态显现出胸有成竹，从容自信，运筹帷幄，可以增加教师形象的可信度。厚重的声音通常来自比较健壮的体格，年龄的增加导致喉头下降，也会带来一定的厚重感。这类声音胸腔共鸣显著，有的还带有一定的鼻腔共鸣；音量相对均匀，音强力度要强，否则容易造成拖沓闷塞之感；低音区较多，所以对气息支撑的要求较高；语速较缓慢、节奏明显、多停顿、重音突出；也要求对于气息和咬字、控制等基础技巧的熟练掌握。

这类型的声音形象对发声者的身体的各方面先天条件有一定的要求，比如较大的共鸣腔、较粗的声道、较宽大的声带等，不能够为了追求简单的听觉效果而刻意地去压低自己发声区域，放弃了真实的根本特点。还需要注意，声音沉稳厚重不是把所有信息都当作重点去强调，那样反而会造成见字读字的效果，泯灭真正的意义和重点。冷静理智和正义凛然的性格的人在心态上比较容易造就这类声音形象，如果加以正确的练习，强化胸腔共鸣，增强气息控制，也能在一定程度上让声音更加沉稳厚重。

（四）抑扬顿挫型声音形象的塑造

抑扬顿挫的声音形象顾名思义富于起伏和节奏变化。根据情绪变化，声音表达的音高、音色、音强和语势也会有变化。伤心低落时，人的声音会缺少生机，音高较为低沉；而开心时声音比较明亮、活泼，跳跃程度也更为明显；兴奋时声音高亢，快速，音高明显比平时说话声音高。这就要求教师在讲述过程当中以胸腔共鸣为辅，口腔共鸣为主，时不时会用到头腔共鸣；中音区、低音区、高音区灵活转换，语速变化丰富多彩、节奏明显、多停顿、多连接，突出重音。

有的人受到成长环境的影响，语言表达本身就比较生动，但这种"天然"的生动大多数时候凭感觉，并没有对内容和表达规律有科学的认识。更多的人则是表达平平，甚至不善表达。这些情况下，要想塑造抑扬顿挫的声音形象,就要求对于气息和咬字、控制等基础技巧的熟练掌握,并且理解表达技巧和表达规律。"抑扬顿挫"是教师在传播过程当中赋予内容强烈情感色彩和逻辑的有效途径。受众往往会对富含着人类情感变化的事物更有了解欲望,情感性也是维持师生关系的重要纽带。但需要注意的是,抑扬顿挫绝不等于故弄玄虚或者随意变化声音。声音的变化一定要找到充足的内外部依据,变化越是细腻贴切就越能够抓住人的注意力。虚张声势的变化会招致厌恶。郑重其事和乐观活泼性格特点的人比较容易形成抑扬顿挫的声音形象。

(五)娓娓动听型声音形象的塑造

娓娓是说话连续不断而又毫无倦意的样子;动听代表音色怡人,节奏恰切,语气柔和而准确。娓娓动听的声音背后是耐心细致的服务精神,以及对授课内容春风化雨般的熟稔运用。娓娓道来这样的语言处理方式特别适用于抒情类和叙事类的教学内容,以柔和、轻快、舒适、动听的语气诉说,为教学内容增添不一样的色彩。对于说理、议论类的内容,这类声音会显得缺乏力度和说服力。

选择此类声音形象需要根据不同教学环境、不同的教学内容选择合适的语言状态和共鸣腔体,一般多以口腔共鸣为主,部分情况增添使用胸腔共鸣的形式。气息的控制要足够平稳,音量柔和、起伏不大。为了达到舒缓且动听的语音特点,增强气息训练,减少或避免出现颤音。此类型的声音形象最大特点是语速不急不拖,语气平和。这类型的声音形象并不是只适用于女教师,男教师运用得当会给人儒雅、有学识的印象。另外,娓娓动听也不是高而细的声音才可以,它更倾向于是一种语气的描述,不同音色运用这种声音形象会形成风格化的特点。温和友善、自成一格、随和平静型性格特点的老师都比较容易形成这类声音形象。

(六)激昂澎湃声音形象的塑造

激昂澎湃的声音在语势上大起大伏,高音强劲有爆发力,低音也稳健有气势。这种声音形象的背后是对工作和专业的高度热爱,以及明确的目标感、责任感。当然,激昂澎湃的声音还需要有强健体魄和发声器官的支持,因为这类声音需要强大而持续的气息支撑,首先肺活量要足,其次是呼吸肌的控制力度要足,再次是声带要坚韧抗冲击。如此费力的声音形象背后需要慢慢的工作动力，然而也正是因为这种热忱和努力，激昂澎湃的声音通常非常具有感染力，让人听之精神鼓舞。

激昂澎湃型的声音形象追求声音本身拥有的质朴音色，不刻意地去修饰改造，更多方面在于如何给自己的本色声音注入更强的力度，由此需调动全部发声器官的综合运动能力，在气息的大力支持下，以胸腔共鸣为辅，口腔共鸣为主，会用到头腔共鸣；以中音区、低音区为主，高音区在重要部分会有使用，音量相对要大，音强力度要强，语速稍快、节奏紧密、多停顿、多连接，突出重音，唇齿力度控制相对要强，使声音爆发出激情澎湃的特点。不能够盲目地随意地在内容表达的任意节点使用激昂的声音状态，选择之前，应该先理解表达内容事件的经过，并发挥充分想象情景再现，筛选合适的时机选择澎湃的声音形象，才能够使声音产生一种强烈的爆发力和夸张的气势。刚正不阿、正义凛然和乐观活泼性格类型的老师都比较易于形成这类声音形象。需要注意的是，激昂澎湃的声音对于身体机能的考验较大，不建议长时间连续使用，刚柔相济、使用适度，嗓音才可长久不衰。

（七）坚实洪亮型声音形象的塑造

坚实，指声音不虚，实声清晰明朗；洪亮，指音色圆润，音强饱满。坚实洪亮的声音听起来掷地有声，语调高扬、语流通畅、语句连贯、语音响亮。这种声音形象背后是对于自己学科、信仰和人格的自信和坚守，具有这类声音特点的人往往做事原则性强，业务上比较可靠。

坚实洪亮的声音需要以实声为主，音量相对要大，音强力度要强，教师在讲述过程当中以胸腔共鸣为辅，口腔共鸣为主，不太会用到头腔共鸣，会用到一部分的鼻腔共鸣；中音区、低音区为主，高音区会很珍贵，语速相对均匀、节奏快慢均匀、多停顿、少连接，突出重音，也要求对于气息和咬字、控制等基础技巧的熟练掌握。但基于内容也可以适当地添加虚实变化以弘扬出强大的气场。由于坚实的特点，会要求讲述者的口腔控制力度较强，在处理吐字归音、语气和停连节奏过程中，要求规整性强烈，基本规律为字头最强，语速较慢，语调高亢，气息往下沉。除此之外，规整性较强的同时不能缺乏新鲜感、严肃感。刚正不阿、果敢自信、自成一格、冷静理智和正义凛然的性格都适合塑造坚实洪亮的声音形象。

需要说明的是,声音形象和音色并没有对应关系。声音形象是一个人长期的有声语言给人形成的总体印象,它由声音的各个维度构成,音色只是其中一个要素。举例来说,由于周围环境和影视节目的影响,说到坚实洪亮的声音形象,脑海中首先跳出的是一个中音区的男声,但低音和高音同样可以形成坚实洪亮的声音,它和气息、音量有关,只是中音区的人相对较多,我们便容易形成这样的刻板印象。

另外,声音形象是一个人在长期交流中惯常使用的有声语言运用习惯给人留下的印象,并不是一种约束。一个一贯声音厚重沉稳的人在兴奋时也可能表现出高昂激越的声音状态,而一个平时声音娓娓动听的人也可以用坚实而低沉的声音来表达不满和抗议,一个抑扬顿挫的声音也可能因为某时缜密的思考而表现出冷峻平缓的声音。总之,声音随着情感和思维实时律动的,也只有变化的声音才有生命力,才是有交流感的,学生喜欢的。所谓的"照本宣科"从本质上来看就是语言和思维、感情"两张皮",失去了内容原有的含义,让人听之迷惑又疲劳。

再者,一个人的声音形象是当下身体状态、学识素养、能力技巧和情感态度的总体体现,它会随着发声者学识阅历的增长、性格心性的磨炼、能力技巧的熟稔,以及态度情感的转变而变化,也会随着年龄的增长、身体的变化而改变。教师能够成功地塑造自己的声音形象并不在于天生音色有多好,而在于是否能够正确地理解声音形象的底层逻辑,适时地完善和调整自己的声音表达。

教师声音形象如何,在一定程度上直接关系到教学质量和教学效果。吐字清晰,声音明亮,字正腔圆,科学用声能给学生美的享受,让学生在优美的听觉中心旷神怡地上课学习。反之,如果一个教师声音嘶哑、语言干涩、低浊或尖利又特别费劲,除了自己吃力、不舒服外,学生听起来也不舒服。由于学生对声音不美的老师讲课在听觉上有一种本能的斥拒,很难收到良好的教学效果。为此,塑造声音形象的理念和方法、科学用声应该成为每一位教师的贯彻整个职业生涯的基本素养。

参考文献

外文参考文献

■专著

[1] Gyurko J. Teacher voice[M]. 1th ed. New Yort: Columbia University, 2012.

[2] DeVore K, Cookman S. The voice book: Caring for, protecting, and improving your voice[M]. Chicago: Chicago Review Press, 2009.

[3] Hands B W. Finding Your Voice: A Voice Doctor's Holistic Guide for Voice Users, Teachers, and Therapists[M]. Toronto: BPS Books, 2009.

[4] Adrian B. Actor training the Laban way: An integrated approach to voice, speech, and movement[M]. New Yort: Simon and Schuster, 2010.

[5] Berry C. Voice and theActor[M]. New Yort: Random House, 2011.

■期刊文章

[1] Sliwinska-Kowalska M, Niebudek-Bogusz E, Fiszer M, et al. The prevalence and risk factors for occupational voice disorders in teachers[J]. Folia Phoniatrica et Logopaedica, 2006, 58(2): 85-101.

[2] Ilomäki I, Laukkanen A M, Leppänen K, et al. Effects of voice training and voice hygiene education on acoustic and perceptual speech parameters and self-reported vocal well-being in female teachers[J]. Logopedics Phoniatrics Vocology, 2008, 33(2): 83-92.

[3] Ongkasuwan J, Friedman E M. Is voice therapy effective in the management of vocal fold nodules in children?[J]. The Laryngoscope, 2013, 123(12): 2930-2931.

[4] Bottamini G, Ste-Marie D M. Male voices on body image[J]. International Journal of Men's Health, 2006, 5(2).

[5] Allport G W, Cantril H. Judging personality from voice[J]. The Journal of Social Psychology, 1934, 5(1): 37-55.

[6] Apple W, Streeter L A, Krauss R M. Effects of pitch and speech rate on personal attributions[J]. Journal of personality and social psychology, 1979, 37(5): 715.

[7] Aronovitch C D. The voice of personality: Stereotyped judgments and their relation to voice quality and sex of speaker[J]. The Journal of social psychology, 1976, 99(2): 207-220.

[8] Scherer K R. Personality inference from voice quality: The loud voice of extroversion[J]. European Journal of Social Psychology, 1978, 8(4): 467-487.

[9] Smith B L, Brown B L, Strong W J, et al. Effects of speech rate on personality perception[J]. Language and speech, 1975, 18(2): 145-152.

[10] Taylor H C. Social agreement on personality traits as judged from speech[J]. The Journal of Social Psychology, 1934, 5(2): 244-248.

[11] Vallee M. Technology, embodiment, and affect in voice sciences: The voice is an imaginary organ[J]. Body & Society, 2017, 23(2): 83-105.

[12] Brown B L, Strong W J, Rencher AC. Perceptions of personality from speech: Effects of manipulations of acoustical parameters[J]. The Journal of the Acoustical Society of America, 1973, 54(1): 29-35.

[13] Hillman R E, Stepp C E, Van Stan J H, et al. An updated theoretical framework for vocal hyperfunction[J]. American Journal of Speech-Language Pathology, 2020, 29(4): 2254-2260.

[14] Yuan M, Zeng J, WangA, et al. Would it be better if instructors technically adjust their image or voice in online courses? Impact of the way of instructor presence on online learning[J]. Frontiers in Psychology, 2021, 12: 746857.

[15] Pettersen V, Bjørkøy K. Consequences from emotional stimulus on breathing for singing[J]. Journal of Voice, 2009, 23(3): 295-303.

[16] Sezgin M C, Gunsel B, Kurt G K. Perceptual audio features for emotion detection[J]. EURASIP Journal onAudio, Speech, and Music Processing, 2012, 2012: 1-21.

[17] Davis S K, Morningstar M, Dirks M A, et al. Ability emotional intelligence: What about recognition of emotion in voices?[J]. Personality and Individual Differences, 2020, 160: 109938.

[18] Bachorowski JA. Vocal expression and perception of emotion[J]. Current directions in psychological science, 1999, 8(2): 53-57.

[19] Schirmer A, Kotz S A. Beyond the right hemisphere: brain mechanisms mediating vocal emotional processing[J]. Trends in cognitive sciences, 2006, 10(1): 24-30.

[20] Kuhlmann L L, Iwarsson J. Effects of speaking rate on breathing and voice behavior[J]. Journal of Voice, 2021.

[21] Fitzmaurice C. Breathing matters[J]. Voice and Speech Review, 2015, 9(1): 61-70.

[22] Lewandowski A, Gillespie A I. The relationship between voice and breathing in the assessment and treatment of voice disorders[J]. Perspectives of the ASHA Special Interest Groups, 2016, 1(3): 94-104.

[23] RavignaniA, Kotz SA. Breathing, voice, and synchronized movement[J]. Proceedings of

the NationalAcademy of Sciences, 2020, 117(38): 23223-23224.

[24] Xu J H, Ikeda Y, Komiyama S. Bio-feedback and the yawning breath pattern in voice therapy: a clinical trial[J].Auris Nasus Larynx, 1991, 18(1): 67-77.

[25] Desjardins M, Halstead L, Simpson A, et al. Respiratory muscle strength training to improve vocal function in patients with presbyphonia[J]. Journal of Voice, 2022, 36(3): 344-360.

[26] McGlashan J, Aaen M, White A, et al. A mixed-method feasibility study of the use of the Complete Vocal Technique (CVT), a pedagogic method to improve the voice and vocal function in singers and actors, in the treatment of patients with muscle tension dysphonia: a study protocol[J]. Pilot and Feasibility Studies, 2023, 9(1): 88.

[27] Angadi V, Croake D, Stemple J. Effects of vocal function exercises: a systematic review[J]. Journal of Voice, 2019, 33(1): 124. e13-124. e34.

[28] Bane M, Angadi V, Dressler E, et al. Vocal function exercises for normal voice: The effects of varying dosage[J]. International journal of speech-language pathology, 2019, 21(1): 37-45.

[29] Teixeira L C, Behlau M. Comparison between vocal function exercises and voice amplification[J]. Journal of voice, 2015, 29(6): 718-726.

[30] Pedrosa V, Pontes A, Pontes P, et al. The effectiveness of the comprehensive voice rehabilitation program compared with the vocal function exercises method in behavioral dysphonia: a randomized clinical trial[J]. Journal of voice, 2016, 30(3): 377. e11-377. e19.

[31] Kaneko M, Hirano S, Tateya I, et al. Multidimensional analysis on the effect of vocal function exercises on aged vocal fold atrophy[J]. Journal of Voice, 2015, 29(5): 638-644.

[32] Schroeder S R, Rembrandt H N, May S, et al. Does having a voice disorder hurt credibility?[J]. Journal of communication disorders, 2020, 87: 106035.

[33] Nanjundeswaran C, VanSwearingen J, Abbott K V. Metabolic mechanisms of vocal fatigue[J]. Journal of Voice, 2017, 31(3): 378. e1-378. e11.

[34] Hughes S M, Farley S D, Rhodes B C. Vocal and physiological changes in response to the physical attractiveness of conversational partners[J]. Journal of Nonverbal Behavior, 2010, 34: 155-167.

[35] Boone D R, McFarlane S C, Von Berg S L, et al. The voice and voice therapy[J]. 2005.

■论文集

[1] Hossain N, Naznin M. Sensing emotion from voice jitter: Proceedings of the 16th ACM conference on embedded networked sensor systems, Arlington, USA, November 6-9, 2018[C]. Virginia, 2018.

■学位论文

[1] Froemming G., Preserving Vocal Health in Student Teachers[D], River Falls: University of Wisconsin-River Falls, 2015.

中文参考文献

■专著

[1] 中国传媒大学播音主持艺术学院：播音主持语音与发声[M]. 北京：中国传媒大学出版社，2014。

[2] 彭莉佳. 嗓音的科学训练与保健[M]. 上海：上海音乐学院出版社，2004。

[3] 赵琳. 声声入心：重塑你的声音魅力[M]. 北京：中信出版集团，2019。

[4] 林俊卿. 咽音练声的八个步骤[M]. 上海：上海音乐出版社，1999。

[5] 武光路，李剑锋. 大学生心理危机的预防与干预[M]. 北京：国防工业出版社，2016。

[6] 徐洁. 好听. 如何练就好声音[M]. 北京：中信出版社，2019。

[7] 张皓翔. 声音的魅力[M]. 长沙：湖南文艺出版社，2019。

■主编作品

[1] 时蓉华. 社会心理学词典[M]. 成都：四川人民出版社，1988。

[2] 符国群. 21世纪经济学管理学系列教材消费者行为学（第二版）[M]. 武汉：武汉大学出版社，2004。

■译著

[1] ［英］迈克·戈德史密斯. 牛津通识课：声音[M]. 刘韵雯译，杭州：浙江科学技术出版社，2020。

[2] ［意］马腊费奥迪. 卡鲁索的发声方法：嗓音的科学培育[M]. 郎毓秀译，北京：人民音乐出版社，2000。

■期刊文章

[1] 张念祖，夏立军，刘俊杰，李育军. 发声矫治临床应用初探[J]. 听力学及言语疾病杂志，2002，10(1)：24-26。

[2] 杨宝琦，程俊萍. 空气动力学在测试呼吸与发声关系中的临床应用[J]. 听力学及言语疾病杂志. 2000，8(3)：152-154。

[3] 兰信堂，王其友，宋建京，毕礼玉. 声带小结显微手术及术后发声矫治[J]. 听力学及言语疾病杂志，2006，14(2)：91-92。

[4] 陈明孔. 声音概念与发声技巧的关系[J]. 星海音乐学院学报，2007(1)：92-95。

[5] 宋芸芸. 教师的嗓音保健及发声技巧[J]. 四川教育学院学报，2006，22(2)：22-24。

[6] 杜建群，杨宝琦，刘吉祥. 功能性发声及言语障碍的发声训练矫治[J]. 中国中西医结合耳鼻咽喉科杂志，2005，13(2)：101-102。

[7] 米悦，林鹏，杜建群，鲁宏华，陈佳媚，毕静. 声带息肉与声带小结患者发声空气动力学研究[J]. 听力学及言语疾病杂志，2010年第18卷第2期，第138-140页。

[8] 岳振忠，张永兰，张娜，彭鑫，张圣池，林鹏，杜建群. 发声空气动力学检测对声带息肉患者术后疗效评估的意义[J]. 听力学及言语疾病杂志，2018，26(3)：289-291。

[9] 迟晨雨，王嘉玺，刘大新，丁雷. 嗓音训练配合按摩针灸治疗功能性发声障碍的疗效观察[J]. 中国中西医结合耳鼻咽喉科杂志，2019，27(4)：275-278。

[10] 周丰，王建秋. 发声训练在嗓音显微外科手术后言语恢复中的应用[J]. 中国康复，2006，21(5)：332-332。

[11] 刘迎新，虹云，于庚芬. 歌唱发声向播音发声转换及发声异同分析[J]. 语言文字应用，2006(3)：96-101。

[12] 肖晓莲，钟诚. 歌唱嗓音疾病发声训练的临床分析[J]. 第三军医大学学报，2007，29(8)：746-747。

[13] 吴宝沛，吴静，张雷，李璐. 择偶与人类嗓音[J]. 心理科学进展，2014(22)：1953-1963。

[14] 徐文，韩德民，侯丽珍，张丽，高玉红，叶京英、王军. 痉挛性发音障碍的诊断及治疗的研究[J]. 中华耳鼻咽喉头颈外科杂志，2005(4)：21-22。

[15] 董周威，张丽萍，林丽红，徐丹，刁玉华. 成人不良发声行为性嗓音疾病患者嗓音障碍分析及矫治策略[J]. 黑龙江医学，2017，41(12)：1157。

[16] 邝德斌，罗素玲，陈瑞开，庞艺施. 原发性肌紧张性发音障碍患者的嗓音矫治[J]. 心血管外科杂志，2019(4)：9-10。

[17] 黄永望，傅德慧. 嗓音医学的范畴和疾病分类[J]. 山东大学耳鼻喉眼学报，2021，35(3)：1-4。

[18] 张舒，徐洁洁. 鼻、咽发音共鸣器官疾病与嗓音障碍[J]. 听力学及言语疾病杂志，2014，22(3)：332-335。

[19] 周海彤，李妙. 嗓音疲劳的病理机制研究进展[J]. 中国耳鼻咽喉头颈外科，2019，26(4)：228-230。

[20] 贾弘光，王琪. 嗓音障碍指数量表中文版信度和效度评价[J]. 中国医学文摘（耳鼻咽喉科学），2008(6)：332。

[21] 汪天平. 论教师们的声音形象、声音的改进和嗓音的保护[J]. 天水师范学院学报，2009，29(3)：111-112。

■学位论文

[1] 刘芳芳. 音高、情景、情绪状态对感知说话者人格特质的影响. 重庆：西南大学硕士论文，2017。

后 记

从开始产生研发"教师科学用声与声音形象塑造"这门课程的想法至今，转眼已经过了七个年头。这些年围绕这个主题的调研、学习、请教、思考、写作一直在与教学、研究、教学比赛、语言类比赛交织进行，头绪万千的工作有时不得不让这本书的写作搁置，但也正是在这样一个综合的教学、比赛、研究、写作的闭环中让我对这门课程的内容、设计、应用、考核方式有了更多的思考，也为这本同名著作的创作积累了诸多的灵感和思考。过程虽然漫长，但收获颇丰。

感谢在项目的申报和推进中一直给予我支持的云南广播电视台、云南艺术学院和云南师范大学教务处、传媒学院的领导和老师们，正是你们不断地鼓励与敦促让我在一次次进行不下去的时候重新振作，也正是与你们的一次次探讨让我写作的思路愈加清晰，提升了这本书的针对性和实用性。还要感谢云南师范大学美术学院的戴杰院长、张珂老师、董为同学和董钰虹同学为这本书的插图部分贡献的宝贵意见和精美手稿，请平时画风景、画人物、画想象的老师和同学们来完成这样一套发声器官图，他们补充了不少专业知识，过程中经历了反复的沟通和修改才把这套简明易懂的手绘图呈现在读者面前。还有为本书的插图贡献了完美倩影的云南师范大学传媒学院的李响同学，十多年的舞蹈功底和六年的播音学习经历支撑了这一系列的体态和口部操训练动作，为读者呈现出准确的示范。

本书还要鸣谢我的导师，中国传媒大学播音主持艺术学院的李洪岩院长。毕业十余年，相隔数千里，老师总是一如既往地指导和鼓励我，本书中的诸多观点都来源于李老师的教学和学术思想。我想，以这样一本小书的形

后　记

式把这些思想拓展到教师教育领域，让更多的人受益，也是对老师多年教导的一种总结和回馈。

终于书成并不意味着这个主题研究的结束，相反，这本书的出版对于作者和读者来说都是一个开始。对于作者来说，在这本书的写作过程中发现了很多悬而未决的问题需要进一步研究来进行科学准确的回答，也希望更多有共同研究兴趣的同仁加入进来。对于读者来说，这本书更加重要的意义在于它可以作为一本练习手册，用来指导日常的发声训练和教学用声。完美的声音形象还是需要科学发声能力的支持，从了解到运用，再到内化为习惯是一条漫长且循环往复的旅程，需要大量的发声练习才能够实现。如果读者在学习和训练的过程中遇到问题，建议参阅同名线上课程。

最后，本书得以出版要感谢云南师范大学教学改革项目基金的支持，希望这本粗浅的作品能够为更多老师的职业生涯保驾护航，让更多的人免受嗓音疾病的痛苦。

杨　颖

2024年5月1日